DIETER BROERS

DER GLÜCKS CODE

Die kosmischen Quellen
für Selbsterkenntnis, Liebe
und Partnerschaft

WILHELM HEYNE VERLAG
MÜNCHEN

Verlagsgruppe Random House FSC®N001967
Das für dieses Buch verwendete
FSC®-zertifizierte Papier *Holmen Book Cream*
liefert Holmen Paper, Hallstavik, Schweden.

3. Auflage
Taschenbucherstausgabe 6/2012

Copyright © 2010 by Scorpio Verlag GmbH & Co. KG,
Berlin • München
Copyright © 2012 dieser Ausgabe
by Wilhelm Heyne Verlag, München,
in der Verlagsgruppe Random House GmbH
Alle Rechte sind vorbehalten. Printed in Germany.
Umschlaggestaltung: Guter Punkt, München
Umschlagkonzept und Motiv:
Hauptmann & Kompanie Werbeagentur, Zürich
Satz: Leingärtner, Nabburg
Druck und Bindung: GGP Media GmbH, Pößneck
ISBN 978-3-453-70197-7

www.heyne.de

INHALT

Vorwort   7

1. KAPITEL: **Die Kunst des Wünschens**   12
Erkennen Sie Ihre wahren Sehnsüchte

2. KAPITEL: **Die Unendlichkeit der Seele**   48
Entdecken Sie Ihre Begabung zum Glücklichsein

3. KAPITEL: **Das Phänomen der Resonanz**   75
Kommunizieren Sie durch erschaffende Gedanken

4. KAPITEL: **Das Rätsel physikalischer Felder**   106
Nutzen Sie die universale Energie

5. KAPITEL: **Das Verhängnis der Schuldgefühle**   149
Überwinden Sie Ihre inneren Glücksverbote

6. KAPITEL: **Das Geheimnis der Liebe**   182
Schützen Sie Ihre glückliche Beziehung

7. KAPITEL: **Der Weg des Wachstums**   227
Nehmen Sie das Geschenk des Glücks an

Nachwort   254

Vorwort

Glück – ein magisches Wort. Jeder sehnt sich danach. Jeder hofft darauf, oft ein Leben lang. Die Suche nach dem Glück ist das größte und schönste Abenteuer der menschlichen Existenz.

Machen Sie sich bereit für eine innere Reise, die spannend ist wie eine Expedition in ferne Galaxien und überwältigend wie die Entdeckung eines unbekannten Sonnensystems: die Reise in Ihre Seele.

Ich bin sicher, dass dieses Buch Ihr Leben verändern wird. Sie werden Kraftquellen erschließen, von denen Sie nichts ahnten. Sie werden Kontakt erhalten zu einem universalen Energiesystem. Und Sie werden den Menschen kennenlernen, mit dem Sie Ihr unendliches Glück teilen können.

Schritt für Schritt werden Sie entdecken, wie Sie innere Gelassenheit, Urvertrauen und Harmonie finden – und den Menschen, der für Sie bestimmt ist. Denn diesen Menschen gibt es, auch wenn Sie manchmal an seiner Existenz zweifeln mögen.

Lange war auch ich ein Suchender. Immer wieder fragte ich mich: Warum tun wir uns so schwer mit dem Glücklichsein? Warum gelingt es uns oft nicht, den richtigen Partner zu finden und stabile Beziehungen aufzubauen? Warum sind wir unzufrieden, unausgeglichen und verzweifeln an dem Wunsch nach grenzenlosem Glück?

Und: Gibt es den Königsweg, endlich glücklich zu werden?

Sie wundern sich vermutlich, dass ausgerechnet ein Biophysiker Antwort auf diese Fragen gibt. Schließlich geht es hier um unsere Gefühle, die ein ebenso aufregendes wie rätselhaftes Eigenleben führen, um das feine Gewebe unserer Stimmungen und Emotionen. Welchen Aufschluss kann die Biophysik über das Rätsel des Glücks geben?

Erstaunlicherweise eine ganze Menge. Im Laufe meiner jahrelangen wissenschaftlichen Arbeit bin ich tief in die Geheimnisse der Seele vorgedrungen und habe in umfangreichen Studien die Wechselbeziehungen zwischen äußeren Einflüssen und psychischen Prozessen erforscht.

Diese Wechselbeziehungen sind äußerst komplex und lassen sich als Energietransfers beschreiben, von elektromagnetischen Feldern bis hin zu kosmischen Energien. Wer diese Potenziale kennt, hat einen unschätzbaren Wissensvorsprung und kann sein gesamtes Leben neu aufstellen.

Das ist ebenso neu wie verblüffend. Wir haben uns angewöhnt, Glück und Unglück als Schicksal zu betrachten. Oder wir neigen dazu, in humanwissenschaftlichen Erklärungen Aufschluss über das Glück zu suchen. Viele Menschen beschäftigen sich daher mit Erkenntnissen der Psychologie, andere sind fasziniert von der aktuellen Hirnforschung.

In der Tat fördert die Analyse psychischer Szenarien und neurologischer Abläufe aufregende Details über Denken, Handeln und Gefühle zutage. Mancher meint, dass auf diese Weise irgendwann auch das Glück seinen wahren Charakter offenbart – oder dass das Glück sogar machbar wird.

Ich habe mich lange mit diesen Theorien auseinandergesetzt. Doch irgendwann fiel mir auf, dass das Thema Glück den Forschern entglitt, je genauer sie hinsahen.

Niemand ist durch ihre Thesen glücklicher geworden. So viel Detailwissen Psychologen und Hirnforscher auch anhäuften, sie kamen nie über bloße Beschreibungen und Ursachenforschungen hinaus. Heute kenne ich den Grund. Denn das Glück entzieht sich dem Forscherauge, solange wir nicht seine universalen Fundamente freilegen.

Auch ich brauchte viele Jahre, bis ich zum Kern des Glücks gelangte. Bis ich erkannte, dass das Glück untrennbar verknüpft ist mit dem Wissen um jene kosmischen Energien, an die wir vermutlich am wenigsten denken, wenn wir vom Glück im Hier und Jetzt sprechen.

Was alle diese Einflüsse verbindet, ist das Phänomen der Resonanz. Überrascht stellte ich fest, dass wir das Glück aus uns selbst schöpfen können, wenn wir unser Ich erkennen und beginnen, in Harmonie mit den Wirkprinzipien des Kosmos zu leben.

Resonanz ist auch der Schlüssel, mit dem wir schließlich den Menschen finden, der für uns geschaffen ist – und der uns dauerhaft glücklich macht. Wenn Sie sich auf den Weg zur Selbsterkenntnis begeben und verstehen, dass Sie nicht allein auf dieser Welt sind, sondern tief geborgen in einem universalen System positiver Energien, dann werden Sie ein Glück kennenlernen, das Sie staunen lässt.

Alle hoch entwickelten Kulturen haben sich mit diesen Prinzipien auseinandergesetzt. Sie alle hatten Seher, Heiler, Schamanen und Priester, die das Wesen des Seins ergründeten. Meist jedoch blieben ihre Erkenntnisse Geheimwissen. Es war nur einem kleinen Kreis Erleuchteter zugänglich und wurde sorgsam gehütet.

Das hatte gute Gründe. Wer um diese Dinge weiß, besitzt beeindruckende Macht. Er ist nicht länger ausgeliefert, sondern kann die ganze Welt in seinem Sinne verändern. Das lädt zu Manipulationen und Machtmissbrauch ein.

In den Geheimlogen wird deshalb seit Jahrhunderten strengstens darauf geachtet, dass nichts von dem kostbaren Wissen nach außen dringt und in falsche Hände gerät. Das

Siegel der Verschwiegenheit liegt über allem, und die Essenz der unschätzbaren Erkenntnisse wird oft nur in okkulten Symbolen und Allegorien weitergereicht, durch ein System der verborgenen Bedeutungen.

Ich bin davon überzeugt, dass es an der Zeit ist, das tiefe Wissen zugänglich zu machen, das bislang hinter verschlossenen Türen aufbewahrt wurde. Wir befinden uns in einer Phase der menschlichen Zivilisation, die nach spiritueller Erneuerung verlangt. Krisen erschüttern unsere Welt, Krisen wirtschaftlicher und politischer Natur, die auf einen finalen Zusammenbruch hinzulaufen scheinen.

Ebenso dramatisch ist die Krise der menschlichen Existenz. Sie hat viele Gesichter: Verunsicherung, Depression, Orientierungslosigkeit. Und nicht zuletzt kranken wir daran, dass wir die Fähigkeit verloren haben, glückliche Beziehungen zu leben. Etwas blockiert uns. Etwas hemmt uns. Etwas hindert uns daran, den Sinn einer großartigen Schöpfung zu begreifen und zu nutzen.

Was ich Ihnen in diesem Buch zugänglich mache, ist die Quintessenz meiner gesamten Forschungsarbeit. Dabei verknüpfe ich uralte Mythen mit den neuesten Ergebnissen der Naturwissenschaften.

Verblüffend genug: Vieles von dem, was in den alten Mysterien formuliert wurde, hat inzwischen in den Labors der fortgeschrittensten Physiker eine Entsprechung gefunden. Diese Korrespondenz lässt sich mit dem Satz zusammenfassen: Das beobachtende Bewusstsein erschafft die Wirklichkeit.

Die Sprengkraft dieser bahnbrechenden Erkenntnis ist kaum zu ermessen. Sie markiert die Schnittstelle zwischen den großen spirituellen Lehren und der Quantenphysik: Jeder kann eingreifen, durch die Macht seiner erschaffenden Gedanken. Jeder kann sein Schicksal wenden. Und jeder hat es in der Hand, sein Glück zu finden.

Ich glaube, dass die Menschheit reif für dieses Wissen ist. Am Abgrund der vielen Krisen formt sich ein neues Bewusstsein aus, das nach Sinn und Erleuchtung sucht, nicht nach Macht. Gehen Sie gut mit diesem Wissen um. Begreifen Sie es als eine Chance auf Verwandlung und Transformation.

In diesem Buch möchte ich Ihnen zeigen, wie Sie zu den universalen Energiequellen gelangen, um voller Vertrauen und Hingabe glücklich zu sein. Sie werden alte Verletzungen hinter sich lassen und belastende Muster überwinden, um endlich vorbehaltlos zu lieben. Und Sie werden erfahren, dass Ihr ganz individuelles Glück nicht nur anhält, sondern wachsen wird.

Dabei verstehe ich mich nicht als Ratgeber, sondern als Wegbegleiter. Niemand kann das Glück erzwingen. Doch jeder hat die Begabung in sich, es zu leben, jeden Tag. Ich bin davon überzeugt: Das Geheimnis des Glücks ist in jedem von uns verborgen und kann entschlüsselt werden – vorausgesetzt, wir kennen den Glückscode.

1. KAPITEL
Die Kunst des Wünschens
Erkennen Sie Ihre wahren Sehnsüchte

In diesem Kapitel werde ich Sie in das erste Geheimnis des Glückscodes einführen: die Kunst des Wünschens. Denn so seltsam es klingen mag – wir haben das Wünschen verlernt.

»Aber nein«, werden Sie nun protestieren, »die Liste meiner Wünsche ist lang! Da ist der Traumpartner, die Traumfamilie. Da ist das Traumhaus, das Traumauto, die Traumreise, Wünsche habe ich mehr als genug!«

Jeder trägt solch einen inneren Wunschzettel mit sich herum. Jeder malt sich nur zu gern aus, wie wunderbar es wäre, wenn eine gute Fee vorbeispaziert käme und die berühmten drei Wünsche erfüllte. Viele Geschichten ranken sich um huldvolle Feen, die den Auserwählten mit der Frage überraschen: Du hast die freie Auswahl – was wünschst du dir?

Das ist der Moment, in dem sich das Schicksal wenden könnte. Welch eine grandiose Chance! Wer würde sie schon ausschlagen? Die ganze Fülle des Seins liegt vor dem Glücklichen wie die geöffnete Höhle von Ali Baba. Nun kommt es nur noch darauf an, das Richtige zu benennen. Immerhin, es sind drei Wünsche, denkt man, und mindestens einer wird schon dabei sein, der das Glück in sich trägt.

Dummerweise gehen alle diese Geschichten nicht gut aus. So sehr die Helden auch ihre kühnsten Träume bemühen: Immer schleicht sich ein Fehler ein, immer gibt es einen

Haken bei der Sache, und meist endet die märchenhafte Verheißung in einem Desaster.

Dabei scheint alles ganz einfach zu sein: Wir wissen doch, was wir wollen. Wir haben herrliche Phantasien, in denen wir uns in ein besseres Leben träumen wie in einen Hollywoodfilm mit ewigem Happy End. Reich und glücklich sind wir in dieser Phantasiewelt. Sorglos sitzen wir unter Palmen, während eine warme Brise über die Haut streicht und der perfekte Partner an unserer Seite weilt und uns einen eisgekühlten Drink reicht.

Ich höre förmlich Ihren tiefen Seufzer. Ja, so könnte es sein. Und so würde es auch sein, wenn da nicht tausend Hindernisse wären, die uns in den Weg gelegt werden, um unsere Wünsche zu vereiteln. So hoffen wir auf den Zufall wie auf die gute Fee – obwohl der Verstand uns sagt, dass das Leben kein Wunschkonzert ist, sondern ein Hindernisparcours, den wir meist mehr schlecht als recht hinter uns bringen.

Wunsch und Wahn

Machen Sie ein einfaches Experiment: Denken Sie sich spontan drei Wünsche aus, die das höchste Glück versprechen. Schreiben Sie diese Wünsche auf. Und dann überlegen Sie, was deren Erfüllung ganz konkret bedeuten würde. Nie wieder arbeiten? Unbegrenzter Luxus? Geliebt werden? Ist das wirklich das Glück?

Wenn Sie sich Ihre Wünsche genauer anschauen, werden Sie schnell feststellen, dass sie meist konventionellen Vorstellungen entsprechen und gar nicht so selbstverständlich zum Glück führen. Ganz im Gegenteil.

Der große Spötter Oscar Wilde befand: »Auf der Erde gibt es nur zwei Tragödien: Die eine besteht darin, dass man nicht bekommt, was man sich wünscht, die andere darin, dass man es bekommt. Die zweite ist viel schlimmer, sie ist eine wirkliche Tragödie.«

So spricht nur ein Pessimist, könnte man meinen, ein Enttäuschter, der das Hoffen verlernt hat. Stellen Sie sich auf die Probe: Wann haben Sie sich zum letzten Mal einen Wunsch erfüllt?

Das war vielleicht der ultraflache Fernseher oder die Reise in ein exotisches Urlaubsparadies. Möglicherweise sind Sie auch eine Beziehung eingegangen, haben eine Familie gegründet, getrieben von der Vorstellung, dass das Glück einer speziellen Strategie bedarf.

Nun antworten Sie ganz ehrlich: Hat die Erfüllung Ihrer Wünsche das gehalten, was Sie sich davon erhofften? Hat das Erreichte Sie glücklicher gemacht? Hat der Fernseher, der Urlaub Ihnen dauerhaft Befriedigung oder gar Glücksgefühle verschafft? Wie hat sich der Wunschpartner entpuppt, nach zwei, drei, zehn Jahren? Hat der Traum von einer glücklichen Familie Ihre Erwartungen bestätigt?

Fatalerweise bleibt oft Ernüchterung zurück, wenn wir bekommen, was wir wollen. Ungläubig stehen wir dann vor den Trümmern unserer Sehnsüchte und reiben uns die Augen: Warum ist das Glück ausgeblieben? Warum sind wir gescheitert mit unseren wunderbaren Plänen und Strategien?

Der Grund dafür liegt weniger in den Objekten der Begierde, als daran, dass Wünsche bei näherem Hinsehen meist Werkzeuge sind, mit denen wir an den Stellschrauben unseres Schicksals drehen wollen. Wir möchten das Glück über einen Umweg erzwingen. Unbewusst folgen wir der Logik, dass das Glück sich schon von selbst einstellen wird, wenn wir erst einmal unsere Wünsche befriedigt haben – die schönste Nebenwirkung der Welt sozusagen.

Wir alle kennen die Geschichten von Lottogewinnern, die über Nacht zu Millionären werden. Alle Mühsal sollte nun für sie ein Ende haben. Endlich ist kein Wunsch mehr zu groß, kein Tagtraum zu verrückt, um ihn nicht zu verwirklichen. Das Schicksal gewährt Carte blanche – das Unerreichbare rückt in Griffweite.

Dennoch lesen wir immer wieder, dass diese Leute zumeist schon nach kurzer Zeit alles verspielt haben, was der Zufall ihnen bescherte. Viele verschleudern den Gewinn, hängen sich an falsche Freunde und setzen den neuen Ferrari an den nächsten Baum. Schon wenige Jahre nach dem großen Coup leben sie häufig in Armut und Einsamkeit. Dass irgendwer durch einen Lottogewinn glücklich geworden sei, liest man dagegen eher selten.

Haben wir so wenig Talent zum Glück? Was machen wir falsch? Wo liegt der geheime Systemfehler?

Der Philosoph Arthur Schopenhauer beschrieb unser Bewusstsein mit der Formulierung, es forme eine »Welt als Wille und Vorstellung«. Genau genommen sprach er von Illusionen. Was seine These revolutionär macht: Er betrachtete nicht nur unsere Vorstellung von der Welt als illusionär, sondern auch unseren Willen.

Das fordert erst einmal Widerspruch heraus. Ist nicht unser Wille frei? Drückt er nicht unsere ganze Individualität aus?

Und doch spricht Schopenhauers Philosophie eine tiefe Wahrheit aus. Denn nicht immer ist unser Wille so frei, wie wir annehmen. Und nicht immer wollen wir das, was uns objektiv gesehen guttut. Legendär wurde deshalb Schopenhauers Satz: »Der Mensch kann zwar tun, was er will, aber er kann nicht wollen, was er will!«

Damit stellte er alle Theorien eines selbstbestimmten Individuums auf den Kopf. Er relativierte die gesamte Einschätzung des Menschen und seiner Wahrnehmung der Welt. Ausgerechnet der Mensch mit seiner Begabung zur Reflexion – ein unselbstständiges, vorbewusstes Wesen?

Der Philosoph argumentierte nicht nur brillant, dass es so sei. Er würzte seine Anschauung noch dazu mit sarkastischen Kommentaren, in denen er die Krone der Schöpfung ins Hinterzimmer der Erkenntnis verbannte: »Viele verlieren den Verstand deshalb nicht, weil sie keinen haben«, merkte er nicht ohne Humor an.

Offenbar stolpert das Vernunftwesen Mensch in schöner Regelmäßigkeit über seine vermeintliche Klugheit – und muss deshalb auch an den drei Wünschen und dem Lottogewinn scheitern.

Schopenhauer wies darauf hin, dass es keine objektive Welt für uns geben könne, sondern nur subjektive Welten. Wir erschaffen sie selbst durch unsere Wahrnehmung und bleiben darin gleichsam gefangen.

Lange bevor Sigmund Freud seine Unterscheidung zwischen Ich, Es und Über-Ich traf und damit in tiefere Schichten unseres Denkens und Handelns vordrang, beleuchtete Schopenhauer die verschiedenen Facetten des Ichs, indem er den menschlichen Willen betrachtete.

Er kam zu dem Schluss, dass wir zunächst nur wollen können, was in unserer subjektiven Welt erstrebenswert erscheint. Die »wahre Welt« aber, das Wesen der Dinge, das Immanuel Kant »das Ding an sich« nennt, bleibe hinter einem Schleier verborgen. Über die Phantastereien von guten Feen hätte Schopenhauer sich sicherlich bestens amüsiert. Er wusste, dass der naive, vorbewusste Wille keine Fenster öffnet, sondern Falltüren.

Diese Überlegungen lassen auch unsere Wünsche in neuem Licht dastehen. Keine Frage: Wunsch und Wahn sind innig miteinander verwoben. Wir können nicht wollen, was wir wollen. Und wir können oft auch nicht wünschen, was wir uns – aus tiefster Seele – wünschen: das Glück.

So ist es kein Zufall, wenn wir plötzlich mit leeren Händen dastehen, obwohl unsere Wünsche doch erfüllt sind.

Die Illusion verflüchtigt sich. Wir fühlen uns im wahrsten Sinne des Wortes getäuscht, was bleibt, ist Enttäuschung. Das verletzt. Wir sind gekränkt und suchen die Schuld bei anderen. Oder wir resignieren und sagen uns: Das Glück ist eine hübsche Lüge, auf die wir leider immer wieder hereinfallen. Dennoch lieben wir diese Lüge und setzen unbeirrt unsere größten Hoffnungen in sie.

Das wäre ziemlich entmutigend, wenn es nicht einen Ausweg gäbe. Schopenhauer ist überzeugt: Wenn es gelingt, unseren Willen als vorläufig zu erkennen, können wir dem Gefängnis unserer Vorstellungen entfliehen. Deshalb führt er die Position des Beobachters ein. Er fordert uns auf, unseren Willen genauer zu erforschen: Was treibt uns an? Welche Werte, welche Urteile leiten uns?

Leitbilder haben wir viele. Keine Zeitschrift, die wir aufschlagen, kommt ohne jene Glamourfiguren aus, die unter dem Label »reich, schön und berühmt« auftreten.

Fast erleichtert nehmen wir zwar zur Kenntnis, dass auch diese Lichtgestalten straucheln: Sie verlieben sich in den Falschen, geraten in den Sog des Alkohols, werden mit Drogen erwischt oder bei peinlichen Seitensprüngen. Dennoch denken wir: Lieber reich und unglücklich als arm und unglücklich. Oder, wie es eine Hollywooddiva einst sagte: »Lieber im Rolls-Royce weinen als auf dem Rücksitz eines Taxis.«

So halten wir hartnäckig an unserer Vorstellung fest, dass die allseits propagierten Glücksstrategien zwar Sollbruchstellen haben, letztlich aber funktionieren könnten. Nobody is perfect, und auch das Glück hat eben den einen oder anderen Schönheitsfehler, denken wir.

Positive Leitbilder gibt es wenige. Die gesellschaftlichen Eliten aus Wirtschaft, Politik und Kultur können mit Macht und Erfolgen auftrumpfen, besonders glücklich jedoch wirken sie nicht gerade. Wer wollte schon ernsthaft mit einem

Spitzenpolitiker oder einem Wirtschaftskapitän tauschen? Ihre Gesichter sind von Sorgen zerfurcht und man sieht ihnen die Last ihrer Verantwortung überdeutlich an.

Die Aura des Glücks spüren wir eher bei spirituellen Menschen. Sie strahlen etwas Besonderes aus, ein Fluidum, das uns magisch anzieht. Offenbar ruhen sie in sich und bleiben unbeeindruckt von den Stürmen des Lebens, die andere ins Unglück stürzen würden.

Aber so charismatisch jemand wie der Dalai Lama auch sein mag, so glücklich und gelassen er auch wirkt, im Alltag scheint das nicht umsetzbar zu sein. Wer ist schon bereit, alles hinter sich zu lassen? Wer kann sich den Luxus erlauben, seinen Job zu kündigen und Erleuchtung bei einem Yogi oder anderen weisen Lehrern zu suchen?

Nein, wir wollen doch das Glück dort, wo wir leben, hier und jetzt, nicht in einem Zen-Kloster oder in einem indischen Ashram. Da ist die Familie, der Job, da sind Rahmenbedingungen, die uns Sicherheit versprechen. So verlockend Aussteigerphantasien sein mögen, realistisch sind sie nicht.

So ahnen wir, dass wir auf der falschen Fährte sein könnten, doch unser Wille ist störrisch wie ein kleines Kind: Er will besitzen, nicht erkennen. Er will sich etwas aneignen statt sich selbst zu reflektieren. Wir wollen das Glück. Und wünschen uns am Glück vorbei.

Hans im Glück

Vermutlich kennen Sie das Märchen vom »Hans im Glück«. Hans ist ein einfacher Handwerksgeselle, der sich durch Tauschhandel scheinbar um Kopf und Kragen bringt. Am Anfang erhält er einen Goldklumpen, den Lohn für sieben Jahre Arbeit. Ihn tauscht er für ein Pferd ein, das Pferd für eine Kuh, jene für ein Schwein, das Schwein für eine Gans.

Die Gans schließlich tauscht Hans für einen gewöhnlichen Feldstein.

Doch damit nicht genug: Am Ende fällt der Stein in einen Brunnen, und Hans hat alles verloren. Von außen betrachtet ist er deshalb ein Verlierer. Ein Tölpel, wie er im Buche steht. Wie der Lottogewinner hat er einfach alles falsch gemacht, unfähig, mit seinem Pfund zu wuchern und den Goldklumpen in dauernden Wohlstand zu verwandeln.

Doch das Merkwürdige ist: Hans ist glücklich. Erleichtert, von keiner Bürde mehr beschwert zu sein, zieht er seines Wegs. Da ist kein Bedauern, keine Selbstkritik, nicht einmal der leiseste Zweifel. Hat er den Verstand verloren?

Dieser »Hans im Glück« ist viel belächelt worden. Die Unbekümmertheit, mit der er immer wertlosere Dinge eintauscht, erscheint uns als rettungslos naiv, wenn nicht dumm. Erst auf den zweiten Blick können wir die erstaunliche Weisheit des Märchens ergründen: Die Freude, die Hans in jeder Phase dieser Geschichte verspürt, kommt aus tiefstem Herzen. Sie hängt nicht davon ab, welchen Wert ein Gegenstand hat und wie viel ein Mensch besitzt.

Hans ist völlig losgelöst von den Einschätzungen, die andere treffen. Diese Unabhängigkeit gipfelt in seiner höchsten Freude, als er gar nichts mehr besitzt. Er braucht offenbar keinen materiell bedeutsamen Gegenstand, um glücklich zu sein. Vor allem aber: Hans ist im wahrsten Sinne des Wortes »wunschlos glücklich«. Die erfüllten Wünsche schienen ihn eher zu belasten als zu beflügeln. Daher atmet er auf, als die Kette seiner Tauschaktionen zerreißt und er nichts mehr hat als sich selber.

Mich hat dieses Märchen immer fasziniert. Letztlich ist es eine hochphilosophische Reflexion über das Glück. In spirituellem Sinne könnte man die Geschichte als einen Reifeprozess deuten. Zunächst vertraut Hans den Dingen; indem er sie aber sukzessive loslässt und gar nicht erst versucht, Kapital aus ihnen zu schlagen – also weder das Pferd reitet noch das Schwein schlachtet – befreit er sein Ich vom faulen Zauber der Wünsche.

Hans tut das, was wir am meisten fürchten: Er »verspielt« seine Chancen. Doch was für Chancen wären das gewesen? Er hätte Goldschmied werden können, Reiter, Milchbauer oder Schweinehirt. Die Dinge, die ihm zufielen, hätten ihn also auf eine zufällige, fremdbestimmte Rolle festgelegt. Stattdessen wählt Hans die Freiheit in der Besitzlosigkeit. Sein Ich bleibt unberührt vom Diktat der Dinge. Nun stehen ihm wieder alle Optionen offen, auch die, sich für »das Richtige« zu entscheiden, für das, was nicht die Welt, sondern seine innere Stimme fordert. Seine Freiheit ist die Freiheit der Seele.

Das ist die großartige Botschaft des Märchens. Nur zu oft nämlich bemerken wir nicht, dass wir uns in Dingen spiegeln, statt auf unsere innere Stimme zu hören. Das Ich, das durch diese innere Stimme spricht, sehnt sich nach etwas anderem als nach der Befriedigung vordergründiger Wünsche: Es wünscht sich das höchste Glück.

Diese innere Stimme ist bei vielen verstummt. Sie wird überlagert von fremden Idealen, die wir im Laufe des Lebens übernehmen. Wir lassen uns verführen von den Glücksstrategien anderer – und sind dann enttäuscht, wenn wir nicht glücklich werden.

Alle großen spirituellen Lehren haben die Bedürfnislosigkeit als Tor zum Glück aufgefasst. Das wurde häufig als moralinsaurer Lustverzicht missverstanden, als Askese oder Selbstkasteiung. Dabei wird leicht übersehen, dass Bedürfnislosigkeit nicht etwa bedeutet, alle sinnlichen Freuden und äußeren Errungenschaften abzulehnen. Vielmehr, und das lehrt uns auch der »Hans im Glück«, geht es um die Befreiung der Seele. Im besten Falle trennt sie sich von dem, was ich als Heilsversprechen der Wünsche bezeichnen möchte.

Ohne es zu ahnen, hoffen wir nämlich, dass erfüllte Wünsche wie ein Zauberstab alles verwandeln. Wir kaufen uns den Gegenstand, der unseren Selbstwert heben soll. Wir suchen nach dem Menschen, der uns von unseren Problemen und unserer Unsicherheit erlösen könnte. Das Prinzip ist immer das gleiche: Wir verlagern unseren Glückswunsch von innen nach außen.

Sicherlich verstehen Sie jetzt, warum ich von einer verlorenen Kunst des Wünschens spreche. Denn nur in unserem Inneren, in unserer Seele, kann das Glück entstehen und wachsen. Die Seele ist der Ort des Glücks, und wenn wir das Selbst-Bewusstsein der Seele spirituell entwickeln, schweigen alle vordergründigen Wünsche, die uns vor sich hertreiben.

Oder, um mit Schopenhauer zu sprechen: Wir können endlich wollen, was wir wollen.

Das ist mehr als graue Theorie. Ich selber habe erlebt, wie ich mir und meinen ureigensten Wünschen »abhanden-« kam. Glauben Sie mir: Ich kenne die Abgründe der Wunscherfüllung besser, als mir lieb sein kann.

Die verlorene Wunschwelt

Als ich vor einigen Jahren viel Geld mit einigen von mir entwickelten Patenten verdiente, tat ich genau das, was auch ein Lottogewinner getan hätte: Ich leistete mir alles, was ich damals erstrebenswert fand. Das Übliche eben: Häuser, Autos, teure Kleidung, aufwendige Reisen. Doch dann kam der Moment, in dem ich innehielt. Wie eine vergessene Melodie erwachte in mir die Sehnsucht nach dem unbändigen Glück, das ich als Kind manchmal empfunden hatte, aus scheinbar nichtigstem Anlass.

Als Kind lebte ich in meiner eigenen Welt. Schon als Dreijähriger kannte ich Zustände so außergewöhnlicher Freude, dass ich in helle Euphorie geriet. Diese Glückszustände stellten sich immer dann ein, wenn ich mich in meine innere Wunschwelt zurückzog.

Das geschah auf denkbar einfachste Weise. Ich schloss die Augen und glitt übergangslos in mein eigenes Universum, das sich von der realen Welt völlig unterschied. Wenn ich darin eintauchte, baute ich mir etwas Neues auf, ungestört und unbeobachtet. Das konnte nachts im Bett geschehen, aber auch tagsüber, wenn ich mich unter einem Sofa im Wohnzimmer versteckte und durch meine Phantasiewelt streifte.

Dort, unter dem Sofa, unerreichbar für meine Eltern, gehörte ich nur mir und war unabhängig von allem, was mir in der Realität abverlangt wurde.

Sie merken es schon: Ich erfüllte mir keine Wünsche und bestand auch nicht darauf, dass meine Eltern mir Wünsche erfüllten, sondern ich lebte meinen Wunsch.

Diese eigene Welt war mein Kosmos und mein ganz persönlicher Glückscode. In meiner Wunschwelt tat ich genau das, was mir Erfüllung gab. Schon früh begeisterte mich alles Technische, und so konstruierte ich wunderbare Maschinen, bestaunte sie, wenn sie funktionierten und reparierte sie, wenn sie defekt waren. Die Maschinen und Apparate hatten keinen bestimmten Zweck, ich freute mich einfach an ihrer Existenz – und an meiner Existenz.

In diesen Stunden empfand ich etwas, was ich »Freudenschaft« nennen möchte, eine Mischung aus grenzenloser Freude und Leidenschaft. Ich flog hoch, sehr hoch. Unterstützt wurde ich überdies von Feen und Elfen, die meine Welt bevölkerten und die mir ausnahmslos wohlgesonnen waren. Niemand wollte mir übel, niemand legte mir Steine in den Weg. Es gab nichts, was mich einengte.

Mit allergrößtem Urvertrauen konnte ich sicher sein, dass ich glücklich sein durfte und dass alles dazu angetan war, mich glücklich zu machen. Auch noch als Halbwüchsiger kehrte ich oft in diese Welt zurück. Sie gab mir Kraft, und sie prägte mich, weil sie mir eine visionäre Vorstellung von Harmonie, Freude und Glück vermittelte.

Doch irgendwann vergaß ich dieses überwältigende Gefühl. Es geriet erst wieder in mein Bewusstsein, als ich mich an einem Tiefpunkt meines Lebens befand und durch einige Schicksalsschläge alles verlor: meinen Besitz, meine Frau, meine Tochter. Verlassen stand ich da, mittellos, ohne Freunde. Dies war ein Moment, in dem ich mich so armselig fühlte, dass mich aller Lebensmut verließ.

Auf mich selbst zurückgeworfen, zog ich Bilanz. Was war falsch gelaufen? Was hatte mich vom Glück entfernt?

Und dann geschah etwas Magisches. Es war, als würde jener Schleier fortgezogen, der mich von der Wahrheit getrennt hatte. Ich verstand, dass ein Auto, ein Haus, selbst eine perfekte Familie Wünsche waren, die man mir suggeriert hatte, die aber wenig, eigentlich gar nichts mit mir zu tun hatten.

Als ich das durchschaute, war ein Bann gebrochen. Von nun an erschien mir vieles absurd, was ich getan hatte und was meine Freunde und Bekannten taten. Es war mir ein Rätsel, warum man einen roten Sportwagen für den Gipfel der Erfüllung halten konnte. Warum man beschwerliche Reisen auf sich nahm, teure Bilder ersteigerte und Pullover aus siebenfädigem Kaschmir brauchte.

Eines machte mich förmlich fassungslos: Warum fiel niemandem auf, dass die Intervalle bis zum nächsten Wunsch immer kürzer wurden? Die Reize mussten stärker werden, die Stimulanzien kräftiger. Daher waren auch meine eigenen Wünsche immer größer geworden, immer extravaganter.

Ohne es zu bemerken, war ich einem Irrtum aufgesessen, ganz so, wie es Schopenhauer beschreibt: »Der erfüllte Wunsch macht gleich einem neuen Platz: Jener ist ein erkannter, dieser noch ein unerkannter Irrtum.«

Ich hätte spüren müssen, dass etwas nicht stimmte, als ich mir das vierte Auto kaufte, einen kostbaren Oldtimer. Als ich begann, Häuser zu sammeln wie Briefmarken, das Townhouse, das Landhaus, das Ferienhaus. Die Welt war ein gigantischer Supermarkt, und ich frequentierte ihn immer häufiger, auf der Suche nach dem nächsten Kick.

Heute weiß ich: Es war ein Zeichen dafür, dass ich auf den falschen Weg geraten war. Denn statt echter Freude oder gar Glück stellte sich die Gewohnheit ein, immer Neues, immer anderes zu begehren.

Die Wünsche waren zur Sucht geworden, und wie bei jeder Sucht musste die Dosis unaufhörlich erhöht werden. Befriedigung aber gab es nicht. Die Vorfreude, die ich anfangs noch gespürt hatte, ließ merklich nach. Es waren eher Bestellungen, die ich bei mir selbst aufgab, und ich erwartete das Eintreffen des Erwünschten allmählich nur noch mit lauem Interesse.

Da war kein Fiebern mehr, kein Herzklopfen, keine Gänsehaut, keine Phantasien, in denen ich mir ausmalte, wie es sein würde, endlich das in Händen zu halten, was ich mir gewünscht hatte. Und wenn es dann eintraf, verlor ich bald das Interesse, wie bei einem Spielzeug, das übersättigte Kinder schon nach kurzer Zeit achtlos beiseitelegen. So war ich bald tief frustriert, ja, ich begann zu verzweifeln, aber alles, was mir einfiel, war, die Dosis weiter zu steigern.

Um kein Missverständnis aufkommen zu lassen: Ich bin durchaus der Meinung, dass man die schönen Dinge des Lebens genießen sollte. Man kann genauso wenig durch Konsumverzicht glücklich werden wie durch Konsum. Die Pointe jedoch ist, dass ich durch meine Schicksalsschläge lernte, ohne äußere Errungenschaften glücklich zu werden. Mir war aufgegangen, dass ich das Glück weder kaufen noch durch einen Partner herbeizitieren konnte.

Das Glück wartete ganz woanders, dort, wo ich es als Kind erlebt hatte: in meinem inneren Selbst.

Schon Demokrit wusste: »Das Glück wohnt nicht im Besitz und nicht im Gelde, das Glücksgefühl ist in der Seele zu Hause.« Von nun an wurde ich hellhörig, wenn mir jemand von seinen Wünschen erzählte. Und ich dachte auch über meine eigenen Wünsche nach, denen ich jahrelang hinterhergejagt war.

Ganz gleich, ob ich einen bestimmten Partner oder ein bestimmtes Auto ersehnt hatte, nie war es wirklich um einen Menschen oder einen Gegenstand gegangen. Immer hatte sich hinter den vielen Wünschen ein ganz anderer, elementarer Wunsch verborgen: endlich das Glück zu finden. Wie ich das anstellen sollte, wusste ich nicht. Etwas fehlte mir, doch ich wusste nicht, was.

Sehnsucht nach Erlösung

So näherte ich mich der Frage, warum es mir einfach nicht gelingen wollte, glücklich zu sein. Was ich schließlich hinter meinen Sehnsüchten entdeckte, war etwas ganz anderes als die Glückssuche: Es war mein Ich. Dieses Ich befand sich in einem jämmerlichen Zustand. So strahlend ich mich auch nach außen gab, so demonstrativ ich auch herzeigte, was ich hatte, in meinem Inneren herrschte finsterstes Chaos.

Im Grunde *wurde* ich beherrscht, von einem Grundgefühl, das schlimmer nicht hätte sein können: Es war die nackte Angst. Die Angst, nicht akzeptiert zu sein, verlassen zu werden, einsam und ausgestoßen zu sein.

Angst ist ein vitaler Motor des Handelns. Daher hatte ich wie besessen versucht, mir Dinge anzueignen und Menschen an mich zu binden, die mein frierendes, unsicheres Ich erlösten. Ich wollte ausbrechen, ich wollte ein anderer sein, selbstbewusst, stolz, gewinnend. Und doch konnte nichts meine furchtbaren Ängste lindern. Sie waren da, sie nisteten in mir, und sie wuchsen.

Das zu erkennen, war schmerzhaft. Heute verstehe ich jeden, der diesen Schmerz vermeiden will und ihn mit erfüllten Wünschen betäubt. Aber es bleibt eben eine Betäubung, und das Glück wird damit nicht herbeigezogen, es rückt in immer weitere Ferne.

Die Dynamik instrumentalisierter Wünsche betrifft im Wesentlichen unsere Beziehungen. Es wird Ihnen sofort einleuchten, dass die Suche nach einem Partner in die falsche Richtung weist, wenn sie von Angst motiviert ist. Allzu rasch klammern wir uns dann an jemanden, der uns bestätigt und uns die Furcht vor dem Alleinsein nimmt. Wir gaukeln uns vor, dass wir uns verlieben, in Wahrheit aber sind wir süchtig nach jemandem, der uns von unserer inneren Unsicherheit befreit. Wir wollen nicht lieben, wir wollen gerettet werden.

Sie werden selbst schon die Erfahrung gemacht haben, dass die vermeintliche Erlösung unter diesen Voraussetzungen von kurzer Dauer ist. Die vielen scheiternden Beziehungen, die wir zu Recht beklagen, haben ihren Grund darin, dass wir nur zu oft unseren Partner missbrauchen, um uns zu therapieren. Statt zunächst mit uns selbst ins Reine zu kommen, projizieren wir unsere Probleme auf den geliebten Menschen.

Und wer rettet den Retter? Diese Frage stellte ich mir lange nicht. Es ging immer nur um mich, alle Gedanken kreisten um die Defizite, die ich spürte. Ich saugte alle Energien aus meinen Partnerinnen, unfähig, ihnen irgendetwas zurückzugeben. So waren sie schlicht überfordert. Retten konnten sie mich trotzdem nicht.

Dieses Geflecht aus Ängsten und Ansprüchen hat eine Symptomatik, die ich heute überall beobachte. Wir überlasten die Beziehung. Wir machen sie zu einem Schlachtfeld von Kämpfen, die wir nicht mit uns selbst auszutragen wagen.

Damals, als ich meine Frau und meine Tochter verlor, in meinen schwärzesten, verzweifeltsten Phasen, habe ich mir einige Notizen gemacht. Es waren oft nur Kürzel, SOS-Rufe meiner verwundeten Seele. Auf einen Zettel schrieb ich die Worte: »Unfähigkeit zur Liebe«. Es klang wie ein Todesurteil.

Wer meint, nicht mehr lieben zu können und nie wieder geliebt zu werden, steht am Abgrund seiner Existenz. Und doch war es genau das, was ich empfand. Es schien, als habe sich die Welt gegen mich verschworen. Sie verweigerte mir das Glück, und ich zog allen Ernstes in Betracht, dass ich zum Unglücklichsein verurteilt war.

Erst nach und nach ging mir auf, dass ich das Scheitern meiner Beziehung und den Verlust meiner Familie nicht den Menschen vorwerfen durfte, die mich verlassen hatten. Weder sie noch ich trugen eine Schuld. Sie waren nichts weiter als Projektionsflächen meiner hungernden Seele gewesen. Nichts scheute ich mehr, als mir das einzugestehen.

Heute weiß ich: Wenn wir unsere Liebesfähigkeit bezweifeln, unser Talent zu dauerhaften Bindungen, ja, sogar unsere Begabung zum Glücklichsein, so liegt es daran, dass wir mit unserem unerlösten Ich hadern.

Zunächst hatte ich nicht den Mut, mich meinen Ängsten zu stellen. Ich fürchtete mich vor der Begegnung mit meinem wahren Ich. Wie die Katze um den heißen Brei schleicht, machte ich einen großen Bogen um das Minenfeld meiner Seele. Stattdessen suchte ich nach Dingen, die mich liebenswert und akzeptabel machen sollten.

Vor allem aber suchte ich nach der Märchenprinzessin, die mich wie eine gute Fee in einen besseren Menschen verwandelte – so, wie auch Frauen vom Märchenprinzen träumen, der mit einem Schlag alle Probleme löst.

Diese Sehnsucht ist tief in uns verwurzelt. Nicht alle Märchen sind so weise wie das vom »Hans im Glück«. Wir haben sie verinnerlicht, die Happy Ends jener anderen Märchen, in denen das immer gleiche Glücksmuster wiederholt wird: Da ist der arme Hirtenjunge, der die Gunst der Königstochter erringt und fortan sorglos im prächtigen Schloss lebt; da ist das verstoßene Aschenputtel, das eigentlich von hohem Stande ist und nach vielen Irrungen endlich anerkannt und bei Hofe mit allen Ehrungen aufgenommen wird.

Diese Geschichten verkörpern archetypische Mythen, die in allen Völkern der Welt auffindbar sind. Verwandlung und Erlösung scheinen die Ursehnsüchte der Menschen aller Zeiten und Regionen zu sein. In unzähligen Märchen, Heldengeschichten und magischen Ritualen begegnet uns dieses Motiv, in immer neuer Form.

Der Froschkönig wartet auf den Kuss, der ihn in den Prinzen zurückverwandelt, der er einst war. Die Prinzessin wartet auf den Ritter, der den Drachen tötet, welcher sie gefangen hält. Parzival sucht den heiligen Gral, die Alchimisten suchten den Stein der Weisen, um eine höhere Existenzform zu erlangen. Schamanen unterzogen Besessene religiösen Zeremonien, um sie zu heilen. Priester beteten für die Verlorenen, um sie von ihren Sünden zu erlösen.

Was diesen Handlungen gemeinsam ist: Die Transformation wird im Gegenüber gesucht. Zu schwach, zu befangen scheint der Mensch, als dass er sich ohne äußere Hilfe von dem befreien könnte, was ihn an einem besseren Leben hindert.

So hoffen wir auf Befreier und Erlöser. Und da wir so aufgeklärt sind, dass wir nicht mehr auf Feen oder Götter zählen, richten sich alle Hoffnungen auf den idealen Partner.

Die Legende vom Märchenprinzen

Auch noch heute werden solche Erlösungsgeschichten erzählt, in Romanen, in Filmen, in TV-Soaps. Exemplarisch dafür ist das moderne Märchen der »Pretty Woman«. Es enthält alle Ingredienzien des Glücks, das wir uns vom Partner erträumen.

Sie erinnern sich: Dieser Film handelt von einer Prostituierten, die wie das sprichwörtliche Aschenputtel am untersten Ende der Gesellschaft lebt. Bis der Märchenprinz in Gestalt eines Multimillionärs auftaucht, ihren Herzensadel erkennt und sie als Gattin in seine glamouröse Welt aufnimmt. Befreit und erlöst von ihrem elenden Schattendasein, darf sie endlich glücklich werden.

Solche Archetypen folgen dem schmeichelhaften Muster, dass unerkannt ein großartiger und liebenswerter Mensch in uns steckt. Dieses bessere Ich, so denken wir, wartet auf seine Entdeckung und Entwicklung durch jemand anderen. Also halten wir Ausschau nach einem Spiegel, der uns unsere positiven Seiten zeigt und die negativen wie von Zauberhand verschwinden lässt.

Mit anderen Worten: Im Begehren und Begehrtwerden verbirgt sich die Sehnsucht, dass unser besseres Ich endlich zum Vorschein kommt.

Ein Körnchen Wahrheit steckt durchaus in diesen Geschichten. Ja, in jedem von uns lebt ein unerkanntes, wunderbares Ich. Der Irrtum allerdings besteht darin, dass dieses Ich in seiner höheren Existenzform von außen zum Leben erweckt werden könnte, durch die große Liebe oder durch eine intakte Familie. In unserer Welt als Wille und Vorstellung ist das der Weg, der verheißungsvoll erscheint. Doch das gehört zu den vielen Glücksillusionen, die wir uns machen.

Den Selbstwerdungsprozess kann uns niemand abnehmen. Wir müssen die Erlösung selbst gestalten. Solange wir unser verwundetes Ich umschleichen und uns vor dem Moment fürchten, in dem wir uns in aller Zerrissenheit bewusst werden, kann nichts und niemand uns auch nur für einen kleinen Moment glücklich machen. Wir haben nichts zu teilen. Stattdessen wollen wir nehmen, immer mehr, immer gieriger.

Lange dachte ich über diese Dinge nach. Und dann ging mir auf, dass ich die Wurzel meines Unglücks gefunden hatte. So wie viele andere, band ich mich immer wieder neu und hoffte immer wieder aufs Neue, dass bei der nächsten Frau alles anders würde – dass ich anders würde. Doch ich änderte mich nicht. Wie auch? Ich setzte mich ja nicht mit mir selbst auseinander, sondern delegierte diese Aufgabe an meine Partnerinnen weiter.

Nie hätte ich das zugegeben. Ich wusste es nicht einmal. Mit großen Erwartungen stürzte ich mich in Affären, die mich heilen sollten. So kehrten die strukturellen Fehler mit erschreckender Regelmäßigkeit zurück. Wenn der erste Rausch des Verliebtseins verflogen war, tauchten alle meine Probleme mit Macht wieder auf und zerstörten am Ende meine Beziehungen.

Solange ich den Grund nicht erkannte, war ich fassungslos darüber. Dann kamen die Ausreden. Es war eben nicht die richtige Frau gewesen. Oder die Bedingungen hatten eben nicht gestimmt. Der Alltag war offenbar viel zu kompliziert, als dass man noch gelingende Beziehungen leben konnte, redete ich mir ein. Vermutlich war ich einfach noch nicht so weit. Doch eines schönen Tages dann würde es schon noch klappen. An diesen Lebenslügen hangelte ich mich durch eine Katastrophe nach der anderen.

Psychologen und Paartherapeuten behaupten gern, dass wir zu hohe Erwartungen an unseren Partner hätten. Ich würde das Dilemma anders gewichten: Wir haben schlicht falsche Erwartungen an den Partner. Er soll leisten, wozu wir nicht den Mut haben. Er soll unsere seelischen Defizite auflösen und unsere Furcht verschwinden lassen. Das meinen wir, wenn wir denken, dass jemand uns glücklich machen könnte. Das ist das Labyrinth der Illusionen, in dem wir uns verirren.

Kein Partner kann diese Aufgabe erfüllen. Kein noch so liebevoller Mensch kann uns wie am Angelhaken aus dem Sumpf unserer Widersprüche und Ungereimtheiten ziehen.

So kommt es zu Missverständnissen, zu Zerwürfnissen und Verletzungen. Statt des Märchenprinzen oder der Märchenprinzessin sehen wir auf einmal unser zerklüftetes Ich, das uns schockhaft zurückgespiegelt wird: einen einsamen, unsicheren, misstrauischen Menschen, der jegliches Selbstvertrauen verloren hat.

Wenn Sie also auf der Suche nach Ihrem Wunschpartner sind, sollten Sie sich zunächst fragen: Was erwarte ich eigentlich von ihm? Mag ich mein Leben so, wie es ist? Meine Arbeit, meine Wohnung, meine Freunde? Und, noch viel wichtiger: Mag ich mich selber? Bin ich mit mir im Reinen? Habe ich eine Vorstellung von meinem besseren Ich? Weiß ich, was Freude ist? Kenne ich Glückserfahrungen, die ich ohne äußere Hilfsmittel machen kann?

Versuchen Sie, eine ehrliche Antwort zu geben. Und dann stellen Sie sich die Frage: Warum ist es mir so wichtig, künftig mit einem Menschen zusammenzuleben? Warum setze ich all meine Hoffnungen auf ein ominöses Wunschwesen, das mir eines Tages begegnen könnte? Wartet vielleicht auch in mir der arme Schweinehirt oder das verstoßene Aschenputtel darauf, sein Glück im Schloss zu finden?

Diese Fragen sind äußerst wichtig, um die Schlacken falscher Wünsche abzutragen. Denn rein sachlich betrachtet, brauchen wir heute keinen festen Partner mehr. Beziehungen und Familienbande sind vielmehr ein evolutionäres Erbe, das in uns gespeichert ist, ohne dass es uns bewusst wäre.

Einst dienten diese sozialen Formen dazu, unsere Überlebenschancen in einem bedrohlichen Umfeld zu erhöhen. Evolutionsgeschichtlich war der Mensch, der in einer Horde lebte, im Vorteil. In der Gruppe zu jagen, versprach größeren Erfolg, im Schutz der familiären Solidargemeinschaft Kinder aufzuziehen, war sicherer, als allein für den Nachwuchs zu sorgen. Solche pragmatischen Urerfahrungen sind in unser Bewusstsein wie eingebrannt, auch wenn die Realität längst eine andere ist.

Jeder Single wird mir bestätigen, dass man heute durchaus allein leben und dabei bestens überleben kann. Weder die Nahrungsbeschaffung ist ein Problem, noch muss man sich durch hilfreiche Verwandte vor Gefahren schützen. Und die Sexualität, auch das weiß jeder Single, muss bei dieser Existenzform nicht brachliegen. Unverbindlicher Sex mit wechselnden Partnern ist zur Normalität geworden, so wie die Überzeugung, dass die Sexualität nicht vorrangig der Arterhaltung dient. Wer hingegen ein Kind allein aufziehen möchte, kann auch dies tun.

Wenn ich diese Dinge auflliste, klingt das nach einer funktionalen Betrachtung und reichlich leidenschaftslos, zugegeben. Doch sicherlich kennen Sie genügend Singles in Ihrem Bekanntenkreis, für die das eben beschriebene Szenario zutrifft. Sie sorgen materiell für sich selbst, haben soziale Kontakte, möglicherweise Kinder und bei Bedarf das Maß an Sex, das sie möchten.

Andererseits werden Sie kaum einen Single treffen, der nicht doch den Wunsch nach einer festen Beziehung hegt. Nicht immer wird das offen ausgesprochen. So mancher Alleinlebende möchte auf keinen Fall als Suchender oder, schlimmer noch, als Gescheiterter bewertet werden. Stattdessen behauptet er dann lieber, auch ohne Partner glücklich zu sein – und sucht heimlich im Internet nach ihm.

Ziehen wir einen Schlussstrich. Wünsche, das haben wir

gesehen, maskieren oft unser Unbehagen an uns selbst; sie drücken unsere Ängste und unsere Unsicherheit aus. Deshalb entzaubern sich die meisten Wünsche nach ihrer Erfüllung. Sie machen uns nicht glücklich, häufig machen sie uns sogar ziemlich unglücklich. Weil nicht das Glück, sondern, plakativ gesprochen, das Unglück in uns lauert und alles vergiftet, wonach wir greifen.

Diese Mechanismen zu erkennen, lehnen wir ab, weil wir intuitiv spüren, wie erschreckend diese Einsicht ist. Wir hören nicht auf unsere innere Stimme und verlagern unsere ureigensten Glückssehnsüchte nach außen – auf Dinge, auf Menschen. So werden das neue Auto oder der neue Partner Vehikel, mit denen wir unsere Defizite heilen wollen.

Das alles geschieht in einem Umfeld, das solche Strategien gutheißt, leider. Materielle Wünsche gelten in einer ökonomisierten Gesellschaft als völlig legitim, der Wunsch nach einem therapeutisch wirksamen Partner wird durch Erlösungsmythen tausendfach bestätigt.

Insofern fällt es uns ausgesprochen schwer, das Wesen unserer wahren Wünsche zu erkennen. Noch schwerer fällt es uns, zu akzeptieren, dass selbst unser Partnerwunsch unter falschen Voraussetzungen entstehen könnte: Dass er ein Vorwand ist, um unsere Probleme loszuwerden.

Die fehlgeleitete Partnersuche hat viele Varianten. Ein Freund gestand mir einmal, dass er sich nur deshalb in eine sexuell obsessive Beziehung verstrickt hatte, weil er sich schlicht langweilte. Er empfand sein Leben als ereignislos und von Routine gelähmt. Dem Grau in Grau seines Alltags wollte er deshalb durch sexuelle Abenteuer entkommen. Glücklich hat ihn das nicht gemacht.

Ein anderer Freund erzählte mir, dass er Angst hatte, beziehungsunfähig zu sein. Mehr als eine Freundin hatte ihm vorgeworfen, er könne Bindung und Nähe nicht ertragen. Also heiratete er, sobald eine einigermaßen passende Frau auftauchte, weil er hoffte, auf diese Weise Stabilität in sein Leben zu bringen. Auch er scheiterte.

Besonders erschütterte mich die Geschichte eines Freundes, der dem Gefühl der Sinnlosigkeit mit einem Kind abhelfen wollte. Ein Kind, so meinte er, müsse doch seinem Leben endlich Sinn verleihen. Umso bestürzter war er, als er nur Leere empfand, nachdem er Vater geworden war. Nun betrachtete er sich als Versager und litt unter großen Schuldgefühlen, weil er seinem Kind kaum etwas zu geben hatte. Er musste erkennen, dass seine Glücksstrategie ihn in die Irre geführt hatte – und dass er drauf und dran war, auch noch andere Menschen unglücklich zu machen.

Dies sind Beispiele, die uns täglich begegnen. Sie sind der ganz normale Wahnsinn einer hoch entwickelten Zivilisation, die buchstäblich dem Wahn-Sinn verfallen ist. Illusion und Wahn treiben uns vorwärts, und wir bemerken gar nicht, dass wir unser Glück vernichten, weil wir immer anderen, veräußerlichten Vorstellungen vom Glück nachgeben. Warum aber tun wir das?

Die Ökonomie der Wünsche

Die »Wunschkultur«, in der wir aufwachsen, hat einen großen Anteil daran, dass wir selten oder nie zum Kern unserer ureigensten seelischen Wünsche vordringen. So, wie auch ich das wahre Wünschen verlernte, ergeht es den meisten Menschen. Es ist das Ergebnis einer Erziehung zur seelischen Selbstbeschränkung.

Erinnern Sie sich noch an die Weihnachtszeit Ihrer Kindertage? An diese fiebrige Erwartung, an die grenzenlose Vorfreude auf die Bescherung unter dem Tannenbaum? Alles schien möglich. Eine Wunderwelt würde sich auftun, dachten Sie, wenn Sie die Weihnachtsstube betraten, eine magische Verwandlung im Kerzenglanz würde sich ereignen.

Wenn ein Kind zu Weihnachten seinen Wunschzettel schreibt, so stehen darauf meist sehr konkrete Objekte: die Puppe, der Teddy, die Elektronikkonsole, die CD der Lieblingsband. Würde man nun dagegen ein relativ kleines Kind auffordern, seine Wünsche auszusprechen, so sähe der Wunschzettel ganz anders aus: »Mama und Papa sollen sich endlich wieder vertragen«, stände da vielleicht, oder: »Ich wünsche mir einen echten Freund«.

Es sind immaterielle Wünsche und zugleich Signale für Konflikte, deren Lösung sich ein Kind ersehnt. Es sind Wünsche der Seele. Sie sind völlig legitim. Und doch wird dem Kind rasch beigebracht, dass sie auf einem Wunschzettel nichts zu suchen haben. Stattdessen wird es ermuntert, sich auf Gegenstände zu beschränken, die im Rahmen des Budgets erschwinglich sind und leicht erworben werden können. Immaterielle Wünsche dagegen machen Erwachsene verlegen. Schnell tun sie diese als unerfüllbare Wünsche ab und legen ihrem Kind nahe, lieber das zu benennen, was erreichbar, also »realistisch« ist.

Zwei Dinge geschehen dabei. Erstens lernt das Kind, dass man die »großen Wünsche« besser für sich behält oder am besten gleich unterdrückt. Mama und Papa werden nämlich alles andere begeistert sein, wenn sie erfahren, wie sehr das Kind unter ihren Streitigkeiten leidet oder dass es keine Freunde hat. Sie stellen das Kind zuweilen sogar unter Harmoniezwang: Es soll nicht aussprechen, dass seine Welt nicht in Ordnung ist. Es soll seine Ohnmacht als faktisch hinnehmen.

Sicherlich gibt es Eltern, die solche Wünsche zum Anlass nehmen, über das Familienleben und die sozialen Kontakte ihres Kindes nachzudenken. Aber solche reflexionsbereiten Eltern sind rar. Häufiger kommt es vor, dass sie »unrealistische« Wünsche in Bausch und Bogen ablehnen. Das Kind erlebt seine Wünsche als falsch oder gar maßlos und fügt sich in das, was ihm als wünschenswert und erfüllbar vorgeschrieben wird. Am Anfang wachsen die Wünsche noch in den Himmel. Irgendwann lernen wir, dass sie irdischer Natur sein sollten.

Zweitens bringen die Eltern dem Kind damit bei, dass Wünsche in eine ökonomische Sphäre gehören. Sie kappen gewissermaßen den Frequenzbereich des Wünschenswerten und reduzieren es auf recht banale und auch uniforme Dinge: Was sich die anderen wünschen, ist »richtig«. Wünsche, so stellt es sich dann dar, sollten konkret, realistisch und schnell erfüllbar sein. Das Schaufenster des Spielzeuggeschäfts legt den Rahmen fest, und das Kind steht so lange davor, bis es blind und taub für die Wünsche seiner Seele ist.

Der Psychoanalytiker Erich Fromm bemerkt dazu: »Unsere Konsum- und Marktwirtschaft beruht auf der Idee, dass man Glück kaufen kann, wie man alles kaufen kann. Und wenn man kein Geld bezahlen muss für etwas, dann kann es einen auch nicht glücklich machen. Dass Glück aber etwas ganz anderes ist, was nur aus der eigenen Anstrengung, aus dem Innern kommt und überhaupt kein Geld kostet, dass Glück das ›Billigste‹ ist, was es auf der Welt gibt, das ist den Menschen noch nicht aufgegangen.«

Alle Wünsche, die sich auf das Menschliche beziehen, fallen aus dem ökonomischen Raster heraus. Wer würde schon seinem Kind zuliebe wieder mit dem getrennten Partner zusammenziehen? Und wie soll man einen Freund aus dem Hut zaubern, der dem Kind ein liebevoller Gefährte ist?

Hier nun setzt etwas ein, was ich die Ökonomisierung des Wünschens nenne. Sie folgt der volkswirtschaftlichen Logik von Investitionen. Zunächst sind es die Eltern, die in den – objekthaften – Wunsch investieren. Später, wenn das Kind erwachsen geworden ist, wird es selber solche Investitionen tätigen. Es hat verinnerlicht, dass Wünsche bezahlbar sind und dass ihre Erfüllung durch eine Investition erlangt werden kann.

Ein enttäuschter Mann, der gerade von seiner Frau verlassen worden war, erzählte mir einmal empört, dass er sich rundum betrogen fühle. Er hätte schließlich eine ganze Menge in diese Frau investiert, Zeit, Aufmerksamkeit, dazu kostspielige Geschenke und teure Urlaube. Wirklich jeden Wunsch habe er ihr von den Augen abgelesen. Nun fand er sie ganz einfach undankbar.

Ich fragte ihn, ob er auch in die Seele seiner Frau »investiert« habe und ob er ihre geheimsten Wünsche kenne. Verständnislos sah er mich an. Wie ich das denn meine, wollte er wissen. Er war viel zu befangen in seiner Liebesökonomie, um die Frage überhaupt zu verstehen. Geheimste Wünsche? Was soll das sein?

Ich hätte ihn gern gefragt, ob er jemals in seine eigene Seele geschaut hatte. Sein verstörter Blick hielt mich davon ab. Nie stellte er sich vermutlich selbst die Frage, wonach er sich sehnte, jenseits materieller Dinge. Er hatte vergessen, die »großen Wünsche« zu formulieren und auch die seiner Frau zu erkennen. Sie waren auf dem inneren Wunschzettel schon lange nicht mehr vorgesehen.

Die kulturell erlernte Ökonomie des Wünschens ist ein Mechanismus, der viele Beziehungen bedroht. Die Zusammenhänge sind den Betroffenen meist unklar. Sie glauben, dass sie alles Mögliche tun müssten, um den Partner zu befriedigen und an sich zu binden. Das kann in finanzieller Hinsicht geschehen, aber auch auf der Verhaltensebene.

Eine Bekannte beklagte sich einmal bei mir, dass sie ungeheuer viel getan habe, um ihren Mann glücklich zu machen, bis hin zur Selbstverleugnung. Obwohl sie berufstätig war, habe sie täglich seine Lieblingsspeisen gekocht, seine Hemden gebügelt. Um seine Liebe zu erheischen, habe sie über seine Fehler hinweggesehen. Und sei dafür nur mit einer Affäre belohnt worden, die ihr Mann begonnen habe. Jetzt war sie voller Bitterkeit und Hass. Ihr passierte genau das, was George Bernard Shaw prognostizierte: »Wenn du damit beginnst, dich denen aufzuopfern, die du liebst, wirst du damit enden, die zu hassen, denen du dich aufgeopfert hast.« Das Investitionsmodell vernichtet, was es erschaffen soll.

Diese Frau sprach zwar nicht von einer Investition, doch ihre Argumente liefen letztlich darauf hinaus. Sie war ein Opfer des ökonomischen Modells, dass wir sichere Erträge erwirtschaften, wenn wir in unseren Partnerwunsch investieren wie in eine Geschäftsbeziehung. Der Partner ist in diesem Modell also nicht nur ein Glücksvehikel, er ist darüber hinaus ein Anlageobjekt. Wie sich diese Aktie entwickelt, hinge demzufolge nur davon ab, wie viel wir zu investieren bereit sind.

Die Kosten-Nutzen-Abwägung ist das genaue Gegenbild des Glücks und einer der fatalsten Konstruktionsfehler der Wunschmaschine, die wir meinen bedienen zu können.

Hier geht es nicht um Liebe, sondern um Vorteile, die man sich erkauft. Hier geht es nicht um das Glück, sondern um die Buchhaltung der Gefühle: Ich übe Einfluss aus, durch das, was ich gebe, und darf mich auf den Rückfluss freuen, gleichsam die Dividende in Form des Glücks. Die Bilanz allerdings ist meist ernüchternd.

Solche fehlgeleiteten Vorstellungen von gelingenden Beziehungen sind weit verbreitet, und sie steuern bereits früh den Wunsch nach Liebe und Glück: bei der Partnerwahl. Sobald wir nämlich meinen, den Richtigen oder die Richtige getroffen zu haben, machen wir ihn zum Objekt, so wie wir es damals beim Wunschzettel gelernt haben. Nicht das Subjekt wird gesucht und erkannt, sondern ein Objekt unserer Investitionen, die selbstverständlich lohnend sein sollen.

Hier nun kommt ein weiteres Missverständnis ins Spiel:

die Annahme, dass Liebe und Glück einem System der Belohnung unterworfen seien. Auch das ist ein Prinzip, das wir als Kinder kennenlernen. Denn ganz gleich, ob der Weihnachtsmann, das Christkind oder die Eltern ein Geschenk überreichen, stets wird dabei betont, dass das Kind für sein Wohlverhalten belohnt oder, genauer, entlohnt wird.

Das passt bestens zur Ökonomisierung der Wünsche – mit seelischen Wünschen hat das nichts zu tun. Sie bleiben im Dunkeln und werden nur über Umwege sichtbar: Denn ein Kind wird versuchen, besonders brav zu sein, in der Hoffnung, dass sich die zerstrittenen Eltern vielleicht doch noch versöhnen. Oder es wird einen Schulkameraden mit Gefälligkeiten und Geschenken ködern, weil es sich dadurch eine Freundschaft erhofft. »So funktionieren doch Wünsche«, mag es sich sagen und fassungslos sein, wenn diese Taktik nicht aufgeht.

Solche Muster kehren unweigerlich wieder, wenn dann ein Mensch die Bühne des Erwachsenenlebens betritt. Er meint, unablässig durch Wohlverhalten punkten zu müssen, selbst um den Preis der Selbstverleugnung.

So werden die Wünsche der Seele immer weiter zurückgedrängt, und die Anpassungsleistungen deformieren sie schließlich. Es entsteht ein ungeheurer Druck, unter dem der Wunsch nach Glück zu verblassen beginnt. An seine Stelle tritt das Bemühen, zumindest äußerlich eine stabile Beziehung aufzubauen und zu erhalten, während die Seele leidet.

Positive Wünsche

Vor diesem Hintergrund ist evident, warum wir eine neue Kunst des Wünschens brauchen. Lösen Sie sich von der Vorstellung, dass der Partner Ihre Seele befreien könnte und dass Sie ihn nach ökonomischen Prinzipien erobern und halten müssten. Erst dann, wenn wir selbst ins Zentrum rücken, wenn wir uns unserer selbst bewusst werden, sehen wir dem Glück ins Auge.

Was wünschen Sie sich wirklich? Erstaunlich wenige Menschen stellen sich diese Frage. Nur Mut. Greifen Sie zu den Sternen. Wünschen Sie sich das schier Unmögliche. Jeder wahre Wunsch hat seine Berechtigung! Dabei lege ich Ihnen ausdrücklich ans Herz, Ihre Wünsche positiv zu formulieren.

Sagen Sie nicht: »Ich möchte nicht mehr einsam sein.« Sagen Sie stattdessen: »Ich möchte so in mir ruhen und so glücklich sein, dass ich für dieses Gefühl nichts und niemanden brauche.«

Sagen Sie nicht: »Ich möchte endlich akzeptiert werden.« Sagen Sie stattdessen: »Ich wünsche mir einen Zustand innerer Balance, in dem ich nicht mehr von der Anerkennung anderer abhängig bin.«

Sagen Sie nicht: »Ich brauche einen Partner, der mir meine Angst nimmt.« Sagen Sie stattdessen: »Ich wünsche mir eine seelische Harmonie, die völlig angstfrei ist, sei es mit oder ohne Partner.«

Meiner Erfahrung nach ist dies der einzige Weg, der aus unseren Ängsten und Zwangsvorstellungen herausführt und uns ein vertrauensvolles, positives Selbstbild vermittelt. Das hat nichts mit Verdrängung zu tun. Es geht vielmehr darum, alte Muster abzulegen, die dem Glück im Wege stehen.

Befreien Sie sich daher von der Suggestion, dass Sie schwach, unselbstständig, ängstlich und einsam sind. Befreien Sie sich auch von der Vorstellung, dass Sie selbst so wertlos sind, dass Sie sich Liebe mit Gefälligkeiten und Geschenken erkaufen müssten und dann mit dem großen Glück belohnt werden. Entdecken Sie in sich den freudigen, hingebungsvollen Menschen, der sich selbst lieben kann. Sie werden staunen, wie Sie sich verändern.

Selbstverständlich können Sie sich mit Ihren Traumata auseinandersetzen und langwierige Ursachenforschungen anstellen. Weiterhelfen wird Ihnen das nicht. Was mich so sicher macht? Nun, ich habe zu viele Bekannte, die jahrelange Therapien durchlaufen und sich dennoch nicht von ihren schlechten Erfahrungen befreien.

Ganz im Gegenteil: Dadurch, dass sie unablässig ihre Verletzungen thematisieren, vergrößern sie ihr Leid. In ihrem Schmerz gefangen, sehen sie keine Perspektive mehr, ihm zu entkommen. Sie fixieren sich auf das Durchlittene und geraten immer stärker in eine Opferrolle.

Dass diese Verhaltensweisen so hartnäckig in uns verankert sind, hat mit dem Menschenbild der aufgeklärten Wissensgesellschaft zu tun. Lange beschäftigten sich Philosophen, Psychologen und Soziologen ausschließlich mit den Störungen des menschlichen Seins, mit Auffälligkeiten und Erkrankungen. Dem Wesen des Glücks kamen sie damit keinen Millimeter näher. Oft wurden neue Wunden aufgerissen, wurde die Wahrnehmung erst auf die negativen Aspekte gelenkt.

Wir neigen ohnehin dazu, uns eher mit Problemen auseinanderzusetzen als mit dem, was uns glücklich machen könnte. Aber wir ahnen auch: Je mehr wir an uns herumtherapieren, je stärker wir unseren Ängsten und Zweifeln Raum geben, desto unglücklicher fühlen wir uns.

Kaum jemandem ist das wirklich bewusst. Kein Wunder. Täglich werden wir aufgefordert, uns mit Problemen zu beschäftigen, um nur nicht als naive Träumer zu gelten. Wir sollen kritisch sein, skeptisch, misstrauisch. Ein ausgeprägtes Problembewusstsein, so wird uns nahegelegt, kennzeichnet den reflektierenden Menschen.

Die unheilvolle Saat ist längst aufgegangen. Sorgen und Ängste bestimmen unsere Denken, Katastrophen und Hiobsbotschaften werden uns täglich in den Medien präsentiert. So geraten wir mental auf eine abschüssige Bahn, die uns wahrhaft »runterzieht«.

Die Gefahr liegt darin, dass eine permanente Fokussierung auf innere Konflikte eine negative Selbstwahrnehmung erzeugt. Mit starrem Blick darauf, wie unfähig wir zum Glück sind, trauen wir uns gar nicht mehr, anders zu denken und zu fühlen als in den Kategorien der Negativität. Diesen Kreis gilt es zu durchbrechen.

Unerlässlich ist das auch noch aus einem anderen Grund. Wie Sie im Laufe dieses Buches erfahren werden, erschaffen wir unsere Wirklichkeit mit Gedanken, Gefühlen und Vorstellungen. Alles, was wir befürchten, formt eine Realität, die von dieser Furcht durchdrungen ist. Alles Negative, was wir fühlen, wird uns weiterhin begleiten, und alle pessimistischen Vorstellungen, die wir hegen, definieren unsere Zukunft. Wir programmieren uns gleichsam – wahlweise auf das Scheitern oder auf das Gelingen.

Es ist uns gegeben, eine schöpferische Seele zu entwickeln, auf deren Matrix wir genau jene Dinge einprägen; die wie eine Bauanleitung für das Künftige wirkt. Geben Sie stattdessen negativen Vorstellungen Raum, so nehmen Sie unmittelbar Einfluss auf das, was Ihnen widerfahren wird. So, wie die Mutter, die ihrem auf einer Mauer balancierenden Kind angstvoll zuruft: »Vorsicht, gleich wirst du fallen!«

Das ist als wohlmeinende Warnung gedacht, doch die gute Absicht verwandelt sich zumeist in eine verhängnisvolle Irritation. Das Kind wird fallen, weil es nun die Vorstellung seines Fallens als Bild entwickelt, nicht das sichere Balancieren. Richtig wäre es, das Positive zu verstärken, indem die Mutter ruft: »Das machst du ganz großartig! Wie geschickt du balancieren kannst!« Leichtfüßig wird das Kind bis zum Ende der Mauer tänzeln und sich von seiner Mutter auffangen lassen.

Vertrauen Sie auf die schaffende Kraft des Guten. Wünschen Sie sich das vollkommene Glück. Keinen Traumpartner, kein Traumhaus, keine Traumreise. Wünschen Sie sich das Glück Ihrer Seele, für das Sie nichts und niemanden brauchen. Ein taoistischer Satz kann das verdeutlichen: »Wer ohne Begehren ist, sieht das Innere. Wer voller Begehren ist, sieht nur das Äußere.«

Das Bewusstsein befreien

Ich zitiere nicht zufällig diesen Satz des Taoismus. Spirituelle Lehren, das erwähnte ich bereits im Vorwort, sind eine wichtige Quelle der Inspiration. Und alle diese Lehren empfehlen Bewusstseinsübungen, die uns den Verstrickungen unserer gefesselten Gedanken entziehen.

Bewusstseinsübungen sind nicht mit einem Training zu verwechseln. Die Seele ist kein Muskel, der regelmäßig bewegt werden muss. Vielmehr öffnen solche Übungen den versperrten Weg zum großen Energiestrom unseres Universums.

Wir haben die Chance, uns im Einklang mit allen kosmischen Kräften zu fühlen. So verfuhren die Schamanen der Vorzeit, so taten es die ägyptischen Priester, die ihren Pharaonen Macht und Stärke gaben. So verwirklichen es heute noch die Anhänger geheimer Logen, wenn sie sich zu ihren heiligen Zeremonien versammeln.

Sie müssen allerdings keiner Loge beitreten und sich keiner Sekte überantworten, um diese Erfahrung zu machen. In diesem und in den weiteren Kapiteln dieses Buches werde ich Sie mit einigen Meditationen vertraut machen. Es handelt sich dabei nicht um Meditationstechniken, sondern um Übungen, mit denen Sie die Wünsche Ihrer Seele entdecken und die Gestaltungsmacht, über die Sie verfügen.

So verlassen Sie die Welt als Wille und Vorstellung und

gelangen zu einer Welt, die früher jenseits Ihrer Vorstellungskraft lag. Sie überwinden das, was Ihr vorbewusster Wille Ihnen diktiert, und erkennen, was Sie wahrhaft wollen.

Das klingt nach einer gewaltigen Anstrengung. Seien Sie unbesorgt, Sie werden die Bewusstseinsübungen mit Leichtigkeit erlernen, auch wenn Sie nie meditiert haben. Ich prophezeie Ihnen eine große Überraschung: Sie werden Energie erhalten und nicht etwa Energie verlieren. Trauen Sie dem spirituellen Potenzial, das zu Ihnen gehört wie Ihr Kopf und Ihr Herz. Meditation ist letztlich nichts anderes als gerichtete mentale Energie. Beginnen Sie am besten sofort damit, gleich nach der Lektüre des folgenden Abschnitts.

Ich mache Ihnen den Anfang leicht. Es ist nichts als ein Wort, das ich Ihnen nun gebe, und es wird Ihr erstes Mantra werden. Das Wort Mantra stammt aus dem indischen Sanskrit und ist zusammengesetzt aus dem Begriff »manas«, der für Geist und Psyche steht, sowie aus dem Begriff »trayate«, was so viel wie befreien heißt.

Das Ziel ist es, dass Sie sich mit einem Mantra von materiellen Einflüssen lösen, um Ihre Seele aufleben zu lassen. Denn die Gefühle und Bewertungen, die wir mit Dingen verbinden, verankern sich tief im Unterbewusstsein und überlagern unsere ureigensten Wünsche. Es sind Konditionierungen, die wir auf der Bewusstseinsebene nur schwerlich reflektieren können.

Eine Mantra-Meditation hilft Ihnen, kulturell aufgeprägte Gedanken hinter sich zu lassen und Ihr Glückspotenzial freizulegen. Auch wenn Sie noch skeptisch sind – versuchen Sie es. Zu verlieren haben Sie nichts, zu gewinnen viel.

Lehnen Sie sich zurück und schließen Sie die Augen. Sammeln Sie sämtliche äußeren Wünsche und schnüren Sie daraus ein Paket. Packen Sie alles in das Paket, was Ihnen bildlich in den Sinn kommt und was Sie begehren: das Auto, der Urlaub, sogar der Traumpartner, den Sie sich konkret vorstellen. Nun deponieren Sie das Paket in einem gedachten Schließfach, wo es einen sicheren Platz hat.

Das fällt Ihnen schwer? Nun, niemand will Ihnen Ihre Wünsche wegnehmen. Sie sollen nur für eine Weile verwahrt werden, damit sie Ihnen nicht unablässig vor Augen stehen. Haben Sie Ihre Wünsche gut verstaut? Dann atmen Sie tief und denken das Wort »Freude«. Weiter nichts.

Sie können das Wort auch aussprechen, leise gemurmelt oder mit fester Stimme. Konzentrieren Sie sich völlig darauf. Denken Sie nicht an das, was Ihnen im speziellen Sinne Freude bereitet. Denken Sie nur: Freude. Atmen Sie ruhig und entspannt. Dann wiederholen Sie das Wort.

Ich kann es nicht denken oder sagen, ohne nach kürzester Zeit zu lächeln. Ich spüre, wie die Freude durch meine Adern rinnt, dass sie mich wärmt wie ein inneres Strahlen. Oft überläuft mich eine Gänsehaut. Die Freude erfasst mich, wird größer und heller, bis ich selbst nur noch aus Freude bestehe.

Halten Sie dieses Gefühl der Freude so lange Sie möchten. Dann öffnen Sie die Augen. Bleiben Sie noch eine Weile sitzen und spüren Sie die Energie, die Sie durchpulst. Wenn Sie diese Übung einige Male durchgeführt haben, können Sie sie jederzeit wiederholen, wo immer Sie wollen: Beim Autofahren, am Schreibtisch, beim Spazierengehen.

Ich prophezeie Ihnen, dass Sie sich und Ihre Umwelt dadurch anders wahrnehmen. Sie werden sich an Dingen erfreuen, die Sie bisher nicht einmal beachtet haben: die Farbe des Abendhimmels, das Lächeln eines Menschen, der Ihnen auf der Straße begegnet, den Geruch des Regens an einem Sommertag. Sie werden spüren, wie viel freudige Energie darin enthalten ist und dass diese Energie Ihnen frei zur Verfügung steht.

Die wichtigste Erkenntnis aber ist: Wer Freude fühlt, muss nichts mehr begehren, weil er das in sich hat, was das

Kostbarste ist – das Glück, sich als freudigen Menschen zu erfahren.

Wünschen Sie sich, dass Sie so werden, wie Sie gemeint sind. In innerer Balance schwebend, in einem schützenden Kokon aus tiefem Frieden und vollkommener Bedürfnislosigkeit geborgen. Jagen Sie nicht mehr irgendeinem Traum hinterher, sondern erlernen Sie die Kunst des Wünschens.

Die Kunst des Wünschens

Lassen wir das Wesen der Wünsche Revue passieren. Anfangs hatte ich Ihnen geschildert, wie innig Wunsch und Wahn verknüpft sind, als Ausdruck eines vorbewussten Willens, der Wünsche als Glücksvehikel betrachtet. Das beschert uns die Illusion, wir könnten durch Menschen und Dinge glücklicher werden.

In der Geschichte vom »Hans im Glück« haben Sie ein anderes Prinzip kennengelernt, die Befreiung von materiellen Gütern als Befreiung der Seele und als Chance ihrer Reifung. Wunschlos glücklich sein heißt: wollen, was wir wirklich wollen.

In der inneren Wunschwelt des Kindes wurde dann offenbar, dass sie das Urmodell der verwirklichten seelischen Bedürfnisse ist – ein Ort der Freude, der Freiheit und des Urvertrauens. In Bezug auf die Partnerwahl war erkennbar, dass wir oft unerfüllbare, therapeutische Wünsche an den potenziellen Partner knüpfen, die sich in Erlösungsmythen wie der Legende vom Märchenprinzen spiegeln.

Anschließend zeigte ich Ihnen die fehlgeleitete Ökonomisierung der Wünsche, von der Sie sich lösen können, sobald Sie sich Ihrer Seele zuwenden. In positiv formulierten Wünschen schließlich erschloss sich die Perspektive, ein neues Selbstbild zu entwerfen, in dem alte Verletzungen überwunden werden.

Es ging mir also darum, dass Sie die Kunst des Wünschens als Weg begreifen, den Ballast gesellschaftlich diktierter Muster abzuwerfen. Das wird Sie befreien. Sie werden schnell merken, dass eine große Last von Ihrer Seele genommen wird, wenn Sie sich nicht durch gelungene Beziehungen oder durch Statussymbole beweisen müssen. Machen Sie ein Ende damit. Gleiten Sie in Ihren eigenen Glückskosmos, so wie ich einst als Kind in meine Wunschwelt gelangte.

Ich gebe zu, dass das schwieriger werden könnte, als es klingt. Die Vorstellungskraft reicht oft nicht aus, um vernichtende Selbstwahrnehmungen hinter sich zu lassen. Deshalb ist es unverzichtbar, dass Sie sich mit Bewusstseinsübungen beschäftigen. Die Mantra-Meditation ist eine erste Hilfestellung.

Dennoch könnte es passieren, dass Sie zuweilen Rückschläge erleben. Wer den lähmenden Einfluss der Gewohnheit durchschaut, der weiß, dass wir uns nur ungern von vertrauten Strukturen trennen, selbst dann, wenn sie uns belasten. Wie also können Sie den negativen Bildern entkommen? Wie können Sie durch Selbsterkenntnis glücklich werden und auf dieser Basis eine glückliche Beziehung leben?

Ihr Mantra ist der erste Schritt. Der zweite ist die Selbsterkenntnis der Seele. Darum wird es im folgenden Kapitel gehen.

2. KAPITEL
Die Unendlichkeit der Seele
Entdecken Sie Ihre Begabung zum Glücklichsein

In diesem Kapitel möchte ich Sie mit dem zweiten Geheimnis des Glückscodes vertraut machen: dass Sie die Begabung zum Glücklichsein in sich tragen. Sie werden sie entdecken, wenn Sie sich darüber klar werden, dass die Seele unendlich und unsterblich ist. Denn die Seele und nur die Seele ist es, die den idealen Partner erwählt und uns zum wahren Glück führt.

Es würde mich nicht wundern, wenn Sie jetzt Ihre Stirn in Falten legen oder mit den Achseln zucken. Zu groß, zu pathetisch mag die Behauptung klingen, dass die Seele auch jenseits unserer körperlichen Endlichkeit existiert. Zudem ist Unendlichkeit eine Kategorie, die uns stutzig macht, schließlich wollen wir das Glück in der Gegenwart, jetzt, ganz konkret.

Dennoch liegt in dieser Behauptung ein substanzieller Schlüssel des Glückscodes. Wenn Sie die Bestimmung der menschlichen Existenz verstehen und das Wunder der Seele enträtseln, haben Sie einen große Wegstrecke hin zu einem glücklichen Leben zurückgelegt. Und, mehr noch: Sie werden begreifen, dass Sie erst auf dieser Basis eine glückliche Beziehung leben können. Denn die Seele vermag alles, weil sie über grenzenlose Kräfte verfügt.

Glück to go

Das ist auf den ersten Blick kaum erfassbar. Zu ungewohnt scheint der Gedanke, dass unsere Partnersuche und unser Glück eine spirituelle Dimension haben sollten. Dieser Gedanke widerspricht vor allem der Vorstellung, die uns viele Regalmeter Fachliteratur mit allerlei Glücksratschlägen vermitteln: dass wir gleichsam über Nacht zu glücklicheren Menschen werden, wenn wir uns aus einer Trickkiste der Tipps und Taktiken bedienen.

Oft sind es äußerst simple Formeln, die da präsentiert werden. Sie versprechen viel, wenn nicht alles. Glück auf Bestellung – so sieht das Ideal einer Gesellschaft aus, die meint, alles kaufen und organisieren zu können, auch das Glück.

Seit das Glück zum Leitmotiv unserer Gesellschaft aufgestiegen ist, haben solche Gebrauchsanweisungen Karriere gemacht. Unzählige Offerten bieten sich uns dar, die einen Zustand umfassenden Glücks versprechen: Neben Liebe, Partnerschaft, Familie und Konsum sind es Hobbys, Kreativität, sportliche Leistungen.

Davon sprechen viele selbst ernannte Glücksspezialisten. Sie winken uns zu wie Animateure in einem Cluburlaub und rufen: »Finde etwas, was dir Spaß macht! Willkommen beim Spiel ohne Grenzen! Have fun!« Mir ist immer unbehaglich zumute, wenn ich solche Ratschläge höre. Spaß ist nicht das Gleiche wie Freude. Und Fun ist nur eine Spielmarke der Eventkultur, ein vergänglicher Reiz, der die träge Seele stimuliert.

Weit seriöser erscheint uns da schon der Ratschlag, man möge sich selbst verwirklichen. Das klingt überaus verlockend, also wird das Heil in allerlei Tätigkeiten gesucht: Die einen töpfern, die anderen versuchen sich am Marathonlauf, wieder andere besuchen Schreibkurse oder erlernen ein Instrument. Angefeuert von den inflationären Glückstheorien, setzen sie alles daran, eine Freizeitbeschäftigung zu finden, die ihren Neigungen entspricht.

Daran ist grundsätzlich nichts Falsches. Tun Sie, was immer Ihnen beliebt. Nur das Glück wird Ihnen all das nicht bringen. So vielversprechend die Aussicht auf Selbstverwirklichung sein mag – wenn das Selbst, das da verwirklicht werden soll, ein unerlöstes ist, müssen wir eher fürchten, was uns da aus dem Spiegel heraus anschaut. Wenn die Seele gefangen bleibt in den Zwangsvorstellungen der Ängste und Befürchtungen, vermögen die grandioseste sportliche Leistung und das schönste selbst gemalte Bild nichts auszurichten.

Was die gut gelaunten Glücksanimatoren verschweigen: Sie können allenfalls kurzfristige Glückszustände versprechen, Momente, in denen man seinen Kummer vergisst. Glück als Lebensform, Glück, das nie endet, können sie jedoch nicht herbeibeschwören. Daher finden nur wenige, wonach sie sich sehnen. Die meisten Glückssucher gleichen Nomaden, rastlos unterwegs, einem Traum nachlaufend, der immer unerreichbarer wird.

Ich bin im Laufe meines Lebens vielen Glückssuchern begegnet. Stets berichteten sie mir begeistert von einem neuen Hobby, einer neuen Musikrichtung, einem neuen Land, das sie entdeckt hatten.

Einer dieser Glückssucher hatte den Kreativitätsforscher Mihaly Csikszentmihaly gelesen und schwärmte vom »flow«, einem glücklichen Schweben, das durch kreative Leistungen hervorgebracht werde. Noch habe er den »flow« nicht erlebt, gestand mein Bekannter, aber das würde schon noch kommen. Zurzeit versuche er es mit Schreiben, aber vielleicht schlummere ja auch ein Maler in ihm. An den »flow« jedenfalls glaubte er felsenfest.

Letztlich beschreiben Autoren wie Mihaly Csikszentmihaly ein situatives Glücksgefühl. Sie geben uns Anleitungen, wie wir das Leben intensiver wahrnehmen, doch es bleibt alles Strategie und Taktik.

Niemand hatte meinem Bekannten übrigens erklärt, wie hoch die Messlatte war, die er erreichen wollte. Csikszentmihaly widmet sich in seinen Büchern Ausnahmefiguren, brillanten Künstlern, Komponisten, Schriftstellern, die mit ungewöhnlichen Ideen oder besonderen Talenten ausgestattet sind. Ausgerechnet sie werden zu Vorbildern stilisiert, an denen sich jedermann orientieren könne.

Das beeindruckt in der Tat: schöpferisch wie Picasso sein, kreativ wie Beethoven, sprachmächtig wie Goethe, eine herrliche Vorstellung. Ja, solchen Menschen eifert man gern nach und wiegt sich in der Illusion, dass ein unerkanntes Genie auf seine Entdeckung harrt. So viel Hybris darf es schon sein.

Aber selbst dann, wenn Sie tatsächlich auf dem besten Wege wären, der Picasso des 21. Jahrhunderts zu werden, so ist doch zu bezweifeln, was Sie dann erwartet. Was mein Bekannter übersah: Csikszentmihaly spricht zwar von Glückszuständen, jedoch nicht vom Glück. Und wer sich die Biografien schöpferischer Menschen ansieht, wird ein gerüttelt Maß an persönlichen Problemen darin finden.

Sogar der Umkehrschluss gilt zuweilen: Viele Kreative machten das Unglück zur Inspiration. Im künstlerischen Werk wurde es thematisiert und verarbeitet, doch nichts ist darüber verbürgt, dass sie über den Schaffensprozess hinaus zu glücklicheren Menschen wurden.

Kommen wir auf die Wünsche zurück. So, wie wir das Wünschen verlernt haben, haben wir auch verlernt, ein unendliches Glück zu imaginieren, für das wir keine Strategien benötigen. Wie gesagt: Wir suchen das Glück in Menschen und Dingen, aber nicht in uns selbst. Mit allerlei Manipulationen wollen wir unsere Unsicherheit und unsere Furcht überlisten, müssen uns aber am Ende eingestehen, dass die Ergebnisse meist kläglich sind.

Entledigen Sie sich der Idee, es gebe ein Glücksrezept. Beginnen Sie stattdessen, den wunderbarsten Menschen dieser Erde kennenzulernen: sich selbst. Wissen Sie, wer Sie sind? Kennen Sie die verborgenen Gesetze Ihre Seele? Spüren Sie, dass Sie ungeheure Kräfte besitzen, die auf Entdeckung harren? Und dass Ihnen diese Kräfte einen nachhaltigen Glückszustand schenken werden?

Sicherlich haben Sie schon Stunden, Tage, Jahre damit verbracht, Ihre gesamte Aufmerksamkeit auf Ihr Umfeld zu lenken. Dabei haben Sie sich wahrscheinlich immer wieder gefragt, was Sie tun müssen, um Ihr Leben in glücklichere Bahnen zu steuern.

Ich vermute, dass Sie in diesen Momenten nur selten wirklich an sich selbst gedacht haben, an das, was Sie ausmacht, an das, was in Ihnen schlummert. Um es in aller Schonungslosigkeit zu sagen: Sie haben Ihre Zeit damit vergeudet, das Glück anderswo zu suchen, statt in sich selbst.

Ich habe immer wieder festgestellt, dass das Grundgefühl vieler Menschen Verunsicherung ist. Sie empfinden sich als vorläufig, unfertig, leicht beeinflussbar und kennen nicht die Erfahrung, völlig im Einklang mit sich und der Welt zu schwingen. Die Verunsicherungen, die Sie und viele andere unglücklich machen, haben ihren Kern darin, dass Sie sich Ihrer selbst tatsächlich nicht sicher sind.

Sie kennen sich nicht. Sie haben nicht die leiseste Ahnung, wer und was Sie sind, warum Sie existieren, welch ein Sinn in Ihrem Leben liegt. Und doch ist da diese unstillbare Sehnsucht nach dem Glück.

Die Entdeckung der Seele

Schließen Sie nun eine Weile gedanklich die Tür nach draußen. Schließen Sie sie fest zu. Versuchen Sie, zur Ruhe zu kommen und sich ganz auf Ihr Selbst zu konzentrieren.

Blenden Sie das Getriebe der Welt aus, das Sie so machtvoll bedrängt. Atmen Sie tief durch. Und folgen Sie mir in den Kosmos Ihrer unsterblichen Seele.

Sie sollten sich zunächst vor Augen rufen, dass wir Menschen einen einzigartigen Platz in der Evolution einnehmen. Da wir eine Seele haben, verfügen wir über etwas sehr Kostbares: ein Bewusstsein. Das unterscheidet uns von anderen Formen biologischen Lebens.

Natürlich wissen wir, dass Tiere neben ihren Instinkten auch Gefühle haben. Die Primatenforscherin Jane Goodall leistete auf diesem Gebiet Pionierarbeit, als sie das Gefühlsleben von Schimpansen analysierte. Angst, Wut, Zuneigung, das alles gibt es durchaus in der Tierwelt, vor allem bei unseren genetisch nächsten Verwandten, den Menschenaffen. Gerührt stellen wir fest, dass sie vieles durchmachen, was auch uns widerfährt.

Dennoch sind diese Eigenschaften etwas völlig anderes als das Bewusstsein, das uns Menschen auszeichnet. Tiere folgen ihren Instinkten, sie gehorchen dem evolutionären Programm ihrer Verhaltensweisen und Überlebensstrategien. Auch wenn sie dabei Emotionen zeigen, können sie ihre Existenz nicht reflektieren. Sie stellen sich nicht die Frage, woher sie kommen und was ihre Bestimmung ist. Sie treffen keine Entscheidung über ethisches Handeln und sind auch nicht in der Lage, sich als eigenständiges Individuum wahrzunehmen.

Ganz anders der Mensch. Der Philosoph Immanuel Kant hat einst drei Fragen formuliert, die seiner Sicht nach das Wesen allen Philosophierens bestimmen: »Was sollen wir tun? Was dürfen wir hoffen? Was können wir wissen?«

Damit hat er zugleich die Elemente ausgesprochen, die unser Bewusstsein charakterisieren: Wir denken über unser Handeln nach, wir hegen Hoffnungen, und wir haben die Fähigkeit, unermessliches Wissen anzusammeln, bis hin zu universalen Erkenntnissen. Diese drei Elemente definieren das Menschsein. Sie sind der Grund dafür, dass wir uns geistig und seelisch entwickeln – sofern wir das anstreben.

Wenn wir uns fragen, woher wir kommen und warum wir überhaupt auf der Welt sind, ist das mehr als wissenschaftliche Neugier. Die ist schnell gestillt. Mittlerweile wissen wir recht genau, was sich auf der biologischen Ebene ereignet hat. Vorgänge wie Zellteilung, Fotosynthese, Ausdifferenzierung von Organen und Körperteilen haben zum heutigen Ensemble belebter Natur geführt.

Auf diese Weise haben wir den biologischen Stammbaum des Menschen aufzeichnen können. Die Entwicklung der Seele allerdings ist damit noch nicht beschrieben. Niemand hat den Versuch unternommen, einen »Stammbaum der Seele« anzulegen. Wann erfolgte seelisch der qualitative Sprung vom Tier zum Menschen? Welche Seelenregungen hatte der Neandertaler? Hatte er Selbst-Bewusstsein? Reflektierte er seine Existenz? Seltsam genug: Das, was uns Menschen einzigartig macht, ist am unergründlichsten geblieben.

Immerhin spüren wir: Jede Seele ist unverwechselbar individuell. Es gibt niemanden auf der Welt, der Ihnen völlig gleicht. Selbst eineiige Zwillinge können ganz verschiedene Persönlichkeiten ausprägen. Im Verlauf der Geistesgeschichte haben sich daher unzählige Denker mit der Seele beschäftigt. Selbstverständlich sind die meisten davon überzeugt, dass die Seele mehr ist als ein Ausdruck unseres genetischen Bauplans oder hirnphysiologischer Abläufe. Was aber macht ihr Wesen aus?

Betrachten wir die Seele zunächst auf einer pragmatischen Ebene. Dass sie nicht an den Körper gekettet ist, zeigen die vielen Geschichten, in denen tot geglaubte Patienten ihre Nahtod-Erfahrungen schildern. An der Schwelle des Todes, in einem Zustand, in dem das Herz nicht mehr schlägt, ereignet sich etwas Rätselhaftes.

Wenn diese Patienten reanimiert wurden, wenn es also gelang, sie zurück ins Leben zu holen, berichteten sie später, dass sich ihre Seele vom Körper gelöst hatte. Ihr Bewusstsein war dabei glasklar. Sie konnten ihre sterbliche Hülle von außen wahrnehmen, konnten sich sogar an Gesichter und Gespräche erinnern.

Solche Geschichten der Exkorporation zeugen davon, dass die Seele weiter existiert, auch wenn der Körper im Sterben liegt, sogar dann noch, wenn er klinisch tot ist.

Die Sterbeforscherin Elisabeth Kübler-Ross hat viele eindrucksvolle Bücher geschrieben, in denen sie Protokolle solcher Nahtod-Erlebnisse aufzeichnete. Sie ähnelten einander verblüffend: Zuerst trennte sich die Seele vom Körper und schwebte eine Weile im Raum. Dann kam eine Phase schrecklichster Panik, visualisiert durch einen engen, dunklen Tunnel. Am Ende des Tunnels schließlich leuchtete ein Licht auf, auf das die Seele sich zubewegte, um schließlich in eine paradiesische Landschaft einzutauchen: in einen Glücksort grenzenloser Seligkeit, ohne Ängste und Sorgen. Was wir daraus lernen, ist die Erkenntnis dessen, was unsere Seele ausmacht: Sie ist Bewusstsein, das sich zwar für eine Weile individuell manifestiert, doch zugleich unsterblich ist. Sie führt ein Eigenleben, das die Anbindung an die Materie nur als sporadisch erlebt. Die Seele ist frei, unsterblich und unendlich.

Noch spannender wird es, wenn wir uns der Seele über die spirituellen Traditionen nähern. Zu den faszinierendsten Eigenheiten des Menschen zählt, dass er hoffen kann, so, wie es auch Immanuel Kant betont hatte. Noch die schlimmsten Erlebnisse, noch die härtesten Schicksalsschläge können uns nicht davon abbringen, dass wir das Glück für möglich halten. Es scheint also eine Schicht in uns zu geben, die unbeirrbar an das Glück glaubt, auch wenn widrige Lebensumstände uns täglich das Gegenteil beweisen.

Das verlorene Paradies

Verfestigt hat sich dieser Glaube als Sehnsucht nach dem verlorenen Paradies. In der Bibel ist dieser Mythos am eindringlichsten beschrieben. Im Alten Testament lesen wir die Geschichte von Adam und Eva, die glücklich und sorglos im Paradies leben, als Geschöpfe Gottes, die in seinem Wohlwollen ruhen.

Der Sündenfall beendet diese Idylle. Harte Zeiten brechen an, in denen Adam und Eva die ganze Erdenschwere des Daseins kennenlernen und ihr Brot »im Schweiße ihres Angesichts« essen müssen. Sie sind verstoßen und nun ganz auf sich gestellt.

Was jedoch bleibt, ist die Urerfahrung des Paradieses und die Hoffnung, eines Tages dorthin zurückzukehren. Im Alten Testament materialisiert sie sich als die Suche nach dem »gelobten Land«, wo »Milch und Honig fließen« und wo die Sorge um das tägliche Brot erlischt. Neben diesem irdischen Paradies steht ein immaterielles, das nach dem Tod betreten werden kann.

Die griechische Mythologie erzählt vom Elysion, der sagenumwobenen »Insel der Seligen«. Dort dürfen die Lieblinge der Götter wohnen, die für ihre Taten mit Unsterblichkeit belohnt werden. Alle Beschreibungen des Elysions erinnern an ein Paradies. Von rosengeschmückten Wiesen ist da die Rede, von Weihrauchbäumen, in deren Schatten die Helden ihre Zeit mit Spielen verbringen, jenseits aller Not.

Auch in anderen Kulturen sind solche Vorstellungen verbreitet. Die Kelten sprachen von der »Anderwelt«, einer Insel, wo die unsterblichen Seelen im vollkommenen Glück leben, und viele weitere Kulturen wie die hinduistische, die islamische oder das Volk der Baha kennen detaillierte Paradiesvorstellungen.

Sie werden sprachlich meist als »Jenseits« bezeichnet – eine überzeitliche Zone, in der alle irdische Not schweigt und in der eine höhere Existenzform verwirklicht werden kann.

Wenn wir nun alle spezifischen Glaubensinhalte zusammenfassen und auf einen Nenner bringen, so erkennen wir in der kulturübergreifenden Idee des Paradieses zugleich die Idee des Glücks. Man könnte auch sagen: Paradies und Glück sind Synonyme. Obwohl viele pragmatische Erfahrungen dagegensprechen, hält sich diese Idee selbst dann, wenn Menschen nicht im engeren Sinne gläubig sind. Sie nehmen das Glück als eine existente Größe an und hoffen darauf, dass es ihnen irgendwann zuteilwird.

Ist es nicht merkwürdig, wie stark wir an unseren Glücksvorstellungen festhalten, trotz aller Enttäuschungen? Dass wir sogar die »große Liebe« für möglich halten, obwohl die Scheidungsraten steigen und die Wahrscheinlichkeit, dereinst die Goldene Hochzeit zu feiern, stetig sinkt? Was macht uns eigentlich so sicher? Wo in unserer Seele existiert der unzerstörbare Kern unserer Glückssehnsucht?

Im Laufe meiner Forschungen kam ich zu dem Schluss, dass es am Anbeginn allen Lebens eine »Urseele« gab. Viele Philosophen, Mystiker und übrigens auch Physiker, darunter geniale Quantentheoretiker und Astrophysiker, vertreten dieselbe Ansicht. Sie gehen davon aus, dass der Ursprung aller geistigen und seelischen Phänomene in dieser Urseele liegt. Sie ist der göttliche Atem, der uns eingehaucht wurde. Sie ist die gewaltige Kraft, die uns Menschen fragen und hoffen lässt.

Die Annahme einer Urseele gehört auch zu den Gewissheiten aller spirituellen Lehren. In der vedischen Glaubenslehre unterscheidet man entsprechend zwischen »Atma«, der individuellen Seele, und »Paramatma«, der höchsten Seele, die als all-anwesende Form Gottes aufgefasst wird.

Die uralte Lehre der indischen Veden veranschaulicht damit, dass alles Sein eine Erweiterung Gottes ist, dessen fragmentarischer Teil wir sind.

Die Urseele hat sich nun im Laufe der Erdgeschichte in viele einzelne Seelen aufgespalten, ein Prozess, der längst noch nicht abgeschlossen ist. So wie sich auf der biologischen Ebene alles Leben aus einer einzelnen Zelle entwickelte und einen ungeheuren Variantenreichtum erzeugte, wird auch die Urseele immer weiter variiert und zerstreut.

Es liegt auf der Hand, dass die einzelne Seele durch diesen Aufspaltungsprozess nur einen winzigen Teil der Urseele enthält – zu wenig, um sie in ihrer Gänze zu ermessen.

Sie kennen vielleicht das Wirkprinzip der Homöopathie. Nach immer mehr Verdünnungen enthält die wässrige Lösung nicht mehr materiell den gelösten Stoff, sondern nur noch seine Eigenschaften, wissenschaftlich gesprochen: seine Informationen.

Ähnliches gilt für das Verhältnis der Seele zur Urseele. So wie bei der hohen Verdünnung eines Stoffes in der homöopathischen Medizin ist die Urseele nur noch als Information in uns vorhanden.

Im Laufe der Evolution nun hat sich die Weltbevölkerung um ein Vielfaches vergrößert, sie ist geradezu explodiert. Nach der letzten Eiszeit sollen gerade mal 20.000 Menschen überlebt haben, heute betrachten wir die Spezies Mensch in globalen Milliardendimensionen. Das bleibt nicht ohne Auswirkung auf das Verhältnis von Seele und Urseele. Unsere Seelen sind fast unendlich »verwässert«, nur als Information ist die Urseele noch erahnbar.

Hier geraten wir an einen heiklen Punkt. Wenn wir davon ausgehen, dass die Urseele einem idealen, paradiesischen Zustand gleichkommt, dann muss die individuelle Seele heute weit entfernt von diesem wunderbaren Zustand sein. Belege dafür sind mit Händen zu greifen. Ich stehe wahrlich nicht allein mit meiner Diagnose, dass unsere Seelen immer mehr an der Vereinzelung und Fragmentarisierung leiden.

Das äußert sich in symptomatischen Defiziten. Psychische Verstimmungen und Störungen gehören längst zu den häufigsten Zivilisationskrankheiten. Sigmund Freud sprach sogar generell vom »Unbehagen in der Kultur«.

Noch nie in der gesamten Menschheitsgeschichte war es prinzipiell möglich, in so viel Frieden und Wohlstand zu leben wie heute, besonders in den westlichen Industrienationen. So wirkt es geradezu paradox, dass gerade dort Depressionen zur Tagesordnung gehören und Millionen von Menschen seelisch leiden, oft im Verborgenen.

Psychische Erkrankungen stehen heute an zweiter Stelle aller Krankheiten überhaupt. Selbst die Jüngsten sind betroffen: Bei immer mehr Kindern und Jugendlichen wird das ADHS-Syndrom diagnostiziert, Störungen der Wahrnehmung und der Emotionalität. Diese Entwicklung hat mittlerweile erschreckende Ausmaße angenommen. Man schätzt, dass in Deutschland etwa 10 Prozent aller Kinder schwere ADHS-Symptome aufweisen, rechnet man die leichteren, nicht therapiebedürftigen Ausformungen hinzu, kommt man auf die erschreckende Zahl von 25 Prozent.

Über die Gründe ist viel spekuliert worden. Stress wird gern als auslösender Faktor genannt, die Hektik des modernen Lebensstils, die Überfrachtung mit medialen Informationen, die nicht adäquat verarbeitet werden können. Kulturtheoretiker mutmaßen überdies, dass die allgegenwärtige Reizüberflutung speziell durch Bilder und Filme zu Wahrnehmungsstörungen und Desorientierung führt.

Doch letztlich haben alle Thesen ins Leere geführt. Und auch die Therapien verlängern oft nur das Leiden und bekräftigen die fatale Selbstwahrnehmung der Betroffenen als ewige Patienten, die in der einen oder anderen Form für immer abhängig bleiben. Um schnelle Erfolge zu erzielen, behelfen sich die meisten Ärzte mit Medikamenten. Viele Kinder und Jugendliche werden mit Ritalin und anderen psychogenen Wirkstoffen ruhiggestellt, statt den Ursachen auf den Grund zu gehen. Die Tendenz ist steigend.

Das Geheimnis der Urseele

Macht unsere hoch technisierte und mediatisierte Umwelt uns psychisch krank? Meine Erklärung beschreitet einen anderen Weg. Während ich mich mit den Prinzipien der Seele beschäftigte, ging mir auf: Das Massenphänomen der kranken Seele ist nicht die Folge eines falsch gelebten Lebens, sie ist vielmehr die Konsequenz einer fortschreitenden Aufspaltung der Urseele.

Wir haben die Verbindung zur Urseele verloren. Wir ahnen zwar, dass mit unserer Seele etwas nicht stimmt, doch wir sind wie blockiert und können den Ausweg nicht erkennen. So verbringen wir viel Zeit bei Ärzten und Psychologen, statt unsere Seele selbst in Augenschein zu nehmen. Das hat tragische Folgen. Betroffene fühlen sich minderwertig und ausgegrenzt, so, als hätten sie keinen Platz in dieser Welt.

Früher bezeichnete man den Psychologen scherzhaft als »Seelendoktor«. Ich wünschte mir, dass es wirklich Seelendoktoren gäbe, Heiler, die sich mit der unterentwickelten und verletzten Seele beschäftigen. Immerhin hat die Psychosomatik schon einiges geleistet. Sie wies nach, dass selbst körperliche Krankheiten wie Tumore oder Stoffwechselstörungen ein Ausdruck unserer leidenden Seele sein können.

Ihre Therapien jedoch bleiben auf halbem Wege stecken. Was wir als Krankheit oder Unglück bezeichnen, ist in Wahrheit die unerfüllte Sehnsucht, sich tief verbunden mit der Urseele zu erfahren. Die wenigen beneidenswerten Menschen, die von ihren Glückserfahrungen berichten, verwenden häufig die Formulierung, es sei ein Gefühl, wie nach Hause zu kommen. Dieses Zuhause aber ist nichts anderes als die Urseele, in der sie sich völlig aufgehoben und glücklich fühlen.

Doch es sind nur wenige, die das von sich sagen können, viel zu wenige. Ist die Mehrheit der Menschheit zum Unglück verdammt? Müssen wir unsere defizitäre Seele als Faktum hinnehmen oder gibt es eine Möglichkeit, sie zu vervollständigen?

Es gibt diese Möglichkeit, und in ihr liegt der Königsweg zum Glück. Es kommt darauf an, dass wir Kontakt mit dem kosmischen Prinzip der Urseele aufnehmen, um uns spirituell wieder mit ihr zu vereinigen. Da die Urseele die universale Grundlage unseres Menschseins ist, ist sie der unbewusste Sehnsuchtsort, den wir umkreisen, wenn wir das Glück suchen.

Die Urseele steht für einen Zustand glückhafter Ganzheitlichkeit. Ohne es zu wissen, sind wir auf der Suche nach dem Ganzen, das unsere fragmentarisierte Seele buchstäblich »ergänzt«. Das ist das Geheimnis aller Paradiesvorstellungen. Das ist das Geheimnis der Unsterblichkeit. Und das ist auch das Geheimnis unserer unzerstörbaren Glückssehnsucht.

Verblüffend genug: Selbst wenn wir das Glück nie erfahren haben, »erinnern« wir uns daran, weil wir immer noch teilhaben an der verlorenen Urseele, dem verlorenen Paradies. Wir erinnern uns also paradoxerweise an etwas, was wir oft gar nicht kennen. Genau deshalb sind wir überhaupt in der Lage, uns umfassende Geborgenheit zu wünschen, ein Füllhorn des Glücks, unendlich, unsterblich, ewig.

Die bereits erwähnten Veden nannten diesen ursprünglichen Glückszustand »sat cit ananda« und charakterisierten ihn als unendlich, glückselig und voller Wissen. Erreicht werden könne er durch die Aktivierung spiritueller Energien, mit der die Sphäre des materiellen Seins überwunden wird – so wie bei den Nahtoderlebnissen irgendwann die Sphäre des Lichts erreicht wird.

In dem Augenblick, in dem wir erkennen, dass wir immer noch mit der Urseele verbunden sein können, erleben wir, dass wir nicht allein sind. Menschen, die meditieren und sich dabei auf ihre Verbundenheit mit dem Kosmos konzentrieren, nennen es die »Alleins-Erfahrung«. Plötzlich offenbart sich ihnen, dass sie nicht ein Fragment sind, sondern Teil eines Ganzen.

Kants Frage, was wir wissen können, stellt sich hier in ganz neuem Licht. Was können wir von unserer Seele wissen? Wie gesagt: Wir ahnen, dass sie mehr ist als eine Resultante aus physikalischen und chemischen Vorgängen. Menschen, die sich mit ihrer Stellung im Kosmos auseinandersetzen, wissen außerdem: Das Glück bedeutet Selbst-Bewusstsein der Seele als Teil der Urseele. Staunend nehmen sie zur Kenntnis, dass diese Urseele nicht den Gesetzen der Evolution gehorcht und auch nicht von dem einzelnen gelebten Leben abhängt, sondern ewig ist.

Vielleicht suchen Sie jetzt nach Einwänden und fragen sich, ob die Annahme einer Urseele nicht allzu abstrakt ist. Wir können sie schließlich weder sehen noch hören, unsere fünf Sinne reichen nicht aus, um sie zu erfassen. Lassen Sie mich an dieser Stelle eine kleine Begebenheit einflechten.

Als Albert Einstein seine bahnbrechende Relativitätstheorie einem Fachpublikum vortrug, meldete sich ein Wissenschaftler aus dem Publikum. Ungehalten sagte er: »Wissen Sie, Herr Professor, das klingt doch alles sehr abenteuerlich. Ich vertraue lieber meinem gesunden Menschenverstand. Ich glaube nur, was ich sehe.« Einstein lächelte, dann erwiderte er: »Dann kommen Sie doch bitte mal nach vorn und legen Ihren gesunden Menschenverstand auf den Tisch, damit ich ihn sehen kann.«

Was für eine herrliche Antwort, was für ein schlagendes Argument! Nicht alles, was existiert, liegt vor uns wie auf einem Silbertablett. Nicht alles können wir sehen, nicht alles entspricht dem, was wir unseren gesunden Menschenverstand nennen. Wenn es um die Seele geht, reichen unsere fünf Sinne nicht aus. Hier ist Intuition gefragt, ein feines Gespür für Zusammenhänge, die unsichtbar wirken.

Auch die Urseele gehört in diesen Kontext. Spüren Sie in sich hinein: Haben Sie eine andere Erklärung dafür, dass Sie trotz allen Scheiterns immer noch an der Idee des Glücks festhalten? Woher nehmen Sie die Gewissheit? Wer hat sie in Ihnen angelegt?

Die spirituelle, unsterbliche Dimension der Seele ist in allen Kulturen rituell verankert. Jede Kultur hat ihren Totenkult, von den Mumien der Ägypter bis zu den Urnenwänden italienischer Friedhöfe. Und jede Kultur entwickelt lebhafte Vorstellungen vom Jenseits sowie vom Paradies. Ohne eine Unsterblichkeit der Seele wäre all das sinnlos. Ohne es beweisen zu können, wissen wir, dass wir mehr sind als kurzzeitige Gäste auf unserem Planeten.

Wir haben eine Herkunft und eine Zukunft, denn wir alle partizipieren noch immer an der Urseele. Unsere Seele wie auch unser Bewusstsein sind uralt und haben teil an allen Erfahrungen und Gewissheiten, die jemals existierten.

Vieles haben wir verinnerlicht, was nicht aus unseren Biografien erklärbar ist. In kürzer getakteten Zeiträumen wird das etwa deutlich, wenn Kinder und Enkel von Kriegsgenerationen unbewusst deren Traumata weiter tragen: Gewalt, Verlust, Flucht. Seelische Nöte erben sich fort, nur wenige wissen das.

Doch auch im positiven Sinne werden solche Mechanismen wirksam. Wir sind nicht so isoliert, wie wir meinen. Wir können auch von starken Kräften profitieren, die jenseits der eigenen Erfahrungen liegen.

Der Biologe Rupert Sheldrake erfand dafür den Begriff einer »morphogenetischen Datenbank«. Damit meinte er das Konvolut aller seelischen Aktivitäten und Lernprozesse, die sich jemals auf diesem Planeten ereignet haben. Wir wissen viel mehr, als wir denken, wir handeln nach den Maximen aller Menschen, die jemals existiert haben, wir haben teil an ihren Gedanken, Visionen und Träumen.

Das spüren wir immer dann, wenn unsere Intuition spricht. Wenn wir also unwillkürlich etwas wahrnehmen und bewerten, was wir noch gar nicht kennen. Dennoch kennen wir es. Wir kennen die Gesetze des Krieges, obwohl wir nur Friedenszeiten erlebt haben. Wir kennen die unendliche Liebe, auch wenn sie uns nie zuteilwurde. Wir kennen die Regeln der Magie, obwohl uns nie vergönnt war, die Wirklichkeit nach unseren Bedürfnissen zu formen. Und wir kennen das Paradies, den Urzustand tiefer Geborgenheit, auch wenn es uns stets verwehrt blieb.

Der ideale Partner

Was hat dies alles nun mit der Partnersuche zu tun? So, wie wir unbeirrt das Glück für möglich halten, glauben wir auch daran, einen Menschen zu finden, mit dem uns Vertrauen, Geborgenheit und ewige Liebe verbinden. Wir suchen nach ihm, trotz aller Rückschläge und Enttäuschungen.

Warum aber tun wir das so beharrlich? Weil wir uns an die Urseele erinnern, weil sie die mit Abstand stärkste Erfahrung ist, die in der morphogenetischen Datenbank für uns gespeichert ist.

Mancher Biologe würde hier sogleich das Gegenargument aus dem Hut ziehen, dass es die Sexualität sei, die uns Ausschau nach dem idealen Partner halten lässt. In der Tat steht das sexuelle Verlangen für die meisten Menschen am Anfang einer Beziehung. Es überwältigt uns, es fokussiert unsere sämtlichen Gedanken auf den begehrten Partner, und oft sind wir nahezu blind, wenn die Sexualität ihre Macht entfaltet.

Ich erinnere mich noch gut daran, wie ich als junger Mann meine erste Freundin kennenlernte. Ich war bis über beide Ohren verliebt, wie man so schön sagt. Nichts Wundervolleres konnte es geben, als diesem Mädchen nahe zu sein. Eines Tages ergab sich die Gelegenheit. Die Eltern meiner Freundin waren nicht zu Hause und wir lagen auf ihrem Bett, tauschten erste, schüchterne Zärtlichkeiten aus.

Irgendwann hörte ich das Summen eines Motors. Mein Verstand sagte mir, dass das ein Auto sein musste und dass offenbar die Eltern meiner Freundin zurückkehrten. Der Vater war ein Tyrann und Choleriker, der mir mehr als einmal gedroht hatte, er werde mir das Genick brechen, wenn ich mich seiner Tochter körperlich näherte. Also hätten wir aufspringen und unsere Kleider in Ordnung bringen müssen.

Doch weder sie noch ich waren fähig zu reagieren. Unser erstes Liebesspiel nahm uns dermaßen gefangen, dass wir alles andere ausblendeten. Nichts anderes existierte mehr für uns als wir beide und unser unwiderstehliches Begehren. So wurden wir von dem Vater des Mädchens überrascht, der mich unter wüstesten Beschimpfungen aus dem Haus warf.

Kein Zweifel: Ich hatte mich in einem Rausch befunden. Mein Verstand funktionierte nicht mehr. Obwohl ich das Auto kommen hörte, tat ich nichts, um der drohenden Gefahr zu entgehen.

Worauf ich hinauswill: Diese Geschichte zeigt sehr eindringlich, wie stark die Sexualität uns steuert. Sie macht uns blind und taub für alles andere. Sie bedrängt uns und lässt uns viele Dinge tun, die wir aus dem Abstand heraus kaum noch begreifen.

Oft verstehen wir erst sehr viel später, dass das körperliche Verlangen nicht nur unseren Verstand überlistete, sondern auch unsere Seele. Das Begehren ist nicht mehr und nicht weniger als ein biologisches Programm, das weit in den Instinktbereich hineinreicht. Was es nicht ist: ein Zeichen dafür, dass wir dem Partner gegenüberstehen, den unsere Seele ersehnt, der uns ergänzt und glücklich macht.

Jeder weiß, dass das Begehren flüchtig ist. Es folgt sexuellen Signalen und erotischen Präferenzen, die sich schnell ändern können. Erfahrungsgemäß legt sich schon nach recht kurzer Zeit die Erregung, die uns beim Anblick eines Menschen ergreift. Dann erst erweist es sich, ob hinter der sexuellen Attraktion eine seelische Anziehungskraft steht, die uns dauerhaftes Glück schenkt.

Das einzusehen ist nicht gerade einfach in einer sexualisierten Lebenswelt, die voller erotischer Verlockungen ist. Täglich wird uns vorgegaukelt, dass wir erst dann vollkommen seien, wenn wir auf dem Markt der Körper mithalten können. Und wir werden neidvoll bewundert, wenn uns die Sexualität unbegrenzt verfügbar ist, immer wieder anders, immer wieder neu. Es könnte sogar sein, dass wir unseren Wert als sexuellen Marktwert definieren, als Option, jeden verführen und erobern zu können, der unser sinnliches Interesse weckt.

Zu den vielen Fragmentarisierungen unseres Bewusstseins gehört es, dass die Sexualität von der Seele abgespalten wird. Deshalb unterscheiden wir auch zunehmend zwischen körperlicher Liebe und Gefühlen. Bis hin zu der Überzeugung, man könne einen Menschen lieben, ohne ihm sexuell treu zu sein. Die Sexualität scheint rein dem Lustprinzip zu folgen und zeigt sich als Appetenzverhalten, so banal wie Essen und Trinken.

Was aber sind die Bedürfnisse der Seele? Was bedeutet Liebe, wenn wir das flüchtige Begehren ausklammern und auch die Sexualität als seelischen Ausdruck anerkennen? Was bedeutet der Partner, der für uns geschaffen ist? Seine therapeutische Funktion, das haben Sie im vorangehenden Kapitel erfahren, ist eine Illusion. Welches ist dann seine Bestimmung?

Die ideale Beziehung wird gern als »Seelenverwandtschaft« bezeichnet. In diesem Begriff zeichnet sich eine sehr weise Interpretation von Liebe ab, die direkt mit der unbewussten Sehnsucht nach der Urseele zu tun hat. Wir suchen das seelische Pendant, einen Menschen, mit dem wir verschmelzen, um unsere Unsterblichkeit zu erfahren.

»Die Liebe höret nimmer auf«, heißt es in der Bibel, und unsere höchste Vorstellung eines Gefühls ist denn auch die »ewige Liebe«. Das ist alles andere als naiv. Wir haben völlig recht, wenn wir uns dieses Maximum an Liebe herbeisehnen. Es ist Ausdruck der seelischen Dimension, die uns vom Tier unterscheidet, das sich nach der Paarung wieder anderen Tätigkeiten zuwendet.

Wenn es gelingt, einen Partner zu finden, mit dem wir glückhaft verschmelzen, so haben wir auch Zugang zur Urseele. Die Zersplitterung wird ein Stück weit zurückgenommen. Im geliebten Menschen sehen wir bestätigt, dass wir nicht isoliert und einsam sind, sondern im spirituellen Sinne aufgehoben und geborgen.

Die Voraussetzung dafür ist allerdings, dass wir den ersten Schritt hin zum Selbst-Bewusstsein der Seele allein tun. Solange wir unsere Unerlöstheit auf jemand anderen projizieren, verdoppeln wir unsere Defizite, statt sie zu überwinden. Am Anfang steht daher die »Alleins-Erfahrung«. Wie aber erhalten wir Zugang zu diesem Grundgefühl?

Die Urseele spüren

In den vergangenen Jahren habe ich viele spirituelle Menschen getroffen, auch einige, die ich für »erleuchtet« halte. Die Art und Weise, wie sie ihre Spiritualität auslebten, war höchst unterschiedlich. Ich traf Buddhisten, Christen, Juden, Moslems, auch Esoteriker und Ufologen, mit anderen Worten – ich erlebte das ganze Spektrum der Sinnsuche.

Überzeugt haben mich jene, die durch Meditation einen lebendigen Austausch mit jenen kosmischen Energien hatten, zu denen auch die Urseele zählt. Sie waren mit ihrem höheren Selbst verbunden. Sie waren sich bewusst, dass ihre Seele kein Fragment ist, sondern in permanentem Kontakt zur Urseele steht. Das machte sie glücklich, das gab ihnen eine unwiderstehliche Aura der Gelassenheit, der inneren Balance und Harmonie.

Auch wenn Sie nie meditiert haben, können Sie diesen Kontakt herstellen. Das wird möglicherweise nicht auf Anhieb gelingen, auch wenn Sie bereits die Mantra-Übung absolviert haben. Doch je länger Sie Ihre Seele erforschen, entwickeln und energetisieren, desto mehr wird sie zu leuchten beginnen.

Sie haben in sich eine Schatzkammer des Glücks. Öffnen Sie das Tor und entdecken Sie die Kostbarkeiten, die darin verborgen sind.

Haben Sie jemals ganz in Ruhe einen Sonnenaufgang betrachtet? Vielleicht am Meer oder im Gebirge oder einfach nur frühmorgens an Ihrem Fenster? Viele Menschen spüren dann ein tiefes Glück. Sie verlieren sich ganz im Anblick dieses Wunders, und alle äußeren Wünsche schweigen. Ich habe selbst sehr oft Sonnenaufgänge erlebt und immer verbreitete sich dann eine berückende Klarheit in meiner Seele. Ich begriff, dass ich zu diesem Wunder gehöre und ein selbstverständlicher Teil der Schöpfung bin.

Bezeichnenderweise fühle ich in solchen Momenten weder Wünsche noch Begierden, so, wie es Schopenhauer feststellt: »Darum wird auch der von Leidenschaften oder Not und Sorge Gequälte durch einen einzigen freien Blick in die Natur so plötzlich erquickt, erheitert und aufgerichtet: Der

Sturm der Leidenschaften, der Drang des Wunsches und die Furcht und alle Qual des Wollens sind dann sogleich auf eine wundervolle Art beschwichtigt.«

Die kontemplative Versenkung in einen Sonnenaufgang ist eine Erfahrung, die Sie achtsam für Ihre Verbundenheit mit der Urseele machen kann. Doch nicht immer ergibt sich im Alltag die Gelegenheit dazu. Daher möchte ich Sie ermuntern, Ihre Meditationsübungen zu erweitern. Sie brauchen dafür nichts weiter als sich selbst, einen ruhigen Ort und das Bewusstsein, dass Sie jederzeit Kontakt zur Urseele aufnehmen können. Versuchen Sie es mit folgender Meditation:

> Sorgen Sie zunächst dafür, dass Sie vollkommen ungestört sind. Hängen Sie das Telefon aus und stellen Sie Ihr Handy ab. Schaffen Sie sich eine entspannte Atmosphäre und setzen Sie sich an Ihren Lieblingsort. Das kann ein bestimmter Sessel sein oder ein Platz am geöffneten Fenster, an dem Sie auf Bäume blicken, eine Parkbank oder ein Garten.
> Setzen Sie sich gerade hin und legen Sie Ihre Hände an jene Stelle, an der sich das Sonnengeflecht befindet, eine Handbreit unter dem Herzen. Schließen Sie die Augen. Nun konzentrieren Sie sich ganz auf den Begriff »Licht«. Es ist Ihr zweites Mantra.
> Spüren Sie, wie sich dieses Licht in Ihnen entzündet. Spüren Sie sein Strahlen, seine Wärme. Lassen Sie sich vom Licht durchfluten. Nun stellen Sie sich das Licht der Urseele vor.
> Es spielt keine Rolle, wenn Sie dabei keine konkrete Vorstellung haben. Denken Sie einfach an eine große, freudige Kraft, die das ganze Universum durchdringt. Es ist eine helle, universale Energie, die Sie mit allem verbindet, was ist.

> An dieser Stelle erlebe ich etwas, was ich einen »heiligen Schauer« nennen würde. Er erfasst mich ganz körperhaft, so, als ob jede einzelne Zelle geweckt würde und zu vibrieren begänne. Halten Sie dieses Gefühl. Bleiben Sie dabei locker, aber konzentriert.
> Denken Sie weiter an das Wort »Licht«. Schon bald werden Sie die Erfahrung machen, dass Sie ganz im Licht aufgehoben sind. Sie spüren einen Austausch. Unaufhörlich werden Sie mit Energie versorgt und können Ihre eigene Energie mit jener vereinigen. Ihre Seele wird gleichsam genährt. Gleichzeitig verbindet sie sich mit allen existenten Energien.
> Atmen Sie tief. Jeder Atemzug gibt Ihnen Kraft. Ihre Seele ist frei. Ihr Geist ist jetzt in der Lage, das gesamte Universum zu bereisen, auf den Strahlen des Lichts. Verharren Sie in diesem Zustand so lange Sie möchten. Dann legen Sie Ihre Hände auf die Oberschenkel, mit geöffneten Handflächen, die nach oben weisen. Sie sind auf Empfang. Nichts kann Sie trennen von diesem Energiestrom.
> Kehren Sie nun gedanklich in Ihre Welt zurück, während Sie die Augen weiter geschlossen halten. Spüren Sie, wie das Zimmer, in dem Sie sich befinden, leuchtet. Öffnen Sie langsam die Augen und bleiben Sie noch eine Weile sitzen.
> Es würde mich nicht wundern, wenn Sie sich verwandelt fühlen. Sie sind leicht und frei. Und Sie haben soeben eine Glücksreise unternommen, die Sie auf Dauer verändern wird.

Das innere Refugium

Ich möchte diese Meditation das »innere Refugium« nennen. Es ist der spirituelle Ort, an dem Ihre Seele gesundet. Machen Sie es sich zur Gewohnheit, einmal täglich diese

Meditation auszuführen. Freuen Sie sich darauf, wie auf eine besondere Verabredung.

Absolvieren Sie sie nicht als Pflichtübung, sondern machen Sie sich bewusst, dass Sie eine Glücksquelle gefunden haben, die Ihnen nun jederzeit zugänglich ist – ohne dass Sie auf Menschen oder Dinge angewiesen sind. Diese Erfahrung gehört nur Ihnen. Das Licht ist in Ihnen. Niemand kann es Ihnen nehmen.

Ich habe sehr oft erlebt, welch erstaunliche Veränderung mit Menschen vor sich geht, die durch diese Meditation Verbindung zur Urseele aufnehmen. Sie eignen sich die Fähigkeit an, den Wunsch nach Glück von außen nach innen zu verlagern. Das bewahrt sie davor, vorschnell außengesteuerten Glücksimpulsen nachzujagen. Und es bewahrt sie vor allem davor, das Glück in irgendeinem beliebigen Partner zu suchen.

Ein einfaches Beispiel mag das veranschaulichen. Wenn Sie ausgehungert sind, werden Sie nahezu wahllos nach allem greifen, was Ihren Hunger stillt, auch nach Dingen, die Ihnen nicht guttun. Wer kennt das nicht? Bei Heißhungerattacken stopfen wir alles Mögliche ins uns hinein, was unser Verstand eigentlich ablehnt, Süßigkeiten, Fast Food, sogar Dinge, die uns normalerweise gar nicht schmecken.

Wir haben nur den einen Wunsch, endlich unseren Hunger zu stillen. Ist das geschehen, ist man selten befriedigt. Eher bedauert man sein Verhalten, doch es ist nicht rückgängig zu machen.

Wie verhängnisvoll der Mangel wirken kann, erlebte ich einst bei einer Expedition in den Himalaya. Wie waren eine kleine, überschaubare Gruppe von Leuten, begleitet von Sherpas, und der Aufstieg in die Bergregion war nicht ungefährlich. Ein Problem war die Wasserversorgung. Wir hatten nur einen kleinen Vorrat dabei und mussten ihn penibel einteilen, da es nur wenige natürliche Quellen gab.

Ein Teilnehmer der Gruppe trug den Wasserschlauch. Zu meinem größten Entsetzen erwischte ich ihn eines Tages dabei, wie er heimlich von unserem kostbaren Vorrat trank.

Er war kein schlechter Mensch. Er hatte nur vor seinem übergroßen Durst kapituliert und tat etwas, was er sonst jederzeit verurteilt hätte – er betrog unsere kleine Gemeinschaft, und er betrog sich selbst, da er alle seine menschlichen Werte verriet.

Ähnliches geschieht, wenn Ihre Seele ausgehungert ist – wenn sie nicht spirituell ernährt wird, sondern Mangelerscheinungen aufweist. Wie bei übermächtigem Durst werden Sie sich selbst um das betrügen, was Ihr ureigenster Wunsch ist. Und so wie bei einer Heißhungerattacke werden Sie dann nach allem greifen, was sich Ihnen anbietet, auch wenn es das Falsche ist. Sie werden Ihre wunde Seele mit einem neuen Kleidungsstück oder einem neuen Auto beschwichtigen, oder Sie lassen sich auf einen Menschen ein, den weder Ihr Verstand noch Ihre Seele gutheißt.

Deshalb ist es so wichtig, dass zuerst Ihre Seele glücklich sein muss, bevor Sie bereit sind für einen Partner. Dass Sie das Gefühl einer »gesättigten« Seele kennen, die voller Licht und Freude ist.

Erst wenn Sie jederzeit in einen Zustand tiefen Glücks gleiten können, untrennbar verbunden mit der Urseele, gelingt es Ihnen, im besten Sinne wählerisch zu sein. Sie brauchen dann keine schnellen »Seelentröster« mehr, die lediglich einen schalen Nachgeschmack hinterlassen. Sie können gelassen und gesättigt auf jenen Menschen warten, den Ihre unsterbliche Seele ersehnt.

Dieser Partner, auch das werden Sie erleben, ist ein ganz anderer als der, den Sie sich als Idealtypus in Ihren Tagträumen ausmalen. Sie brauchen nicht mehr Ausschau zu halten nach jemandem, der Ihren Schönheitsidealen entspricht oder der Sie sexuell anzieht. Überwinden Sie den vorläufigen Willen, von dem Schopenhauer sprach und damit die detaillierten Vorstellungen vom Partner.

Wer die Unendlichkeit und die Unsterblichkeit seiner Seele spürt, befreit sich aus der Knechtschaft aller selbst gemachten Vorstellungen. Es wird jene Entwicklung einsetzen, die im Zentralwerk des Taoismus, dem »Tao te King« beschrieben wird:

»Der Himmel ist ewig und die Erde dauernd. / Sie sind dauernd und ewig, / weil sie nicht sich selber leben. / Deshalb können sie ewig leben. / Also auch der Berufene:/ Er setzt sein Selbst hintan, / und sein Selbst kommt voran. / Er entäußert sich seines Selbst, / und sein Selbst bleibt erhalten. / Ist es nicht also: / Weil er nichts Eigenes will, / darum wird sein Eigenes vollendet?«

Die Unendlichkeit der Seele

Nach der Kunst des Wünschens habe ich Ihnen dargelegt, warum die Erkenntnis Ihrer unsterblichen Seele die Basis allen Glücks ist. Insofern erwiesen sich die Rezepte eines »Glücks to go« als bloße Tricks, mit denen man die Seele für Momente beschwichtigt, aber nicht substanziell in einen Zustand des Glücks überführen kann.

Mit der Entdeckung der Seele habe ich Ihnen die kosmischen Grundlagen unseres Seins verdeutlicht, unsere Verbindung mit der Urseele, nach der wir uns sehnen, wenn wir vom verlorenen Paradies sprechen.

Sie haben das Wesen der seelischen Deformation kennengelernt und erfahren, wie Sie die Alleins-Erfahrung durch Meditation zu Ihrem Grundgefühl machen können.

Wenn Sie Ihr »inneres Refugium« kultivieren, verändert sich auch die Vorstellung vom idealen Partner. Er inkarniert keine äußeren Attribute, mit denen Sie ihn in Ihrer Phantasie ausstatten, sondern ist der Seelenpartner, der Sie ergänzt.

Auf diese Weise erscheinen die Liebe und auch das Glück in neuem Licht: Sie sind Verschmelzungsphänomene, die rein seelischer Natur sind und nichts mit den Versprechungen einer veräußerlichten Partnersuche zu tun haben. Erst in der spirituellen Dimension wird das Menschsein und seine Bestimmung deutlich.

Nun gehen wir den nächsten Schritt: Denn der Partner, mit dem Sie glücklich werden, wird Ihnen begegnen, weil Sie ihn unbewusst anziehen. Man könnte sogar sagen, dass Sie ihn mit Ihrer freudigen, lichterfüllten Seele erschaffen.

Warum das so ist und wie Sie sich innerlich auf ihn vorbereiten, erfahren Sie im nächsten Kapitel.

3. KAPITEL
Das Phänomen der Resonanz
Kommunizieren Sie durch erschaffende Gedanken

In diesem Kapitel tauchen wir tief ein in eines der spektakulärsten Geheimnisse unserer Existenz: das Phänomen der Resonanz.

Es ist ein verborgenes Wirkprinzip, das alles Leben steuert. Von ihm hängt ab, welche Richtung unser Schicksal einschlägt, von ihm dürfen wir alles erhoffen, was uns glücklich machen kann: Es ist der dritte Schlüssel des Glückscodes.

Wirkprinzipien der Resonanz

Rein physikalisch betrachtet spricht man von Resonanz in Bezug auf schwingungsfähige Systeme. Sie beruht auf einer Energiezufuhr von außen, durch die beispielsweise ein Gegenstand seine eigene Frequenz ändert und erhöht. Die Steigerung der Frequenz kann ein Vielfaches der ursprünglichen Eigenfrequenz betragen. Bei extremer Energiezufuhr könnte der betreffende Resonanzkörper sogar zerstört werden, da die Schwingung einen Grenzwert übersteigt.

Resonanz ist, umgangssprachlich ausgedrückt, ein »Mitschwingen«. Geiger kennen das Prinzip. Streichen sie eine bestimmte Saite an, schwingt das gesamte Instrument mit, der hölzerne Korpus der Geige, wie auch die anderen, nicht gespielten Saiten. Aber auch im Alltag begegnet uns Resonanz, wenn etwa der Motor eines Autos Teile des Armaturensystems in Vibration versetzt.

Im übertragenen Sinne könnte man diese Resonanzen als Korrespondenz bezeichnen. Die Dinge treten miteinander in Kontakt, ohne einander zu berühren. Das Medium der Resonanz ist Energie, die als physikalische Energie wirksam wird.

Doch die Begriffe der Schwingung und der Resonanz umfassen noch sehr viel mehr. Sie sind Bewegungsgesetze, die die physikalisch messbare Welt weit übersteigen: Schwingung ist ein kosmisch wirksames Kommunikationsmedium – eine spirituelle Energie, die alle Grenzen des Vorstellbaren sprengt.

Hier nähern wir uns einem elementaren Schlüssel des Glücks. Unsere seelischen Schwingungen nämlich sind mit einem universalen Schwingungssystem vernetzt, das wir aktiv steuern können. Jeder von uns besitzt die Gabe, mithilfe dieser Schwingungen sein Glück zu finden und auch den Partner, der dieses Glück mit ihm teilt.

Wie aber soll das vor sich gehen? Vergegenwärtigen Sie sich, dass selbst Gedanken und Gefühle letztlich Energie sind, und zwar äußerst mächtige Energie. Sie sind weder Hirngespinste noch Luftschlösser. Gedanken und Gefühle sind sogar die stärkste Energie, die das Universum uns schenkt. Wer sie beherrscht und gestaltet, kann nahezu alles vollbringen.

Bestimmt haben Sie schon erlebt, wie das seelische Schwingungsfeld eines anderen Menschen Sie beeinflusst hat. Sie betraten einen Raum und sahen jemanden, der Sie böse und misstrauisch anschaute. Er sagte kein einziges Wort, doch Sie errieten intuitiv seine Gedanken und reagierten prompt darauf: mit Abwehr, Misstrauen, vielleicht sogar mit eigenen aggressiven Gefühlen. In kürzester Zeit wurden Sie in negative Schwingung versetzt und trugen diese ungewollt noch lange mit sich.

Solche Erlebnisse gibt es auch im positiven Sinne. Sie lernen jemanden kennen, der Sie anlächelt und vorbehaltlos auf Sie zugeht. Spontan werden Sie zurücklächeln und optimistische Gedanken entwickeln. Sie fühlen sich wohl, obwohl es faktisch keinen Grund dafür gibt, da sich nichts Außergewöhnliches ereignet hat. Dennoch schwingen Sie mit im Energiefeld des betreffenden Menschen und befinden sich auf der Stelle in einer positiven Vibration. Im Volksmund ist in solch einem Fall die Rede von der »ansteckenden guten Laune«, oder man verwendet das Sprichwort: »Wie man in den Wald hineinruft, so schallt es heraus.«

Diese Redensarten interpretieren letztlich Resonanzphänomene, und Sie werden mir sicherlich beipflichten, dass das weit mehr ist als eine Binsenweisheit. Gedanken und Gefühle sind keine Vorgänge, die sich nur in unserem Kopf abspielen. Vielmehr werden sie auch ohne sprachliche Kommunikation nach außen getragen und haben eklatante Wirkungen auf Menschen und Situationen.

Wie weit das gehen kann, beschrieben amerikanische Forscher im Herbst 2009 in einer Publikation, die sie im »Journal of Personality an Social Psychology« veröffentlichten. Sie hatten etwas Außergewöhnliches entdeckt: Einsamkeit »steckt an«.

Wie soll das vor sich gehen? Einsamkeit ist schließlich ein Gefühl, keine Viruserkrankung, die sich epidemisch verbreitet. Sie hat außerdem Gründe wie soziale Isolierung oder extreme Schüchternheit. Daher ist es unwahrscheinlich, dass man jemanden damit anstecken könnte.

Die Psychologen beobachteten jedoch, dass einsame Menschen ihre wenigen verbliebenen Ansprechpartner regelrecht »infizierten«. In einer empirischen Langzeitstudie wiesen sie nach, dass eine Übertragung stattfindet, sobald ein einsamer Mensch mit anderen Kontakt aufnimmt – die traurigen Gefühle springen über.

Die Dramatik solcher Phänomene ist durchaus nicht jedem wirklich bewusst. Wir spüren sehr wohl Schwingungen aller Art, oft jedoch trauen wir nicht unserer Intuition.

Weit verbreitet ist die Gewohnheit, dann von einem Bauchgefühl zu sprechen. Doch wer würde schon zugeben, dass er seinem Bauch mehr traut als seiner Ratio? Lieber hören wir auf das, was jemand sagt, oder, besser noch, auf das, was wir schwarz auf weiß nachlesen können. Da wir so erzogen sind, dass wir dem Verstand den Vorzug geben und Gefühle nicht überbewerten sollten, ignorieren wir fälschlicherweise viele Signale, die wir empfangen und auch zweifelsfrei decodieren könnten.

Natürlich steht es Ihnen frei, in diesem Zustand der Ignoranz zu verharren. Dann jedoch müssen Sie mit gleich zwei Nachteilen rechnen: Zum einen sind Sie ein potenzielles Opfer ungünstiger oder sogar zerstörerischer Schwingungen. Zum anderen übersehen Sie die Möglichkeit, dass Sie selbst in das Schwingungssystem eingreifen können.

Das Gesetz der Schwingungen

Wir bewegen uns hier scheinbar auf einer recht pragmatischen Ebene der Kommunikation, und doch befinden wir uns bereits an der Schnittstelle zur Sphäre der unsichtbaren Resonanzen.

Ihr Medium ist seelische Energie. Schon seit Langem ist man bemüht, dieses Phänomen wissenschaftlich zu erforschen. In diesen Kontext gehört die berühmte »self fulfilling prophecy«, die zu den faszinierenden Erscheinungen der Autosuggestion gehört.

Die »sich selbst erfüllende Prophezeiung« bezeichnet den Effekt, dass das, was man erwartet, häufig auch tatsächlich eintritt. Psychologen und Soziologen haben die erstaunliche Kongruenz von Erwartung und Erfüllung lange damit erklärt, dass etwas, was man erwünscht oder befürchtet, zu einer Verhaltensänderung führt. So liefere man ideale Bedingungen für das Eintreffen der Prophezeiung.

Bei näherem Hinsehen jedoch sind die Wirkmechanismen wesentlich komplexer. Denn es geht hier nicht um das Verhalten, es geht vielmehr um seelische Energien, die ohne Umwege beweisbare Auswirkungen zur Folge haben, bis hin zur materiellen Ebene.

Das wird besonders deutlich beim sogenannten »Placeboeffekt«. Selbst wenn nur Scheinmedikamente ohne Wirkstoffe verabreicht werden, kann ein Patient durchaus gesunden – falls er fest davon überzeugt ist, durch die Einnahme des Medikaments geheilt zu werden.

Ganz offensichtlich handelt es sich dabei nicht um eine Verhaltensänderung, sondern um eine Bewusstseinsänderung. Der Patient »glaubt« an das Medikament, und dieser Glaube heilt ihn. Oder, noch deutlicher: Die Seele heilt den Körper, weil die Seele den Körper formt.

Sie erinnern sich: Im zweiten Kapitel haben Sie erfahren, dass eine leidende Seele körperliche Krankheiten nach sich ziehen kann. Hier nun haben wir es mit der umgekehrten Richtung zu tun. Man kann daraus schließen, dass allein schon das Binnensystem Mensch nicht nur von äußeren Faktoren abhängig ist, sondern von seelischen Schwingungen, die bis in die Funktionsweise jeder einzelnen Zelle hineinreichen.

Im besten Falle manifestieren sich die Schwingungen als Selbstheilungskräfte. Im schlechtesten Falle können sie aber auch zerstörerische Kräfte entfalten.

Ein weiteres Beispiel mag das belegen. Im Jahre 2001 veröffentlichte das British Medical Journal einen aufsehenerregenden Artikel. Eine Forschergruppe um David P. Philips von der University of California in San Diego hatte sich mit einem äußerst rätselhaften medizinischen Phänomen beschäftigt: Immer am vierten Tag eines Monats stieg die Herzinfarktrate bei Amerikanern japanischer und chinesischer Abstammung sprunghaft an. Diese auffällige Häufung wurde über einen Zeitraum von 25 Jahren beobachtet. Was aber war der Grund?

Erst als sich die Mediziner mit der Kultur und Sprache von Japanern und Chinesen auseinandersetzten, kamen sie dem Rätsel auf die Spur. Ähnlich wie in der westlichen Welt die Dreizehn als Unglückszahl gilt, ist es bei Japanern und Chinesen die Vier.

Sowohl im Mandarin als auch in der japanischen Sprache klingen die Vier und das Wort »Tod« nahezu gleich. Das hat die Zahl stigmatisiert. Man wird daher in Japan und China kaum ein viertes Stockwerk finden, und viele Angehörige dieser Kulturkreise lehnen es ab, an einem Vierten des Monats eine Reise anzutreten.

Wer also meint, dass die Vier gefährlich ist, befindet sich unter derartigem psychischen Stress, dass bei einer einschlägigen Disposition ein Herzinfarkt ausgelöst werden kann. Die bloße Suggestion, ein bestimmter Tag könne große Gefahren bereithalten, wird zur realen Bedrohung, und zwar so dramatisch, dass die Funktion der Koronargefäße davon empfindlich betroffen ist, bis zum völligen Versagen.

Die Forscher nannten diesen Zusammenhang den »Baskerville«-Effekt. Der Name geht zurück auf eine Erzählung von Arthur Conan Doyle, »Der Hund von Baskerville«. In der Geschichte wird der tragische Held Lord Baskerville derart geängstigt von einem riesigen, unsichtbaren Hund, dass sein Herzschlag aussetzt, als der Hund wieder einmal sein gefährliches Knurren vernehmen lässt.

Insofern ist es von ungeheurer Wichtigkeit, was Sie denken, glauben und fühlen. Denn Sie sind es, der sich seine Welt erschafft, bewusst oder unbewusst. Vergessen Sie nie:

Sie haben große Spielräume. Sie können Ihre Gedanken und Gefühle formen und damit weitreichenden Einfluss auf Ihr Leben nehmen.

Sie sehen schon: Sobald wir auch nur ein wenig unter die Oberfläche schauen, tut sich eine höchst verblüffende Welt der unsichtbaren Wirkprinzipien auf. Sie ereignen sich auf der seelischen Ebene, sind also allein von psychischen Abläufen abhängig.

Gehen wir nun einen Schritt weiter. Neben solchen Autosuggestionen ist nämlich noch viel mehr möglich: die umfassende bewusste Einflussnahme auf andere, auf Situationen, ja, auf Ihr gesamtes Leben.

Stellen Sie sich vor, was passieren würde, wenn Sie Ihre persönliche Glückszahl verinnerlicht hätten, wenn also beispielsweise die Zahl Sieben für Sie gleichbedeutend mit Glück und Erfolg wäre. Sie wären dann felsenfest davon überzeugt, dass ein Geschäftsabschluss an einem Siebten des Monats gelingen wird, dass eine Verabredung unter einem guten Stern steht, oder dass sie an einem solchen Tag neue, ungewöhnliche Erfahrungen machen können.

Ich sage Ihnen ganz klar: Wäre diese Überzeugung tief in Ihnen verankert, so könnten Sie an solchen Tagen tatsächlich Großes vollbringen. Nicht nur, weil Sie besonders optimistisch wären, sondern weil Ihre positiven Gedanken Glück und Erfolg *erzeugen* würden.

Energetisch kommunizieren

Betrachten wir dieses Resonanzphänomen genauer. Zwei Elemente können wir dabei herauskristallisieren, und zwar ein kommunikatives und ein gestalterisches.

Daraus ergibt sich ein dreistufiges Modell: Auf der ersten Stufe entwickeln Sie einen Gedanken, auf der zweiten Stufe kommunizieren Sie ihn über Schwingungen und auf der dritten Stufe schließlich nehmen Sie Einfluss auf einen Resonanzkörper, der mit Ihnen zu schwingen beginnt.

Ein interessantes Experiment ist in diesem Zusammenhang zu einiger Berühmtheit gelangt. Sie können es selbst jederzeit selbst durchführen, denn es ist ganz einfach: Wenn Sie sich in einer Menschenmenge befinden, suchen Sie sich eine beliebige Person aus, die Ihnen den Rücken zuwendet. Schauen Sie diese Person unverwandt an. Starren Sie auf diesen Rücken, als wollten Sie ihn mit Ihren Blicken durchbohren.

Irgendwann wird sich die Person umdrehen und den Augenkontakt zu Ihnen suchen. Sie spürt, dass Sie kommunizieren, ohne jede Form von Berührung, ohne jedes Wort.

Und noch etwas: Je nachdem, ob Sie dieser völlig unbekannten Person gute, freudige Gedanken oder aber feindliche senden, wird deren Blick erwartungsvoll offen oder aber ängstlich und misstrauisch sein. Mit anderen Worten: Sie haben durch seelische Energien bewusst eine Wirklichkeit geschaffen.

Liebende, die einander sehr nah sind, kennen solche Korrespondenzen. Sie sagen im selben Moment das Gleiche, sie versuchen, einander im selben Augenblick anzurufen, manchmal spüren sie auch, wie es dem geliebten Menschen geht, obwohl er räumlich weit entfernt ist. Eine unerklärliche Traurigkeit befällt sie dann oder ein Gefühl größter Heiterkeit, ausgelöst durch die Stimmung des anderen.

Solche Paare korrespondieren durch Resonanz, unabhängig von Zeit und Raum. Sie überwinden alle Gesetze, die wir für unumstößlich halten. Denn sie leben buchstäblich in einer anderen Welt: weil sie teilhaben an der Urseele, in der alles mit allem verbunden ist.

Physiker sprechen hier von »Verschränkung«. Auch in der seelischen Sphäre ist es ein guter Begriff für das, was sich dabei abspielt. Alchimisten bauten darauf ihre Denkgebäude, Taoisten und Zen-Buddhisten enträtselten ihre Prinzipen, Quantenphysiker fanden darin ein Beschreibungsmodell für die multidimensionale Kosmologie.

Alle diese Theorien zielen darauf ab, dass sich unter bestimmten Umständen alle Dimensionen des Seins so stark verschränken, dass sie sich wie eine einzige verhalten. Und es gibt nicht wenige Wissenschaftler, die bewusst daran arbeiten, mithilfe des mythischen Wissens die Metatheorie des Universums zu finden.

Seelisch liebende Paare sind insofern eine Quelle der Erkenntnis. Von ihnen können wir lernen, wie sich Korrespondenzen zur Verschränkung steigern, sodass sie uns mit Synchronizität in Erstaunen versetzen.

Eine Bekannte erzählte mir, dass sie einmal am selben Abend in der Arena von Verona eine Opernaufführung besuchte wie ihre Mutter. Beide wussten jedoch nichts davon: Die Tochter hatte sich spontan zu einem Wochenendtrip nach Verona entschlossen, die Mutter hatte überraschend eine Italienreise gewonnen, bei der die Veranstalter neben anderen Programmpunkten auch Verona vorgesehen hatten.

Meine Bekannte stand ihrer Mutter sehr nahe, sie waren einander innig verbunden. Die Mutter nun spürte plötzlich während der Aufführung, ohne sich das recht erklären zu können, dass ihre Tochter anwesend sein musste. So begann sie, nach dem Schlussapplaus nach ihr zu suchen.

Wer jemals in der Arena von Verona gewesen ist, kann ermessen, wie unwahrscheinlich die Chance auf ein Zusammentreffen war. Doch im völlig unübersichtlichen Gewühl Tausender von Menschen trafen sie sich – obwohl das schier unmöglich schien.

Die Geschichte hat mich lange nicht losgelassen. Zwei Menschen hatten sich gefunden, in einer riesigen Menge von Leuten. Eigentlich ein unmögliches Unterfangen, möchte man meinen, vergleichbar der Suche nach der sprichwörtlichen Stecknadel im Heuhaufen.

Selbst, wenn die beiden sich verabredet hätten, so hätten sie sich möglicherweise verpasst in dem heillosen Durcheinander. Doch sie fanden sich. Zufall war das nicht. Hier wirkten Anziehungskräfte, die alle berechenbare Wahrscheinlichkeit auf den Kopf stellten.

Es ist eine exemplarische Geschichte. Denn Schwingungen erzeugen nicht nur Resonanz, sie erschaffen auch Anziehungskraft. Nichts anderes führte Mutter und Tochter zusammen. Ihre seelischen Schwingungen verstärkten sich gegenseitig, und wie von einem unsichtbaren Magnet gesteuert, gingen sie aufeinander zu.

Das Rätsel der Anziehungskraft

Wenn man erst einmal verstanden hat, in welchem Ausmaß Resonanz wirksam werden kann, ist es nicht schwer, den nächsten Schritt zu denken – und der ist gewaltig.

Denn nun eröffne ich Ihnen das kosmische Geheimnis, das Ihnen den Menschen beschert, der für Sie bestimmt ist: Der seelenverwandte Partner wird durch Resonanz zu Ihnen geführt, selbst dann, wenn Sie ihn noch gar nicht kennen.

Diese Tatsache grenzt an ein Wunder. Und doch ist es ein unumstößliches Gesetz der kosmischen Kräfte, die jedem Menschen dieser Erde zur Verfügung stehen. Ein Metasystem, in dem alle Individuen unterschiedslos eingebunden sind.

Das setzt allerdings voraus, dass wir den Partner »mit der Seele suchen«. Es kommt also nicht darauf an, dass wir nach einem Menschen Ausschau halten, der einem bestimmten Schönheitsideal entspricht, bestimmte Eigenschaften hat oder uns erlösen soll. Es kommt allein darauf an, dass eine glückliche, ausbalancierte Seele diejenige sucht, die sie im spirituellen Sinne ergänzt.

Nun werden Sie begreifen, warum es so ungeheuer wichtig ist, falsche Wünsche abzulegen und das Wesen der Seele zu ergründen. Erst dann, wenn Sie Ihre Seele erkennen und befreien, können Sie energetisch kommunizieren. Als Konsequenz fällt Ihnen der seelisch adäquate Partner förmlich in den Schoß – durch das Gesetz der Anziehungskraft.

Nun ja, könnten Sie denken, das gilt bestimmt nur für die »Erleuchteten«. Ich bin aber längst noch nicht so weit. Wird es nicht Jahre dauern, bis meine spirituellen Fähigkeiten ausreichen, um den idealen Partner anzuziehen? Wie lange muss ich noch auf ihn warten? Wird er mir erst begegnen, wenn ich alt und grau bin?

Diese Befürchtungen kann ich Ihnen leichten Herzens nehmen. Schon die winzigste Veränderung Ihrer Seele hin zum kosmischen Bewusstsein nämlich erhöht auf der Stelle Ihre Anziehungskraft.

Physiker verwenden gern das Beispiel eines Sandkorns. Wir meinen, es stehe ganz unten in der Hierarchie der Dinge. Es ist klein und bedeutungslos. Ein Nichts im riesigen Sandkasten des Strandes, über den wir wandern. Jedes Sandkorn aber hat eine Anziehungskraft. Wir spüren sie nicht, wenn unsere Füße den Sand berühren, doch sie ist da. Der Grund dafür: Jedes Sandkorn hat eine Masse.

Die Masse eines einzigen Sandkorns ist klein, so wie das Sandkorn selber. Trotzdem hat es ein Potenzial, das es mit weit größeren, massereicheren Dingen verbindet. Nichts anderes lässt den Mond um die Erde kreisen, und nichts anderes sorgt dafür, dass die Anziehungskräfte des Mondes Ebbe und Flut in den irdischen Meeren erzeugen.

So manche Seele hat eine eher schwache Anziehungskraft, weil sie blockiert ist von Unwissen und Ignoranz. Im

Gegensatz zum Sandkorn aber kann unsere Seele wachsen. Je mehr das Selbst-Bewusstsein der Seele entwickelt wird, je freier seine Energien schwingen, desto stärker wird auch ihre Anziehungskraft.

Schon wenige Tage nach den ersten Meditationsübungen werden Sie das spüren. Menschen werden sich zu Ihnen hingezogen fühlen. Wildfremde betrachten Sie aufmerksam, wenn Sie einen Supermarkt oder ein Restaurant betreten. Kollegen werden Ihre Nähe suchen, die seit Wochen kaum ein Wort mit Ihnen gewechselt haben.

Ewas Unwiderstehliches geht von Ihnen aus, das sich niemand erklären kann. Es ist nichts anderes als die Tatsache, dass sie sich geöffnet haben und die Energien ausstrahlen, die Sie empfangen. Das ist die Vorstufe für jene Begegnung, nach der Sie sich sehnen: die Begegnung mit dem Menschen, der für Sie bestimmt ist.

Die Brisanz dieser Erkenntnis ist kaum zu ermessen. Sie revolutioniert unsere gesamten Vorstellungen davon, worauf wir bei der Partnersuche achten sollten und wie wir ihn finden können. Verstehen Sie jetzt, warum so viele Glücksstrategien und Partnerwünsche ins Leere laufen?

Es erscheint mir unter diesen Vorzeichen zuweilen grotesk, was manche Zeitgenossen anstellen, um nach dem idealen Partner regelrecht zu fahnden. In den vergangenen Monaten habe ich mit unzähligen Menschen gesprochen, die sich in ihrer Not an Partnervermittlungsinstitute, Singlebörsen und Internetanbieter gewandt hatten, meist mit niederschmetternden Ergebnissen.

Dabei klang alles so plausibel: Das »Fahndungsraster« umfasste ideale Alterskonstellationen, Bildungsgrad, Hobbys, Wertvorstellungen und selbstredend auch äußere Kriterien. Nach diversen Tests wurden dann die potenziellen Traumpartner präsentiert. Sie ahnen es schon: Obwohl es eine hohe Übereinstimmung aller erwünschten Eigenschaften gab, erwiesen sich die Losnummern dieser manipulierten Glückslotterie durchweg als »Nieten«.

Natürlich lesen wir immer wieder von gelungenen Partnervermittlungen aus diesem schillernden Terrain. Ich will auch gar nicht in Abrede stellen, dass es in der Tat zuweilen zu positiven Begegnungen kommt. Doch Vorsicht ist geboten. Vieles, was man uns als Erfolgsnachrichten serviert, sind wohlfeile Trendgeschichten von Medien, die sich auf der Höhe des Zeitgeists erweisen wollen.

Nicht zuletzt spielt dabei eine Rolle, dass die einschlägigen Internetforen alles dafür tun, um vermeintliche Erfolgsbilanzen zu veröffentlichen, die weitere Klienten anziehen. Beweise sind das nicht, denn mit dem Hinweis auf den Datenschutz ihrer Kunden nennen die Anbieter selten konkrete Beispiele. Und ob die verbandelten Paare tatsächlich dauerhaft glücklich werden, darüber erfährt man ohnehin nichts.

Daher möchte ich Ihnen ans Herz legen, sich von dieser Front zurückzuziehen. Klicken Sie sich nicht länger durch Internetprofile, in denen sich irgendwelche Kandidaten in den hellsten Farben darstellen. Hasten Sie nicht zu Singlepartys oder anderen Events, wo Sie Ihren Traumpartner vermuten.

Sie brauchen weder ein Suchraster noch ein Beuteschema, denn Sie werden ganz von selbst mit dem richtigen Partner belohnt, wenn Ihre Seele bereit ist. Seien Sie achtsam, in einer Weise, die alles konkrete Wünschen hinter sich lässt.

Krishnamurti schreibt dazu: »Achtsamkeit ist ein aufmerksames Beobachten, ein Gewahrsein, das völlig frei von Motiven und Wünschen ist, ein Beobachten ohne jegliche Interpretation oder Verzerrung.«

Aber was bedeutet das genau? Wie bereiten Sie Ihre Seele auf den Partner vor, der für Sie bestimmt ist? Und wie können Sie durchlässig für die Anziehungskräfte werden, die das Ergebnis starker Resonanz sind?

Die Seele auf den Partner vorbereiten

Jede Kultur kennt Initiationsrituale. Jugendliche werden dadurch in die Welt der Erwachsenen eingeführt, mit Zeremonien, die einen Transformationsprozess veranschaulichen sollen. Dazu gehören in unserem Kulturkreis die christliche Konfirmation und Kommunion, die jüdische Bar Mizwah und das islamische Beschneidungsfest.

Auf dem afrikanischen Kontinent sind es Feste mit Mutproben, Tänzen und Gesängen. Auch die Braut wird weltweit mit solchen Ritualen auf ihre bevorstehende Hochzeit vorbereitet, von symbolischen Handlungen der Reinigung bis zu den übermütigen Junggesellinnenabschieden heutiger Tage.

In den geheimen Bruderschaften und Logen spielen Initiationsrituale eine entscheidende Rolle. Sie markieren den Aufstieg eines Anhängers in den nächsten Grad der Erleuchtung, auf dem ihm weitere Geheimnisse offenbart werden. Mit der Initiation wird symbolisiert: Du verlässt dein altes Leben. Sei bereit für das Neue. Gib dich ihm ganz hin.

Abschied, Transformation, Neubeginn: In spiritueller Hinsicht haben diese Rituale den Sinn, die Seele auf einen neuen Lebensabschnitt einzustimmen. Die Seele wird gleichsam neu kalibriert, um in eine andere Existenzform einzutreten.

Auf einer höheren seelischen Ebene nun sind Sie vor die Aufgabe gestellt, einen vergleichbaren Transformationsprozess zu durchlaufen. Um positive Schwingungen zu erzeugen und den Resonanzpartner zu erreichen, bedarf es einer Reihe von weiteren Bewusstseinsübungen, mit denen Sie den Kontakt zur Urseele aufnehmen und sich an das universale Energiefeld anschließen.

Im vorhergehenden Kapitel fanden Sie eine Meditationsübung, die Ihre Seele in den Transitraum der Transformation gleiten ließ, um Glück und Freude zu spüren. Nun erreichen Sie die nächste Stufe.

Machen Sie sich klar, dass Ihre Seele das Kostbarste ist, was Sie besitzen. Pflegen Sie Ihre Seele. Gehen Sie gut mit ihr um. Entdecken Sie, wie Sie sie in Schwingung versetzen. Ich gebe Ihnen ein Bild, das diesen Vorschlag illustriert.

Stellen Sie sich vor, dass Ihre Seele ein wunderbarer, sonniger Garten ist, voller Blumen, ein Ort der Freude und des Friedens. Entspricht das der Wirklichkeit? Oder ist Ihre Seele ein düsterer Hinterhof, auf dem Sie altes Gerümpel und vielleicht sogar giftigen Müll abstellen?

Anders gefragt: Ist Ihre Seele ein sonniger Ort, voller positiver Gedanken, voll leuchtender Energie? Oder ist sie ein verwahrloster Müllplatz, wo sich negative Gedanken eingenistet haben und wo Sie Ängste, Aggressionen und Zweifel kultivieren? Falls das zweite zutrifft, sollten Sie sofort etwas tun. Lassen Sie Licht in Ihre Seele. Fegen Sie gründlich aus, entrümpeln Sie negative Gedanken und weit zurückliegende Deformationen. Lassen Sie Ihr besseres Selbst zum Vorschein kommen. Entgiften Sie Ihre Seele, damit sie energetisch kommunizieren kann.

Die beste Vorbereitung auf Ihren künftigen Partner ist, knapp zusammengefasst, die Reinigung, Entwicklung und Erweiterung Ihrer Seele.

Sie werden rasch bemerken, dass Sie mit recht einfachen Übungen Ihr Energiepotenzial wecken und vervielfachen können. Ihr Bewusstsein möchte wachsen, das sollten Sie sich immer wieder vor Augen rufen. Das ist der Sinn des Menschseins, und das ist, spirituell gesprochen, die Absicht des Kosmos, der es gut mit Ihnen meint.

Daher stelle ich Ihnen nun einige Bewusstseinsübungen vor, mit denen Sie Ihre Seele auf einen höheren Energielevel einstellen, auf welchem Sie fortan denken, fühlen, kommunizieren und gestalten werden.

Sie werden erstaunt sein, dass ich mich zunächst auf den Alltag beziehe. Wenn wir von Meditation sprechen, so denken wir dabei an einen abgeschiedenen Raum, in dem wir uns sammeln, vielleicht sogar an einen heiligen Ort. Doch auch in Ihrem Alltag können Sie sehr viel dafür tun, um Ihre Seele zu pflegen und zu entwickeln.

Während eine Meditation gewissermaßen eine »Auszeit« ist, kommt es gleichermaßen darauf an, auch mitten im Leben, im Getriebe Ihrer Aufgaben und Pflichten, Schwingungen wahrzunehmen und auszusenden. Bewusstsein ist nicht den »Sonntagen der Seele« vorbehalten. Bewusstsein ist fortan etwas, was Sie in jeder Situation voranbringt.

Am Anfang steht die Erkenntnis, dass Ihre Seele sowohl Energiequelle als auch Resonanzkörper ist. In der Medientheorie würde man sagen: Sie sind Sender und Empfänger, Sie strahlen also etwas aus und Sie empfangen Strahlung, und damit nicht nur Energien, allgemein gesprochen, sondern auch Informationen, Stimmungen, Ideen, Gefühle.

Machen Sie sich klar, dass Sie sich in einem energetischen Netz befinden, dessen Energiebahnen Sie umgeben. Alles ist möglich, wenn Sie diese Energiebahnen bewusst einsetzen.

Die Kraft des Bewusstseins

Achten Sie immer darauf, welchen Schwingungen Sie ausgesetzt sind? Ist Ihnen bewusst, was Menschen mit Ihnen machen, ohne dass sie sichtbar etwas tun? Oder drängen Sie dies beiseite? Folgende Übung kann Ihre Wahrnehmung schärfen.

Möglicherweise kaufen Sie immer im selben Supermarkt ein. Und da Sie wie die meisten Menschen wenig Zeit haben, stellen Sie sich in die Kassenschlange, die am kürzesten ist – so würde es schließlich jeder tun.

Nun richten Sie Ihr Augenmerk darauf, an welchen Kassierer oder an welche Kassiererin Sie geraten. Ist es der freundliche junge Mann, der Ihnen immer zulächelt? Oder ist es die stets missgelaunte Frau, der man sofort anmerkt, wie sehr sie ihren Job hasst? Welche Gedanken und Gefühle übertragen sich beim Bezahlen auf Sie?

Ich bin sicher, dass Ihnen noch nie aufgefallen ist, dass die Wahl der Kassenschlange Ihre Seele in ganz unterschiedliche Schwingungen versetzen kann. Selbst die Lebensmittel, die Sie einkaufen, werden entweder positiv oder negativ energetisiert.

Moment mal, werden Sie jetzt vielleicht einwenden, geht das nicht ein bisschen zu weit? Kann es wirklich sein, dass die Äpfel sich verändern, wenn sie von jemandem berührt werden, der schlechte Gedanken hegt? Ja, das ist so.

Alle Materie ist lebendig und schwingt. Sie ist alles andere als leblos und befindet sich genauso im Austausch mit dem allgemeinen Schwingungssystem wie ein Mensch oder eine Katze. Geistige Energien, das haben viele Versuchsanordnungen und nicht zuletzt der Placeboeffekt gezeigt, vermögen die belebte und unbelebte Natur entscheidend zu verändern.

Zum Geheimwissen der klassischen Logen und Orden gehören daher Experimente, in denen die eingeweihten Mitglieder diese Fähigkeit schulen. Sie gießen beispielsweise etwas Öl in eine Schale Wasser, das wie eine Blase darauf schwimmt. Dann konzentrieren sie sich mit der ganzen Kraft ihrer Gedanken darauf, die Ölblase zu zerteilen.

Fortgeschrittene bringen es darin zu bemerkenswerter Meisterschaft, sie können ohne jede äußere Manipulation das Öl in kleinste Tröpfchen trennen und in eine Richtung ihrer Wahl schieben.

Kehren wir zum Supermarkt zurück. Die Conclusio aus der Übung ist folgende: Entscheiden Sie sich von nun an bewusst für die Kassiererin oder den Kassierer, der Ihnen spontan am sympathischsten ist. Nehmen Sie ruhig eine etwas längere Wartezeit in Kauf. Beobachten Sie genau, mit welchen Gefühlen Sie den Supermarkt verlassen und hören Sie in Ihre Seele hinein. Was hat sie aufgenommen? Was durfte sie geben?

Wenn Sie sich öffnen, ist die Energie im Fluss. Selbstverständlich verschließen Sie sich, sobald Ihnen jemand mit finsterer Miene begegnet, um sich zu schützen. Gleichzeitig aber wird damit auch der Energiefluss unterbrochen. Aus Ihrer mentalen Firewall wird eine Selbstblockade, die Sie genauso schwächt wie ein feindlich gesonnener Mensch.

Bedenken sie immer, dass negative Schwingungen bis in die materielle Sphäre hinein alles verändern. Wenn Sie diese kleine Achtsamkeitsübung beherzigen, sind Sie auf dem richtigen Weg, um Ihre Seele zu reinigen. Und Sie werden merken, dass Sie ein Resonanzkörper sind, mit dem Sie sehr umsichtig sein sollten.

Als Nächstes geht es um die gestaltende Kraft. Die folgende Übung beschäftigt sich mit jenen negativen Schwingungen, denen Sie nicht ausweichen können.

Nicht immer ist es Ihnen möglich, die Gegenwart negativ gestimmter Menschen zu vermeiden. Sofern Sie nicht auf einer einsamen Insel leben, müssen Sie stets darauf gefasst sein, ungewollt in fatale Energiefelder zu geraten. Daher ist es umso wichtiger, dass Sie sich ihnen weder ausliefern noch Ihren Energiefluss blockieren.

Ein sinnfälliges Beispiel dafür ist der Umgang mit Arbeitskollegen. Die können Sie sich bekanntlich nicht aussuchen. Doch es liegt an Ihnen, wie Sie mit ihnen kommunizieren und wie Sie sich vor schädlichen Schwingungen schützen.

Nehmen wir an, es gibt da einen Kollegen, der Sie seit Längerem mobbt. Er tut das natürlich hinter Ihrem Rücken, und so können Sie ihn leider nicht zur Rede stellen. Am liebsten würden Sie ihn aus Ihrem Leben streichen. Dennoch begegnen Sie ihm täglich und werden immer hilfloser. Sie spüren förmlich, wie er Ihre Seele vergiftet, wie er Rachsucht und Vergeltungsphantasien in Ihnen weckt.

Was dabei geschieht: Sie werden zum Resonanzkörper seiner Bösartigkeit. Wenn Sie nicht achtgeben, beginnen Sie, mit diesen negativen Impulsen zu korrespondieren. Das macht Sie alles andere als froh, und allmählich entsteht eine Situation, in der Sie mit immer größeren Ängsten zur Arbeit gehen.

Sind Sie eine kämpferische Natur? Dann nehmen Sie sich unter diesen Umständen vor, es mit den dunklen Kräften aufzunehmen. Sie rasseln innerlich mit Ihren Säbeln und schleudern dem Gegner gedanklich die schlimmsten Verwünschungen entgegen. Die Waffen des Gegners werden zu Ihren Waffen. Dessen Gift vergiftet auch Ihre eigene Seele, bis das Ganze offen eskaliert. Und von diesem Schlachtfeld gehen im Allgemeinen nur Verlierer.

Stimmen Sie sich neu, wie ein Instrument. Wenn Ihr Kollege morgen vor Ihnen steht, seien Sie gewappnet. Sie besitzen nämlich jetzt einen unschätzbaren Vorteil: Sie haben die Ausgangslage analysiert und Sie verfügen über das Wissen, das Sie benötigen, um ihm etwas entgegenzusetzen. Und mehr noch: Sie haben die gesamten guten Kräfte des Kosmos auf Ihrer Seite.

Sobald Sie also feststellen, dass sich sein Schwingungssystem wie eine dunkle Wolke über Sie legt, legen Sie den Schalter um. Versuchen Sie erst gar nicht, die negativen Gedanken Ihres Gegenübers zu verstehen. Vermeiden Sie jede Empathie. Es ist unerheblich, ob er eine schwere Kindheit hatte, ob er unter Stress leidet oder eine manische Persönlichkeit ist. Er ist da. Und er bedroht Sie.

Widerstehen Sie auch dem Impuls, den Kampf aufzunehmen. Denken Sie stattdessen an positive Begriffe wie Liebe und Freude. Fühlen Sie sich durchdrungen vom Licht Ihrer positiv gestimmten Seele. Atmen Sie tief und schöpfen Sie mit jedem Atemzug die Gewissheit, dass das Licht die Dunkelheit erhellt. Schicken Sie dem böswilligen Kollegen Ihre besten, vertrauensvollsten Gedanken.

Sie werden verblüfft sein, wie er reagiert. Zunächst wird er irritiert wirken, weil er nicht recht weiß, was da gerade mit ihm geschieht. Er fühlt, dass etwas Ungewohntes ihn erfasst, doch den wahren Grund erkennt er nicht – dass jetzt er zu *Ihrem* Resonanzkörper wird.

Verschwenden Sie keine Sekunde an die Frage, ob Sie ihn auch wirklich erreichen. Es passiert, genau in dem Moment, in dem Sie Ihre guten Energien aussenden. Sie müssen kein Wort sprechen, das ihn irgendetwas erahnen lässt. Bleiben Sie auf der verbalen Ebene sachlich und neutral, während Sie ihn seelisch gleichsam mit Ihrer hellen Energie befeuern.

Und Ihr Kollege? Er wird sich Ihrem Schwingungssystem nicht lange entziehen können. Sie haben ihn bald im wahrsten Sinne des Wortes »umgestimmt«. Spätestens nach ein paar Tagen wird sich das Bild gewandelt haben. Buchstäblich beschwingt werden Sie morgens zum Job gehen und nicht mehr den Moment fürchten, in dem Sie sich dem schlechten Einfluss Ihres Kollegen beugen müssen. Die Knechtschaft ist vorbei. Von nun an halten Sie die Fäden in der Hand.

Freier Energiefluss

Das alles kostet Kraft, keine Frage. Sie sollten deshalb sehr genau überlegen, wem Sie Ihre Kraft übermitteln. Offen gesagt wäre es verfehlt, wahllos jeden Mitmenschen auf diese Weise positiv energetisieren zu wollen. Lernen Sie zu unterscheiden, mit wem Sie sich auseinandersetzen wollen oder müssen und wen Sie behutsam aus Ihrem inneren Zirkel verabschieden sollten.

Folgen Sie der Klugheit Ihrer Seele: Welche Freunde, vielleicht sogar welche Familienmitglieder reißen Ihre Wunden auf? Wer legt es darauf an, Ihre Energien an sich zu reißen? Wer weckt schlechte Gefühle in Ihnen? Bei wem haben Sie spontan ein Unbehagen?

Wer eingehend darüber nachdenkt, wird den einen oder anderen Abschied nicht vermeiden können. Das ist kein Egoismus. Sie sind vielmehr aufgerufen, Entscheidungen zu treffen. Wenn es also Menschen gibt, die Sie trotz aller Bemühungen auslaugen, die sich wie »Energievampire« an Sie heften, sollten Sie vorsichtig sein und sich im Zweifelsfall zurückziehen.

Schließen Sie friedvolle Kompromisse, ohne einen offenen Bruch zu provozieren. Denken Sie stets daran, störende Einflüsse durch einen Erkenntnisprozess aufzulösen. Werden Sie auch in dieser Hinsicht achtsam. Das Ideal eines freien Energieflusses sollten Sie nie aus den Augen lassen.

Entrümpeln Sie nicht nur Ihre Seele, sondern auch Ihr Umfeld. Nehmen Sie jeden mit, der bereit ist, wie Sie den Pfad der seelischen Wandlung zu beschreiten. Gehen Sie auf liebevolle Distanz zu jedem, der Sie mit seiner negativen Energie daran hindert. Sie können niemanden erlösen, so wenig, wie Sie durch jemand anderen erlöst werden können.

Das Wunderbare an diesen Übungen ist: Es sind nicht nur Maßnahmen, mit denen Sie Ihre Seele auf den einen, seelenverwandten Partner vorbereiten, zugleich erleichtern sie auch den Alltag. Sie lernen nach und nach, Schwingungen zu spüren, Schwingungen zu erzeugen und gestaltend Kontakt mit Menschen aufzunehmen, die Ihnen begegnen.

Wie verblüffend solche Wechselwirkungen sind, habe ich mehr als einmal aus erster Hand erfahren. Im Laufe meiner Vortragsreisen lerne ich immer wieder die unterschiedlichsten Menschen kennen. Meist sprechen sie mich nach den

Vorträgen an, und ich erfahre dann von ihnen mindestens so viel wie sie von mir.

Einmal war es eine recht bekannte Moderatorin, die geduldig wartete, bis sich der Vortragsraum geleert hatte. Ich erkannte sie sofort. Ihr Charisma zog mich auf der Stelle in seinen Bann, es war eine Aura der Liebe und der Freude, die sie umgab. Sie galt als besonders talentiert und liebenswürdig und war sehr erfolgreich. Ohne große Umschweife kam sie auf das Thema Resonanz zu sprechen, von dem mein Vortrag gehandelt hatte.

Was sie mir erzählte: Am Anfang ihrer Karriere hatte sie oft Lampenfieber gehabt. Ihr war schwindelig, wenn sie eine Bühne betrat, ihre Hände waren eiskalt, ihr Körper und ihre Seele strahlten nur eines aus: Angst.

Da sie sehr feinfühlig war, merkte sie schnell, dass sich ihr Unwohlsein auf das Publikum übertrug. Keine noch so gute Pointe zündete, kein noch so gut formulierter Text ließ den Funken überspringen. Tief im Innern aber wusste sie, dass sie etwas zu geben hatte.

Sie begann, sich mit Meditation zu beschäftigen. Und dabei entdeckte sie, dass ihr Wunsch, etwas zu geben, von einem anderen Wunsch unterdrückt wurde: perfekt zu sein. Einmal mehr also behinderte ein fehlgeleiteter Wunsch einen energetisch richtigen Wunsch.

Als sie das erkannte, tat sie etwas ungeheuer Wichtiges: Sie machte sich bewusst, dass es ihre eigenen negativen Schwingungen waren, die jeden einzelnen Menschen im Raum durchpulsten und blockierten. Und sie nahm sich vor, die positiven Schwingungen, die tief in ihr verschüttet waren, ans Licht zu bringen.

Bei der nächsten Moderation ging sie auf der Bühne mit dem Fokus auf ihr Publikum. Sie konzentrierte sich auf den Gedanken: Ich werde vielleicht Fehler machen, aber ich habe euch etwas zu geben, weil wir zusammengehören. Ich will euch Freude vermitteln, und ich will die Freude wecken, die in mir und in euch ist. Wir sind verbunden. Alles ist eins, auch heute Abend.

Plötzlich war alles wie verwandelt. Es war wie ein Zauber, der sich auf alles legte. Mit einem Mal war eine Verbindung zwischen ihr und den Menschen vor der Bühne hergestellt. Die freudige Schwingung erfasste den gesamten Raum. Die Leute lachten und klatschten, hingen an ihren Lippen und wurden in eine fast euphorische Stimmung versetzt. Es war der Beginn ihrer steilen Karriere als Moderatorin.

Solche bewusst hergestellten positiven Resonanzen sind energetisch gewollt, ja, kosmisch gewollt. Sie würden niemals funktionieren, wenn jemand aus Egoismus oder Machthunger handeln würde.

Es würde also nichts nützen, wenn jemand andere für seine Zwecke manipulieren und unterwerfen wollte. Zwar könnte er seine negativen Schwingungen für eine Weile übertragen, doch das würde auf Dauer nicht greifen, vielmehr würde alles Ungute und Negative auf ihn selbst zurückfallen wie ein Bumerang.

Der Kosmos begünstigt positive Resonanz und belohnt denjenigen, der von Freude motiviert ist, mit einer geradezu magischen Anziehungskraft und mit umfassendem Glück. Die »Erleuchteten« wissen, dass sie mit ihren verfeinerten geistigen Schwingungen sogar das gesamte Universum durchdringen und gestalten können.

Ich glaube fest daran, dass auch die großen spirituellen Strömungen in unserer westlichen Industriegesellschaft auf dieses Prinzip zurückzuführen sind. Was seit den 1970er-Jahren an den Rändern entstand, ist längst zu einer Massenbewegung geworden.

Alles begann mit einer Handvoll Denkern, die New Age und eine geistige Wende verkündeten. Die Suche hatte begonnen und damit die Kraft der Gedanken. Dabei war es gar nicht so selbstverständlich, dass sie mitten in einem konsumorientierten Umfeld überlebten. Anfangs hatte man das alles als Spinnerei abgetan, als irrationales Sektierertum. Doch sie setzen sich durch.

Heute verfügt jede Kleinstadt in Deutschland über spirituelle Zentren, Yogaschulen und Meditationsangebote. Ganzheitlichkeit ist zu einer selbstverständlichen Kategorie des gesellschaftlichen Diskurses geworden, in der Politik, beim Umweltschutz, in der Medizin.

Das »neue Denken« zieht Millionen von Menschen auf der ganzen Welt an, weil der Gedanke selbst eine Anziehungskraft entwickelte, je mehr Menschen ihn dachten.

Aus diesem Grunde enthülle ich Ihnen Zusammenhänge, die so lange als Geheimwissen ängstlich gehütet wurden. Hinter den dicken Mauern der Tempel und der Logenhäuser, in den exklusiven Zirkeln der Eingeweihten und Illuminaten konnte es keine Sprengkraft entwickeln.

Wir können es uns nicht mehr leisten, das geheime Wissen um die kosmischen Energien wie in Tresoren einzuschließen. Die Zeit der Veränderung ist gekommen, und es muss das oberste Ziel sein, möglichst viele Menschen mit den heilenden Kräften des Kosmos in Kontakt treten zu lassen.

Die Bibel weiß: Der Glaube kann Berge versetzen. Ohne mit dem Buch der Bücher konkurrieren zu wollen, möchte ich hinzufügen: Der Gedanke kann Berge erschaffen. Er ist in seinem Wesen schöpferisch, sobald er eine spirituell entfaltete Seele verlässt und dem Universum anvertraut wird.

Auch Sie können vieles verändern. Versuchen Sie es. Sie werden die Welt mit neuen Augen betrachten. Und ganz allmählich werden Sie einen Level erreichen, auf dem Sie völlig selbstverständlich energetisch kommunizieren. Es wird für Sie so normal werden wie atmen, essen und schlafen.

Oft werden Sie sich dabei glücklich fühlen, weil Sie im Einklang mit der Urseele andere Seelen erreichen und ihnen wie auch sich selber die Bürde der Negativität nehmen. Selbst der missmutigen Kassiererin im Supermarkt.

Das habe ich übrigens vor Kurzem selbst getan. Die Wirkung war phantastisch. Eine missgelaunte, feindselige Verkäuferin verwandelte sich durch meine liebevollen Gedanken in eine äußerst liebenswürdige, charmante Frau. Jedes Mal, wenn ich sie sehe, zwinkern wir uns zu, als hätten wir ein geheimes Abkommen getroffen. Das ist nicht ganz falsch, nur weiß sie nichts davon.

Den idealen Partner finden

Ich gehe davon aus, dass Sie im Begriff sind, die Großzügigkeit des Kosmos zu entdecken. Und ich vermute, dass Sie bereits das eine oder andere Erlebnis hatten, welches Sie ermutigte.

Denn wenn Sie sich auf diese Weise seelisch entwickeln, werden Sie vielfach belohnt. Am Ende dann wird es Ihnen sogar gelingen, in Korrespondenz mit jemandem zu stehen, den Sie noch gar nicht kennen: mit Ihrem idealen Partner.

Skeptiker könnten jetzt einwenden, das sei so vergeblich, wie mit der Taschenlampe einen neuen Stern am Nachthimmel zu finden. Und vielleicht fühlen Sie sich, während Sie dies lesen, so herzzerreißend einsam und alleingelassen, dass Sie kein Vertrauen darin setzen, lediglich mit der Seele einen Menschen zu suchen.

Seien Sie gewiss: Wenn Sie im Kontakt mit der Urseele stehen, sind Sie nie wieder allein. Urseele und Urvertrauen sind eins. Der Kosmos vergisst niemanden, der sich ihm öffnet. Freuen Sie sich an dieser Gewissheit! Traumwandlerisch sicher wird Ihre Seele die Wirklichkeit desjenigen Menschen erzeugen, der mit seiner Seele die Ihre ersehnt und sucht.

Dafür müssen wir vieles hinter uns lassen, was wir kulturell erlernt haben, vor allem unsere bisherigen Vorstellungen vom Partner. Versuchen Sie, ihn zu erspüren. Fragen Sie sich nicht, wie er aussieht oder welche Hobbys er haben wird. Schieben Sie solche äußeren Attribute zur Seite.

Fragen Sie sich stattdessen: Wie würde es sich anfühlen, mit ihm zusammen zu sein? Wie würde sich dieses Glück anfühlen? Oder, als Hypothese: Wie würde sich jemand, der nicht sehen kann, seinen Partner aussuchen? Das fällt schwer, leben wir doch in einer visuellen Kultur, die das Äußerliche sehr hoch bewertet.

Ich selbst habe mich bewusst von Zeit zu Zeit in sogenannte »Dark Retreats« zurückgezogen, um meine Seele empfänglicher für Resonanzen zu machen. Das ist eine ungeheuer heilsame Erfahrung. Bei einem »Dark Retreat« verbringen die Teilnehmer einige Tage in völliger Dunkelheit und müssen auf jede äußerliche Orientierung verzichten.

Zunächst ist das verwirrend, Urängste steigen hoch. Man sehnt sich danach, wenigstens eine Kerze anzünden zu dürfen. Die Orientierung jedoch stellt sich bald ein, und zwar nicht nur durch die Schärfung der übrigen Sinne – Hören, Tasten, Schmecken, Riechen – sondern auch durch eine Sensibilisierung für eigene seelische Energien und die der anderen Teilnehmer.

Nach wenigen Tagen verändert die Dunkelheit die gesamte Wahrnehmung. Das Fühlen erhält eine völlig neue Dimension. Allmählich beginnt man, anders Kontakt aufzunehmen, anders zu kommunizieren. Keine äußere Ablenkung stört das Gespür für jene Menschen, die einem guttun. Unwillkürlich fühlt man sich zu ihnen hingezogen oder von ihnen abgestoßen, lauscht weniger auf Worte als auf Timbres und Schwingungen. Was für eine Verwandlung: Auf einmal wird man zu einem intuitiven Wesen transformiert, das man im Alltag nie sein konnte.

Diese Dark Retreats sind eine phantastische Schulung der seelischen Wahrnehmung. Und auch wenn Sie nie diese Erfahrung machen sollten, stellen Sie sich versuchsweise vor, wie es wäre, wenn Sie Ihren Partner in vollkommener Dunkelheit suchen müssten.

Sie würden niemals erfahren, welche Haarfarbe er hat, welches Auto er fährt, ob er jünger oder älter ist als Sie. All das wäre bedeutungslos, denn es würde nur zählen, dass seine Gegenwart Sie mit Freude erfüllt. Er stillt die Ur-Sehnsucht nach Geborgenheit, nach Nähe, nach Ergänzung.

Nicht einmal die viel beschworenen Charaktereigenschaften wären wichtig. Was bedeutet es schon, wenn man jemanden als humorvoll, treu, naturverbunden oder kinderlieb kennzeichnet? Eigenschaften sind wandelbar, sie werden erweckt oder können verstummen. Die Seele repräsentieren sie nicht.

Widerspricht das nicht dem gesunden Menschenverstand?, könnte man jetzt fragen. Gibt es etwas Zuverlässigeres als Charaktereigenschaften? Leider nein. Jeder Mensch kann zum Engel oder zum Verbrecher werden. Vieles steckt ins uns, das günstige oder ungünstige Umstände aus uns hervorlocken. Noch die sanfteste Mutter ist bereit zu töten, wenn sie ihr Kind verteidigen muss. Noch der feinfühligste Mann entwickelt brutale Verhaltensweisen, wenn er sich in einer Beziehung hintergangen fühlt oder wenn seine berufliche Existenz bedroht ist.

Misstrauen Sie solchen Charakter-Etikettierungen. Gehen Sie davon aus, dass der Mensch, der im Gleichklang mit Ihnen schwingt und Ihnen die Geborgenheit und das Glück der Urseele zugänglich macht, seine besten Potenziale entwickeln kann. Es ist gleichgültig, was und wie er vorher war.

Die Synergie Ihrer Seelen wird keinen Raum lassen für Verfehlungen und Entgleisungen. Sie werden das Gefühl haben, endlich nach Hause zu kommen.

Die seelische Suche

Ein wunderbarer Song von George Gershwin beginnt mit den Zeilen: »Somebody loves me, / I wonder who, / I wonder who he can be. / Somebody loves me, / I wish I knew...« – Jemand liebt mich, ich frage mich: Wer? Wer könnte das sein? Jemand liebt mich. Ich wünschte, ich wüsste, wer das ist.

Es ist ein Unterhaltungssong, der dennoch in die Tiefe geht: Er spricht die Gewissheit aus, dass irgendwo da draußen ein Mensch auf uns wartet, der uns liebt.

Genau diese Gewissheit soll Sie von nun an leiten. Beglückwünschen Sie sich dazu, dass der Kosmos einen Partner für Sie ausersehen hat, den Sie finden werden. Sie müssen dafür nicht das Haus verlassen. Sie müssen nicht durch die Straßen irren, um ihn zu suchen. Finden werden Sie ihn, weil Sie Ihre Seele auf ihn vorbereiten und die Voraussetzung für glückhafte Resonanz schaffen.

Am Anfang steht eine weitere Meditation. Wie bei der ersten sorgen Sie für eine ruhige, ungestörte Situation. Setzen Sie sich locker an einen Ort Ihrer Wahl, schließen Sie die Augen und legen Sie Ihre Hände auf die Knie. Nun denken Sie das Wort »Glück«. Es ist Ihr drittes Mantra.

Sie müssen davon ausgehen, dass Ihr Verstand erst einmal rebelliert. Glück? Haben Sie überhaupt Anlass, solch ein Wort auch nur zu denken? Da war der Ärger im Büro, da ist die Sorge um die Gesundheit, da ist ein ganzer Sack von Problemen, der Ihre Seele beschwert.

Verabschieden Sie sich nun von Ihren Sorgen und Befürchtungen. Verabschieden Sie sich auch von dem, was man Ihnen angetan hat. Gestatten Sie sich einen letzten Blick auf das Trümmerfeld, das vielfache Verletzungen in Ihnen hinterlassen hat und geben Sie es dann frei. Entsorgen Sie es.

Vertrauen Sie alles Belastende dem unendlichen Kosmos an. Heben Sie Ihre Hände und werfen Sie mit langsamen Gesten alles ab, was Sie bedrückt.

Nun horchen Sie in sich hinein. Was ist Ihre Seele, wenn sie gereinigt ist vom Gift des Leidens und Haderns? Was ist Ihr Ich, wenn Sie es nicht in Bezug auf die Außenwelt definieren?

Atmen Sie tief und konzentrieren Sie sich wieder auf das Wort »Glück«. Spüren Sie, wie es Ihre Seele durchpulst. Es könnte gut sein, dass Sie wieder zu lächeln beginnen. Lassen Sie die Energie der Urseele in Ihre Seele strömen. Denken Sie an das Licht, das nun Ihre Seele bescheint.

Das ist der Moment, in dem Sie bereit sind, sich in das große universale Energiefeld des Glücks zu begeben. Der ganze Kosmos gehört Ihnen, und damit die gesamte Energie der Gestirne, die um Sie kreisen.

Jetzt denken Sie an alle Menschen, die ihr Glückspotenzial ausleben. Stellen Sie sich nicht konkrete Gesichter vor, sondern das paradiesische Gefühl, mit erweckten und erleuchteten Seelen zu kommunizieren.

Spüren Sie eine bestimmte Seele? Gibt es da eine Energie, die sich in Resonanz mit Ihnen befindet?

Halten Sie dieses Gefühl. Lächeln Sie dieser Seele zu. Es gibt sie. Sie nimmt gerade Kontakt mit Ihnen auf. Sie tauschen sich aus, in absolutem Gleichklang. Bleiben Sie sitzen, mit geschlossenen Augen, während Ihre Seele mit jener anderen verschmilzt und Sie beide in der Urseele aufgehoben sind.

Kehren Sie langsam von dieser Reise zurück. Sie müssen sich nicht einmal verabschieden, denn diese eine Seele ist von nun an Ihr unsichtbarer Begleiter. Sie ist mit Ihnen verbunden. Mit ihr können Sie das Licht und die Freude teilen.

Bedanken Sie sich beim Kosmos, dass er Sie hält und stützt. Dann öffnen Sie die Augen und bleiben noch eine

Weile in Ihrer Meditationsstellung, um das Echo dieser neuen Erfahrung in sich wirken zu lassen.

Ich prophezeie Ihnen, dass diese Meditation Ihr Bewusstsein nach und nach verändern wird. Sie haben jetzt nicht nur ein inneres Refugium, Sie haben auch die Möglichkeit, zu korrespondieren und Resonanz zu spüren, mit Ihrer ganzen Seele.

Das wird Sie sehr glücklich machen, und es wird in Ihnen eine Grundstimmung erzeugen, die Ihnen niemand mehr nehmen kann. Seien Sie froh, dass Ihnen das Suchen und Finden vom Kosmos abgenommen wird. Kommunizieren Sie mit diesem Wesen, das auf Sie wartet, denn das Geheimnis der Resonanz verbindet Sie beide, lange bevor Sie sich kennenlernen.

Bleiben Sie auf Empfang, während Sie Ihre seelischen Wünsche, Ihre ganze Liebe und Ihr ganzes Glück dem Kosmos zugänglich machen. Bedenken Sie, dass starke Resonanz auf Dauer magnetische Anziehungskräfte hervorruft, die Sie und Ihren Partner sicher führen werden – so, wie Mutter und Tochter in der Arena von Verona aller Unwahrscheinlichkeit zum Trotz zueinanderfanden.

Es wird nicht von heute auf morgen passieren. Doch es wird geschehen. Ihre unsterbliche Seele wird den Menschen spüren, der in diesem seelischen Sinne ein Aspekt von Ihnen selbst ist.

Im Sanskrit wird diese Auflösung des Ich und Du »tat twam asi« genannt, wörtlich übersetzt, das »dies bist du als Teil meiner selbst« und als Teil der Urseele, der ich angehöre. Das Du und das Ich werden verschmelzen.

Sie bleiben natürlich die Person, die Sie sind, in der äußeren Form. Aber der andere ist in der inneren Form immer ein Teil von Ihnen. Dieser »Seelen-Partner« macht Sie mit der ganzen Welt so vertraut, sodass Sie sich ohne Ängste völlig hingeben können.

Das Phänomen der Resonanz

Ich würde mich freuen, wenn dieses Kapitel Ihnen einige Lernprozesse beschert hätte, die weit über die Suche nach dem idealen Partner hinausgehen.

Zunächst hatte ich Ihnen die Wirkprinzipien der Resonanz erläutert, die auf Schwingungen beruhen und uns befähigen, energetisch zu kommunizieren. Daraus ergab sich das Geheimnis der Anziehungskraft, das immer dann zutage tritt, wenn eine spirituell entwickelte Seele ihr eigenes, positives Resonanzfeld aufbaut.

Sie haben erfahren, wie Sie Ihre Seele auf den Partner vorbereiten, der für Sie bestimmt ist. Sie erschaffen ihn durch freie Energieflüsse, und ich kann Sie nur ermutigen, sich regelmäßig darin zu üben. Es ist ein Bewusstwerdungsprozess, der Sie wachsen lässt und der den richtigen Partner zu Ihnen führt.

Wenn Sie dann dem Menschen gegenüberstehen, der für Sie gemacht ist, werden Sie einander auf unerklärliche Weise vertraut sein. Es wird sich so anfühlen, als hätten Sie sich schon ein Leben lang gekannt.

Dieses Gefühl trügt Sie nicht: Im Schoß der Urseele hatten Sie sich längst gefunden. Warum diese Energien so wirkmächtig sind, darum wird es im folgenden Kapitel gehen.

4. KAPITEL
Das Rätsel physikalischer Felder
Nutzen Sie die universale Energie

Im Laufe der ersten drei Kapitel haben Sie Bekanntschaft mit drei elementaren Schlüsseln zur Enträtselung des Glückscodes gemacht: die wahren Wünsche zu erkennen, das Wesen der Seele zu ergründen und die Kraft der Resonanz zu entdecken.

Stets kreisen die Überlegungen um seelische Energie. Mehr als einmal werden Sie sich gefragt haben: Was ist überhaupt Energie? Und wo genau ereignet sich der qualitative Sprung von der physikalischen zur spirituellen Ebene?

Wenn ich dieses Kapitel den Energien widme, so ist das mehr als ein wissenschaftlicher Exkurs. Denn hier liegt, so erstaunlich das auch klingen mag, der vierte Schlüssel des Glückscodes.

Sobald wir verstehen, wie innig Materie, Energie und Seele verbunden sind, können wir wichtige Rückschlüsse auf unsere Glücksbestimmung ziehen. Ja, wir können verstehen, warum unser Glück kosmisch gewollt ist.

Die Erforschung der Seele

Nur wenige wissen, welch eine spannende Welt sich auftut, sobald man modernste wissenschaftliche Forschungen mit spirituellen Erkenntnissen verknüpft. Dies ist das Gebiet, in dem ich seit vielen Jahren arbeite.

Von außen betrachtet, könnte man durchaus von einer Grenzwissenschaft sprechen. Doch das ist meine wissenschaftliche Arbeit nur insofern, als ich herkömmliche Grenzen überschreite.

Mein Forschungsinteresse folgt einer ganzheitlichen Betrachtungsweise. Das ist nötiger denn je. In der Geschichte des akademischen Wissens haben sich die Einzeldisziplinen zunehmend isoliert – und ganz nebenbei den Menschen immer weiter an den Rand gedrängt.

Der Astrophysiker weiß in der Regel nicht, was der Neurologe tut. Der Biologe interessiert sich selten dafür, was in der Philosophie vor sich geht. Und ihnen allen fehlt zumeist der Antrieb, Rückschlüsse auf den praktischen Nutzen für den Menschen zu folgen. Sie fühlen sich wohl in ihren Elfenbeintürmen und denken gar nicht daran, sich an ein größeres Publikum zu wenden.

Würden sich mehr Forscher zusammenschließen, würden sie ihre Erkenntnisse austauschen und allgemein zugänglich machen, so wäre die Menschheit sicher ein gutes Stück weiter. Die Wirklichkeit sieht anders aus.

Berührungsängste gibt es genug. Und mancher hochbegabte Elitewissenschaftler lässt sich nur ungern die Frage stellen, ob in seinem Denklabor der Mensch im Zentrum steht. Allzu selten ist das der Fall. Selbstverständlich respektiere ich jeden, der lieber in den hermetischen Zonen seiner abgedunkelten Studierstube bleibt.

Er verhält sich letztlich nicht anders als jene Angehörigen geheimer Zirkel, die unbeobachtet von der Öffentlichkeit an ihren Erkenntnissen arbeiten. Mancher scheut das Medieninteresse, aus Angst, missverstanden zu werden. Manch anderer glaubt, dass sein Wissen nicht in unbefugte Hände geraten sollte.

Angemessen finde ich das nicht. Daher schicke ich meinen Überlegungen ganz deutlich voraus: Ich möchte dem

Menschen dienen. Ich scheue mich nicht, immer im Auge zu behalten, ob meine Arbeit helfen kann, das Leben zu meistern. Zuoberst steht für mich, die Selbsterkenntnis zu befördern und, ja, auch den Weg zum unendlichen Glück zu weisen.

Bei jeder Studie und bei jedem Experiment frage ich mich deshalb: Was bedeutet das für die menschliche Existenz? Welche Ergebnisse kann ich fruchtbar machen, um möglichst vielen Menschen Erkenntnisse zukommen zu lassen? Das ist mein ganz persönliches Forscherethos.

Die Biophysik kümmert sich im Allgemeinen nicht um die Seele – und übersieht dabei, dass sie viel darüber sagen kann. Mehr als einmal passierte es mir, dass ich förmlich überwältigt war, wie viel sich aus nüchternen Zahlen und Diagrammen über die Seele ablesen lässt.

Im Laufe meiner Arbeit stellte ich fest: Unsere Seele ist ein Kosmos in sich. Sie ist ein Mikrokosmos, der untrennbar mit dem Makrokosmos verknüpft ist. Die Seele beinhaltet ein unermessliches Reservoir von Gedanken, Gefühlen, Sehnsüchten und Bewertungen, die ungeheure Energien freisetzen können.

Die meisten anderen Naturwissenschaftler dagegen betrachten die Seele vorzugsweise als ein Konglomerat von Gehirnfunktionen. Die sind mittlerweile recht gut erforscht. Neurologen legten gleichsam Landkarten der einzelnen Hirnregionen an und konnten lokalisieren, wo sich der Sitz von Urinstinkten, Reizverarbeitungen, Lernvorgängen und Bewertungen befindet. Neurochemiker haben nachgewiesen, welche Botenstoffe das körpereigene Labor Gehirn erzeugt, wenn Freude, Liebe, Unlust oder Angst uns ergreifen.

Ihnen erscheint es ganz so, als sei das Rätsel der Seele so gut wie gelöst. Das Interesse für ihre Untersuchungen ist daher riesengroß. Besonders populärwissenschaftliche Bücher über die chemischen Prozesse bei Gefühlsregungen aller Art wurden zu Kassenschlagern. Stellvertretend für viele andere erwähne ich hier die amerikanische Forscherin Candace B. Pert, die das Buch »Die Moleküle der Gefühle« veröffentlichte.

Wie auf dem Seziertisch liegen die Emotionen nun vor uns, bereit, eingehend betrachtet zu werden. Mit gemischten Gefühlen beugen wir uns über den Seziertisch und denken enttäuscht: Das ist wirklich alles? Die Schmetterlinge im Bauch – eine chemische Formel? Der romantische Heiratsantrag bei Kerzenschein – ein hormonelles Gewitter? Die Ekstasen der Leidenschaft – nichts weiter als eine Party der Neurotransmitter?

Unter dem Mikroskop der Naturwissenschaft erscheint plötzlich vieles klein und geheimnislos, was wir aus unserer persönlichen Perspektive wie ein gütiges Geschenk des Schicksals erleben.

Vor allem Neurochemiker analysierten sehr genau, welche Steuerungsfunktionen wirksam werden. Und sie zeigten uns, dass wir möglicherweise gar nicht so einzigartig sind, wie wir meinen. Mancher fühlt sich daraufhin zu Recht gekränkt. Es hat schon eine gewisse Perfidie, wenn uns mitgeteilt wird, dass die schönsten und individuellsten Gefühle simplen chemischen Prozessen zu verdanken sind.

Dennoch sind wir fasziniert von der Vorstellung, dass Hormone und Neurotransmitter uns lenken. Viele meinen sogar, dass wir Sklaven dieser Steuerungsvorgänge seien. Der freie Wille, legen sie dar, sei schon deshalb unmöglich, weil wir über Stoffwechselvorgänge determiniert seien.

Niemand wird ernstlich bezweifeln, dass diese Forscher exakt vorgehen. Andererseits muss man zugeben, dass dies nur Beschreibungen von Prozessen und Zuständen sind, die subjektiv sehr unterschiedlich erlebt werden. Liebe ist nicht gleich Liebe. Angst empfindet jeder anders. Und das Glück?

Selbst die Entdeckung sogenannter Glückshormone wie Serotonin und Dopamin sagt wenig oder nichts darüber aus, warum diese Stoffe erzeugt werden und welche Faktoren nötig sind, um sie ganz individuell wirksam werden zu lassen. Dauerndes Glück rufen sie ohnehin nicht hervor. Diese Stoffe werden generiert und verschwinden irgendwann wieder. Wenn auch verschiedene Auslöser beobachtet wurden, die sie provozierten, sind die Bedingungen selber im Dunkeln geblieben.

Warum löst ein bestimmter Mensch eine hormonelle Kettenreaktion aus? Warum mixt das Gehirn einen chemischen Glückscocktail, weil ein bestimmter Mensch uns wie zufällig berührt? Würde ein anderer unseren Arm streifen, so ließe uns das völlig kalt. So verallgemeinerbar, wie die Wissenschaftler behaupteten, sind ihre Erkenntnisse nicht.

Offen gesagt: Wenn es um die Seele geht, können diese Forschungsrichtungen wenig Auskunft geben. So brillant auch einzelne Studien sein mögen, so vage bleiben die Beschreibungen, wenn man sie verallgemeinert. Und das dauerhafte, umfassende Glück, jenseits flüchtiger Phasen, konnten die Forscher bisher nicht dingfest machen.

Auf der Suche nach höherer Energie

Es gab für mich nichts daran zu deuten: Die konventionellen wissenschaftlichen Strategien führten in eine Sackgasse. Sie untersuchten das Gehirn. Die Seele blieb ihnen fremd. Phänomene wie Schwingung, Energie und Resonanz hatten keinen Platz in den Theorien. Daher begann ich, mich mit dem Wesen der Energien selber auseinanderzusetzen.

Sie wissen bereits: Energien versetzen uns in die Lage, mit dem Kosmos zu kommunizieren und seine nie versiegenden Kräfte zu den unseren zu machen. Dieses Wissen ist ein universaler Schlüssel unserer Existenz. Umso bedauerlicher fand ich es, dass viele Naturwissenschaftler zögern, konkrete Aussagen darüber zu veröffentlichen.

Halten wir fest: Energien sind Potenziale, die in vielen verschiedenen Ausprägungen existieren, von denen die meisten Menschen jedoch kaum Gebrauch machen.

Leider muss man generell feststellen, dass der Mensch der Gegenwart wie abgeschnitten ist von dem großen Energiestrom, der Jahrtausende von Jahren lang den Fortbestand der Menschheit sicherte. Und ich bin davon überzeugt: Genau das lässt so viele Menschen erschöpft und ausgelaugt wirken. Das lässt sie oft verzweifeln an ihrer Sehnsucht nach Harmonie und Glück.

So machte ich mich daran, das vergessene Wissen wiederzuentdecken. Mit einer gewissen Ehrfurcht näherte ich mich dem Portal zu einer machtvollen Weisheit, die lange vor unserer heutigen Zivilisation das Leben bestimmte. Eine Fülle von Lehren und Erkenntnissen erwartete mich hinter dem Portal, das spürte ich.

In den folgenden Jahren war ich viel unterwegs. Ich reiste zu Bibliotheken, in denen ich dickleibige, ledergebundene Folianten durchblätterte, die lange keinen Leser mehr gefunden hatten. Ich blies den Staub von alten Handschriften und entzifferte halb verblasste Buchstaben auf fleckigem Pergament.

Manchmal kam ich mir vor wie Indiana Jones. Denn als ich in den Bibliotheken das mythische Portal durchschritt, fand ich mich in einer Welt der Wunder wieder.

Ich stieß auf die Kalender der Maya und auf die heiligen Regeln des ägyptischen Sonnenkults. Ich las alles über Freimaurer und Rosenkreuzer. Ich beschäftigte mich mit dem Taoismus und den Upanishaden. Ich verschlang die Offenbarungen des I Ging und die Weisheiten Buddhas. Ich machte Bekanntschaft mit Zaubersprüchen, Totems und heiligen Zeremonien.

Bald stellte ich fest: Ein ganzes Menschenleben würde nicht ausreichen, um diese spirituellen Strömungen in ihrer ganzen Tiefe zu ergründen. So verlagerte ich mein Forschungsinteresse und widmete mich fortan nur noch jenen Aspekten, die von Energien handelten.

Allmählich ergab sich ein aussagekräftiges Bild. In vielfältigen magischen Praktiken hatten alle Kulturen der Welt Zugang zur kosmischen Energie gesucht. Sie folgten dabei der intuitiv empfundenen Gewissheit, dass das Leben ohne diese spirituelle Dimension nicht zu meistern sei.

Die Gründe lagen auf der Hand. Die Natur wirkte feindlich und launisch. Auf reiche Ernten folgten Dürren, auf Phasen des Wohlstands folgten Kriege, Hungersnöte und Seuchen. Die Kräfte des Menschen waren begrenzt. Daher bedurfte man höherer Unterstützung und suchte sie in den Wirkgesetzen des Kosmos: in übermenschlichen Kräften.

Die Priester und Schamanen, die Heiler und Seher waren Auserwählte. Sie beteten Gottheiten an und sie beobachteten den Lauf der Planeten. In heiligen Ritualen fanden sie das Tor zum Universum.

Die innere Logik aller Rituale war Entgrenzung: Die Grenzen zwischen Mensch und Kosmos sollten aufgehoben werden. So entwickelten sich Praktiken, die Trance und Entrücktheit zum Ziel hatten. Gebete und Tänze gehörten dazu, Musik und bewusstseinserweiternde Drogen. Das versetzte die Auserwählten in einen seherischen Zustand. Unvermittelt waren sie in der Lage, ihr Wohl und Wehe günstig zu beeinflussen und sogar einen Blick in die Zukunft zu tun.

Wie aber erschlossen sie die Energien? Wir müssen davon ausgehen, dass die Auserwählten über ungewöhnliche seelische Fähigkeiten verfügten. Das machte sie äußerst empfänglich für kosmische, göttliche Energien. Sie korrespondierten mit ihnen, und es schienen wahre Wunderkräfte zu sein, die ihnen beschert wurden. Kein Naturgesetz war mächtiger. Stürme konnten besänftigt, Todkranke geheilt, Unfruchtbare fruchtbar werden.

Das Wissen um die Energien glich einem Code. Es war der Code, nicht gegen das Universum zu arbeiten, sondern mit ihm. Ich hielt den Atem an, als ich erkannte: Der gesamte Kosmos beruht auf einem energetischen Code. Wer ihn dechiffriert, hat die uneingeschränkte Macht, alles zum Guten zu wenden – jede Herausforderung, jeden Schicksalsschlag, jede Bedrohung.

Das war der Moment, als ich zum ersten Mal über einen Glückscode nachdachte. Es musste ihn geben. Und seine Wurzeln lagen im Geheimnis der Energien, die das Bewegungsgesetz der Seele sind.

Als Biophysiker war ich natürlich auch neugierig, was die frühen Weisen über physikalische Energien in Erfahrung gebracht hatten. Das Überraschende war: Viele überlieferte Glaubenstraditionen, von den Maya über die Kelten bis hin zu den frühen Christen, bedienten sich intuitiv heute noch nachweisbarer Energiefelder. Zu den wichtigsten gehören die Einflüsse der Planeten und die elektromagnetischen Felder.

Elektromagnetische Felder überziehen unsichtbar unsere gesamte Erde. Es ist ein komplexes System, das von mehreren Größen ausbalanciert wird: vom magnetischen Nord- und Südpol, von magnetischem Gestein in der Erdkruste sowie vom Van-Allen-Gürtel. Das ist jener elektrisch geladene Schutzgürtel, der unseren Planeten von einem Großteil der kosmischen Strahlung abschirmt.

Mittlerweile weiß man, dass die Tempel aller hochstehenden Kulturen auf energetisch bedeutsamen Punkten lagen. Lange vor der Erfindung hoch spezialisierter Messgeräte wurden sie mit vergleichsweise primitiven Werkzeugen ermittelt. Das geschah beispielsweise mit Wünschelruten, die besonders sensibilisierte Priester handhaben konnten.

Es ist mehr als wahrscheinlich, dass die Magier, Priester und Heiler untergegangener Kulturen darüber hinaus auch durch bloße Intuition diese Energiepunkte fanden. Aufgrund ihrer seelischen Erleuchtung war es für sie selbstverständlich, nach Kraftzentren zu suchen. Sie waren sich schließlich bewusst, dass sie energetische Unterstützung brauchten, damit sie den Naturgewalten nicht schutzlos ausgeliefert waren.

Wir können eine große spirituelle Tradition Revue passieren lassen, wenn wir uns mit Energien beschäftigen.

Für unsere Vorfahren war es dabei bezeichnenderweise unwichtig, ob es sich um physikalische oder spirituelle Energie handelte. Sie huldigten dem Heiligtum der Energie als ganzheitlichem Prinzip.

Sie nahmen also keine Trennung vor zwischen wissenschaftlich nachweisbarer und unwillkürlich spürbarer Energie – auch deshalb, weil es noch keine Ausdifferenzierung in »nüchterne« und »heilige« Erkenntnisse gab. Diese Unterscheidung kam erst mit dem wissenschaftlichen Zeitalter auf, dessen Beginn man auf die Renaissance datieren kann.

Fortan trennten sich Mythos und Forschung. Eine Ära begann, in der die Wahrheit der Sinne gesucht wurde: Nur was ich sehe und mit dem Verstand begreife, ist wirklich, hieß das neue Credo. Übersinnliches dagegen galt plötzlich als rückständiger Aberglaube.

Für unsere vormodernen Vorfahren dagegen lag auf der Hand: Die Wirkung von Energien zeigt sich unterschiedslos als Beeinflussung der Seele und des Geistes. Und sie manifestiert sich in dem, was wir umgangssprachlich übersinnliche Erfahrungen nennen.

Offenbar war es so, dass Eingebungen, Visionen und Zukunftsprognosen – weit mehr als Erfahrungswissen – durch Energierituale an besonderen Orten möglich waren.

Aus der griechischen Geschichte kennen wir das Orakel

von Delphi. Dort, an einem geweihten Ort, wirkte die legendäre Seherin Pythia. Sie machte enigmatische Weissagungen, die anschließend von Priestern gedeutet wurden. Große Herrscher pilgerten nach Delphi, um dort Hilfe für politische Entscheidungen, Fragen der Kriegsführung und der Rechtsansprüche zu erhalten.

Daran fand niemand etwas Ungebührliches. Niemand unterstellte, dass das Orakel nur für geistig labile Zeitgenossen taugte, wie man es heute vielen esoterisch Interessierten vorwirft.

Es handelte sich um gebildete und erfahrene Personen, die das Orakel aufsuchten, nicht um verirrte Unwissende. Gerade die Wissenden also hatten verinnerlicht, dass Verstand und Erfahrung allein nicht ausreichten. Sie akzeptierten, dass sie schnell an Grenzen stießen, wenn es um weitreichende Entscheidungen ging.

Was das Bedürfnis nach solchen Weissagungen hervorrief, war der Wunsch, im Einklang mit göttlichen und universalen Gesetzen zu agieren. Man holte sich also gleichsam den energetischen »Rückenwind« des Universums, um das Gelingen schicksalhafter Unternehmungen zu gewährleisten.

Gleichzeitig gestand man damit ein, dass der menschliche Verstand und die Erfahrung nicht ausreichen, um den Einklang herzustellen. Es ging vielmehr darum herauszufinden, was von einer höheren Warte aus »gewollt« war. Im Grunde suchte man also den Einklang mit dem Willen des Kosmos.

Universale Energie

Sicher fällt es uns heute nicht leicht, einen »Willen« des Universums zu akzeptieren. Gläubige Menschen können diesen Willen immerhin an eine personifizierte Gottheit binden, an den christlichen Gott, an Jahwe oder an andere »höhere Wesen«.

»Dein Wille geschehe«, heißt es im christlichen Glaubensbekenntnis. Doch die Idee, dass der Kosmos ein Bewusstsein und einen Willen hat, welche er uns über Energie vermittelt, ist zunächst ungewohnt.

Für den hinduistischen Mystiker Sri Aurobindo ist diese Idee eine spirituelle Grundannahme und er fasst sie ganz klar und einfach in dem Satz zusammen: »Die Energie, die die Welt erschafft, kann nichts anderes sein als reiner Wille, und Wille ist Bewusstsein, das sich in den Dienst eines Wirkens und eines Resultats stellt.«

So weit hergeholt ist das auch nach heutigem Wissensstand nicht. Für den Physiker Werner Heisenberg stellte sich die Definition des Universums folgendermaßen dar: »Alle Elementarteilchen sind aus derselben Substanz, aus demselben Stoff gemacht, den wir nun Energie oder universelle Materie nennen können; sie sind nur verschiedene Formen, in denen Materie erscheint.«

Wie aber passen Wille und Bewusstsein in diese Definition? Noch immer rätseln Astrophysiker, was den legendären »Urknall« ausgelöst haben könnte, der am Anbeginn unserer Zeitzählung vor Milliarden von Jahren stattfand. Seine enorme Energie, so viel ist sicher, ist die treibende Kraft, die unser Universum seither in Bewegung hält, vom Lauf der Gestirne bis zur Zellteilung.

Haben Sie sich jemals gefragt, woher die Energie kommt, die alle Erscheinungen des Lebens antreibt? Überzeugt es Sie, dass sie quasi aus dem Nichts kommen sollte? Wie kann es sein, dass die Sonne seither ungeheure Aktivitäten entfaltet, eine endlose Folge gewaltiger Eruptionen? Wie kann es sein, dass sich seither die Erde dreht und uns Tage, Nächte und Jahreszeiten beschert?

Kaum vorstellbar ist, dass all das seinen Anfang im Nichts haben sollte. Die Quelle dieser Energie scheint jedenfalls nicht zu versiegen. Und da man davon ausgeht, dass die anfängliche Energie zunächst in einer unvorstellbar dichten Masse vereinigt war und sich dann explosiv im Universum verteilte, muss es so sein, dass diese Energie substanziell überall die gleiche ist.

Diese strukturelle Gleichheit aller Energie ist es, die uns physikalisch gesehen mit dem Kosmos verbindet. Denken wir uns nun den kosmischen Willen hinzu, fällt das letzte Puzzleteil an die richtige Stelle: Die Bewegungsgesetze des Kosmos sind auch die unseren und umfassen sämtliche physikalischen und seelischen Prozesse.

Auch der Lauf der Gestirne folgt deshalb den gleichen Prinzipien wie die Abläufe in unserer Seele. Für die Astrologen der Maya und der Ägypter war das völlig selbstverständlich. Sie wussten, warum wir mit Phänomenen wie Korrespondenz, Resonanz und Anziehungskraft konfrontiert sind: Sie sind kosmischen Ursprungs und daher auch kosmisch gewollt.

Eine weitere Konsequenz aus dieser Strukturhomologie ist, dass alles Leben nur dann gelingen kann, wenn es sich im Einklang mit den kosmischen Kräften befindet. Mit anderen Worten: Wer diesen Einklang nicht sucht oder verloren hat, fällt heraus aus dem universalen Energiestrom.

Das betrifft die Seele unmittelbar. Energie ist ihre Nahrung, Energie ist das, was sie ausströmt, und Energie ist es, was sie mit allem verbindet. Fehlt diese Energie, so beginnt ein langer Leidensweg.

Wir nennen ihn die Krankheit der Seele und haben viele Synonyme dafür: Depression, Verhaltensstörung, Psychose, Neurose, Burn-out-Syndrom. Das klingt nach medizinischen Tatsachen und nach Therapierbarkeit. Aber ganz so einfach ist es nicht.

Seit diese Krankheiten benannt und analysiert wurden, haben sich unzählige Therapieformen herauskristallisiert, von der klassischen Psychoanalyse bis zur Behandlung mit

Psychopharmaka. Die Erfolge halten sich in Grenzen. Denn viel zu wenig wird beachtet, dass es sich hierbei um Auffälligkeiten handelt, die mit einem dramatischen Energieverlust einhergehen.

Manche Patienten spüren das unwillkürlich. Wenn ich beispielsweise mit Menschen spreche, die unter Depressionen leiden, dann fallen immer wieder die Sätze: »Ich fühle mich leer. Ich habe keine Energie mehr. Und weil ich keine Energie habe, kann ich auch nichts fühlen.«

Wortwörtlich erzählte mir das eine Mutter, die die bestürzende Erfahrung machen musste, dass sie plötzlich den emotionalen Kontakt zu ihrem sieben Monate alten Baby verlor. Sie war unfähig, irgendetwas zu empfinden. Sie konnte ihr Kind nicht einmal anlächeln.

Ihr Verstand sagte ihr, dass das schrecklich für sie und ihr Kind war, doch sie konnte nichts dagegen ausrichten. Ihr Wille war gebrochen. Das kleine Wesen lag wie ein beliebiger Gegenstand in ihrem Arm.

Das Beispiel belegt eindringlich, was passiert, wenn der Energiestrom blockiert ist, der wesentlich unser seelisches Leben bestimmt. Wer keine Energie mehr hat, verkümmert. Er nimmt das Unglück wahr, doch er ist gleichzeitig wie gelähmt.

Ohne den Zugang zur kosmischen Energie sind wir nur noch Schattenwesen, die zutiefst unglücklich werden.

Der indische Philosoph und spirituelle Lehrer Krishnamurti sagt daher: »Die reine Beobachtung ist Energie, die das, was ist, verwandelt. Wenn Sie das verstehen, dann werden Sie sehen, dass Sie völlig frei von psychischen Ängsten sind.«

Mit dem Begriff der Beobachtung aber meint er nichts anderes als das Selbst-Bewusstsein der Seele, die spirituelle Einsicht, dass wir Teil der Urseele und ihrer unermesslichen Kräfte sind.

Seelische Gesundheit, die Voraussetzung des Glücks, ist nur durch Selbsterkenntnis zu haben. Es ist eine energetische Arbeit an der Seele, ungeachtet äußerer Einflüsse. Man wird daher wenig ausrichten, den Grund für das Unglück im Umfeld zu suchen, in anderen Menschen, in schwierigen Lebensumständen.

Natürlich wäre es höchst angenehm, wenn man sagen könnte: »Ich selbst bin ein wundervoller Mensch mit den besten Potenzialen. Doch leider finde ich schlechte Startbedingungen vor. Ich trage deshalb keinerlei Verantwortung für mein Schicksal. Es sind die anderen, die es steuern.«

Ich kenne einige Leute, die ihr Leben lang mit solchen Entschuldigungen jonglieren. Bezeichnenderweise betrachten sie sich als Opfer der Verhältnisse und haben sich in dieser Opferrolle bequem eingerichtet. So spekulieren sie auf Mitleid und beklagen sich mit Wonne über die anderen, während sie jeder Versuchung nachgeben, das Falsche zu tun. Sie lassen sich gehen.

Misstrauen Sie solchen routinierten Opfern. Niemand ist ein Opfer. Jeder kann sein Schicksal in die Hand nehmen und positive Energien erzeugen. Es ist die All-Bewusstheit, das Alleins-Gefühl, das uns zu den Energien führt.

Alles liegt in uns, nicht außerhalb: »Wenn Sie eine Reise in sich selbst hinein unternehmen, sich all des Inhalts entledigen, den Sie angesammelt haben, und ganz, ganz tief eindringen, dann ist da dieser weite Raum, die sogenannte Leere, die voller Energie ist«, schreibt Krishnamurti.

Im vorwissenschaftlichen Zeitalter war man sich dieser Zusammenhänge intuitiv bewusst. Die Suche nach dem energetischen Einklang wurde daher in der Vergangenheit nicht zufällig durch die Beobachtung der Sterne geleistet. Auch sie folgen den unabänderlichen Gesetzen der kosmischen Energie und sind daher die Matrix, auf der wir unsere seelische Energie aktivieren können.

Alle Kulturen entwickelten mehr oder weniger differenzierte Systeme, mit denen sie die Planetenbewegungen aufzeichneten und interpretierten.

Mit den Heftchen-Horoskopen unserer Tage hat das wenig zu tun. Es wurden vielmehr Zusammenhänge zwischen Planetenkonstellationen und Ereignissen aufgezeichnet.

Das erlaubte zuverlässige Prognosen, etwa über die klimatischen Wechsel während Sonnen- und Mondfinsternissen. Für Astrophysiker und Klimaforscher ist das heute übrigens gesichertes Wissen. Seit man sich näher mit den Gravitationsfeldern selbst weit entfernter Gestirne beschäftigt, wird vieles über diese kosmischen Wechselwirkungen zutage gefördert.

Die Übereinstimmung von Mikrokosmos und Makrokosmos war den Weisen alter Kulturen bekannt. Durch die Naturwissenschaft wurde diese Erkenntnis zwar zurückgedrängt, gültig ist sie allerdings noch immer.

Das Besondere ist, dass die Beobachtung der Gestirne als heilige Handlung geachtet wurde und an speziellen Orten stattfand. Berühmt ist bis heute Stonehenge in Südengland, ein Ritualplatz der Kelten, die riesige Felsbrocken exakt so ausrichteten, dass bei einem bestimmten Sonnenstand das Licht durch einen genau justierten Spalt fiel. Und: Die Steine stehen auf einem Platz, an dem die geomagnetische Strahlung besonders intensiv ist. Man kann daher von einer Energiekonzentration an diesem besonderen Ort ausgehen, die einst die Kelten inspirierte.

Viele christliche Kirchen wurden auf sogenannten heidnischen Heiligtümern errichtet. Wer sich für die energetischen Zusammenhänge interessiert, kann feststellen, dass die geomagnetische Energiekonzentration im Altarraum am intensivsten ist. So partizipierte auch der christliche Kult an den Kraftfeldern, die viele Generationen, oft jahrhundertelang, als Quelle besonderer Erfahrungen nutzten.

Energetische Wechselwirkungen

Als ich vor vielen Jahren begann, die Wirkungsgesetze elektromagnetischer Felder zu erforschen, stieß ich sehr schnell auf die Tatsache: Auch nach heutigem Erkenntnisstand oszillieren sie übergangslos zwischen der physikalischen und der seelischen Sphäre.

Durch den Vergleich verschiedener Messdaten und Studien fand ich heraus, dass diese Felder schwanken und dass diese Schwankungen eklatante psychische Auswirkungen haben. So eklatant waren die Einflüsse, dass selbst hartgesottene Psychologen ins Schwitzen gerieten. Hatten sie bei der Erforschung der Seele etwas Wichtiges übersehen?

Man wusste schon länger, dass das Erdmagnetfeld ein Steuerungsinstrumentarium zur Verfügung stellt. Viele Tiere orientieren sich daran: Zugvögel etwa, Schildkröten und Wale. Sie legen teilweise gigantische Wanderwege zurück, über Tausende von Kilometern hinweg. Und sie irren sich nie – es sei denn, es kommt zu auffälligen Schwankungen. Dann stranden Wale an Stränden weitab ihrer gewohnten Route. Niemand kann sie retten, weil ihr Orientierungssystem versagt.

Neu war, dass auch Menschen diesem Magnetfeld unterliegen und sich unter Schwankungsbedingungen abweichend verhalten.

Die Schwankungen entstehen vor allem durch Sonneneruptionen. Bei jedem Outburst auf der Sonnenoberfläche werden elektrisch geladene Plasmawolken ins Universum geschleudert. Nach etwa drei Tagen treffen sie auch die Erde. Der größte Teil wird vom Van-Allen-Schutzgürtel absorbiert, dennoch verändern sich jedes Mal die elektromagnetischen Felder auf dem gesamten Globus.

Mittlerweile ist man dazu übergegangen, solche Schwankungen mit speziellen Messgeräten zu erfassen. Seither vergeht kaum ein Tag, an dem nicht neue Details die Fachwelt aufstören.

International vergleichende Studien konnten im Laufe der vergangenen Jahre verblüffende Ergebnisse präsentieren. Sie lassen sich folgendermaßen zusammenfassen: Je nachdem, ob das globale elektromagnetische Feld deutlich stärker oder schwächer wird, kommt es zu seelischen Ausnahmezuständen. Sie umfassen bei verstärkten Feldern Konzentrationsstörungen, vermehrte Depressionen, Unfälle und Herzinfarkte. Bei abgeschwächten Feldern berichten Menschen gehäuft von Visionen, Eingebungen, meditativen Einsichten und Bewusstseinserweiterungen.

Natürlich ließ mich der Begriff der Visionen und Bewusstseinserweiterungen sofort aufhorchen. Kannten die vorchristlichen Weisen diesen Mechanismus? Machten sie sich ihn zunutze? Die Vielzahl der Licht- und Sonnenkulte legt diesen Schluss nahe.

Die Maya beispielsweise hatten einen speziellen Kalender, der auf Sonnenflecken basierte. Das war sehr klug, denn Sonnenflecken sind das sichtbare Zeichen für Eruptionen auf der Sonnenoberfläche.

Und es steht zu vermuten, dass die Mayapriester nicht nur das alltägliche Leben danach ausrichteten, sondern auch den richtigen Zeitpunkt für bewusstseinserweiternde und entgrenzende Rituale.

Offensichtlich manifestiert sich hier eine innige Wechselbeziehung von physikalischer und seelischer Energie. Sonne, Erdmagnetfeld und Psyche stehen in inniger Beziehung. Rund um den Globus, unabhängig von Kultur und Lebensweise, wirken starke energetische Einflüsse.

Ohne dass wir es ahnen, wird unsere Seele von Energien gesteuert, von deren Existenz wir zumeist nicht einmal wissen.

Besonders auffällig sind die Wechselwirkungen, wenn

man das Börsengeschehen betrachtet. Da die internationalen Finanzmärkte ein geschlossenes System bilden, das sich exakt an der Bewegung der Aktienkurse messen lässt, ergab sich ein ideales Forschungsgebiet. Wie unter Laborbedingungen konnte man die Einflüsse elektromagnetischer Felder auf seelische Befindlichkeiten beobachten. Denn wenige Systeme sind so irrational wie die Börse. Sie unterliegt Emotionen und Stimmungen, die ein interessantes Eigenleben führen. Ein Aktienkauf ist eine Hoffnung, die sich materialisiert. Und eine Spekulation basiert auf Optimismus, einem starken Gefühl.

Spätestens seit der Finanzkrise weiß jedes Kind, dass das Börsengeschehen sich von der Realwirtschaft tendenziell abkoppelt. Ein Unternehmen kann noch so erfolgreich Produkte herstellen und verkaufen – wenn seine Aktien durch verfehlte Spekulation ins Trudeln geraten, gerät auch das Unternehmen in Schieflage. Dadurch kann es durchaus in die Insolvenz getrieben werden.

Ausgelöst wird der Wertverlust der Aktien zumeist durch Panikverkäufe. Die folgen oft reinen Stimmungen und Gerüchten. Insofern kann man das Börsengeschehen auch als Spiegel globaler emotionaler Berg- und Talfahrten deuten.

Die Federal Bank of Atlanta ließ vor Kurzem umfangreiches Datenmaterial von Wissenschaftlern sichten, um die Gesetze solcher Stimmungsumschwünge in Abhängigkeit von elektromagnetischen Feldschwankungen herauszufinden. Die Ergebnisse fasste Rene Stauffer in seiner Untersuchung »Das geheime System« zusammen.

Was in der Bankenstudie herauskam, machte die gesamte Szene perplex. Es ließ sich eine Reaktionskette nachzeichnen, die ihren Anfang in den Sonnenaktivitäten nimmt. Dadurch ändert sich das Erdmagnetfeld und anschließend das Verhalten der Börsianer. Unglaublich? Nein, mit wissenschaftlicher Exaktheit bewiesen.

Bei geringen Sonnenaktivitäten und einem dementsprechend abgeschwächten Magnetfeld sind die Trader optimistischer und risikofreudiger – sie kaufen Aktien und heben auf diese Weise deren Wert. Nach starken Sonnenaktivitäten und einem demzufolge höherfrequenten Erdmagnetfeld werden die Trader von Ängsten erfasst. Sie kaufen kaum noch neue Aktien und neigen dazu, die eigenen Aktien abzustoßen.

Natürlich handeln Trader auch aufgrund von Insiderinformationen. Sie stehen permanent in Kontakt mit Informanten, die sie über politische, gesellschaftliche und wirtschaftliche Entwicklungen auf dem Laufenden halten. Auf diese Art, so die Absicht, lassen sich Vorhersagen über wahrscheinliche Kursbewegungen machen.

Doch die meisten Trader, auch das ergab die Studie, handeln intuitiv. Sie verlassen sich auf ihr »Bauchgefühl« und agieren häufig irrational. Anhand minutiöser Diagramme konnte man nachweisen, dass ihre Aktivitäten wesentlich vom Erdmagnetfeld und damit von kosmischen Einflüssen gesteuert waren.

Als Referenzpunkte dienten die Sonnenflecken, die jeweils starke Eruptionen anzeigen. Sie korrespondieren mit extremen Ausschlägen des Börsengeschehens, ablesbar an Aktenindizes wie dem Dax. Überspitzt formuliert: Die Sonne steuert unser Finanzsystem.

In den Chefetagen der großen Banken nimmt man diese Zusammenhänge sehr ernst. Wenn ein so traditionsreiches und seriöses Institut wie die Federal Bank of Atlanta eigens eine Analyse dieser Phänomene in Auftrag gibt, kann man ermessen, welch immensen Aufschluss man sich erwartet – völlig zu Recht.

Heilende Energien

Das machte mich neugierig. Ich fragte mich: Wenn die natürlichen elektromagnetischen Energien derart wirkmächtig sind, wie steht es dann mit künstlich erzeugten?

Kann man unter experimentellen Bedingungen nachweisen, wie die emotionalen Beeinflussungen funktionieren? Und erlauben solche Versuche am Ende sogar Aufschlüsse über unser Seelenleben?

Studien gab es nicht darüber. Die Abhängigkeit der Seele von elektromagnetischen Feldern war noch ein weißer Fleck auf der Landkarte der Wissenschaft.

Daraufhin entwickelte ich einen Apparat, mit dem es möglich war, Versuchspersonen mit künstlich erzeugten elektromagnetischen Frequenzen zu »befelden«. Es waren freiwillige Probanden, die sich für diese Experimente zur Verfügung stellten. Sie nahmen Platz auf einer Liege, in einem energetisch abgeschirmten Raum, und dann richtete ich die Energiequelle auf sie. Selbstverständlich wählte ich nur Frequenzen des natürlichen Spektrums, um niemanden zu gefährden.

Schon nach wenigen Versuchen ergaben sich spektakuläre Ergebnisse. Es war zielgenau möglich, Wohlbefinden und Unwohlsein mithilfe der Apparatur zu erzeugen, eine ganze Palette psychischer und seelischer Empfindungen. Ich untersuchte Probanden verschiedenen Alters und verschiedener Herkunft, ich standardisierte den Fragenkatalog, die Ergebnisse aber blieben immer die gleichen.

Diese Entdeckung ließ mich nicht ruhen. Ich hatte keinerlei Interesse an psychischen Manipulationen als Selbstzweck. Vielmehr interessierte mich: Konnte man elektromagnetische Energien in den Dienst des Menschen stellen?

Im Laufe der Zeit gelang es mir, eine Frequenz zu finden, die einen heilsamen Effekt auf Körper und Seele hat. Das war absolut erstaunlich und konnte doch zweifelsfrei in mehreren klinischen Langzeitstudien nachgewiesen werden.

Gelenkerkrankungen beispielsweise besserten sich, und auch psychische Verstimmungen konnten gemildert werden. Große Erfolge erzielte man bei Herz-Kreislauf-Beschwerden. Die gestörte Balance stabilisierte sich, Herzschlag und Puls fanden zu ihrem ursprünglichen Rhythmus zurück.

Seither sind auf diesem Terrain große Fortschritte gemacht worden. Eine Studie hat mich besonders berührt. Ein Kollege machte sich daran, eine der tragischsten seelischen Erkrankungen mit elektromagnetischen Feldern zu behandeln: die Alzheimerkrankheit. Die Erforscher dieser tückischen Erkrankung hatten zwar einiges über die physiologischen Randbedingungen herausgefunden, wirkungsvolle Therapien jedoch waren nicht in Sicht. Umso begeisterter war ich, was dieser Kollege mir vor Kurzem berichtete.

Er hatte eine Frau befeldet, die sich in einem weit fortgeschrittenen Alzheimer-Stadium befand. Sie konnte kaum noch sprechen, litt unter Gedächtnisverlust und hatte Mühe, auch nur die einfachsten körperlichen Tätigkeiten zu verrichten. Die gesamte körperliche Koordination war gefährdet. Gefangen im Kerker ihrer Krankheit, verlor sie ihre Fähigkeit zur Kommunikation, sie wirkte apathisch und verwirrt.

Schon wenige Tage nach Beginn der Magnetfeldtherapie geschah etwas Außergewöhnliches: Sie fand ihre Sprache wieder. Zunächst waren es nur einzelne Sätze, die sie artikulierte, dann fing sie an, sich an Ereignisse zu erinnern. Als sie das erste Mal eine zusammenhängende Geschichte erzählte, griff der behandelnde Kollege zum Telefon und rief mich an. Mit bewegter Stimme schilderte er mir den Heilungserfolg. Es sei einfach phantastisch, versicherte er mir. Die Ärzte hätten diese Frau längst aufgegeben und ihr lediglich Beruhigungsmittel verordnet, jetzt aber sei ihre

Seele wieder lebendig geworden – durch elektromagnetische Energien.

Es war keine Wunderheilung und die Krankheit konnte auch nicht völlig zurückgedrängt werden. Doch die Besserung war eklatant. Was den Behandlungsdurchbruch aber so besonders machte: Er geschah ohne Medikamente. Es wurden keine Stoffe verabreicht, die das Gehirn biochemisch neu justierten, sondern ausschließlich Energien.

Für mich war diese Geschichte die Krönung meiner eigenen Forschungsarbeit. Physikalische Energien, wie sie auch im Kosmos vorhanden sind, waren in der Lage, ein komplexes psychisches Krankheitsbild günstig zu beeinflussen.

Allgemein formuliert: Die physikalische Energie hatte seelische Energie freigesetzt und sehr wahrscheinlich kosmische Energie wieder zugänglich gemacht. Der Übergang jedoch war fließend.

Heilende Energien gehören heute zu den wichtigsten alternativen Therapieformen. Vor Kurzem hörte ich von einer Heilerin, die ihre Patienten mittels gemeinsamer Gebete therapiert. In den Gebeten baut sie wirkmächtige Energiefelder auf, die unmittelbaren physischen Einfluss nehmen, selbst dann, wenn die Patienten als unheilbar gelten oder chronische Schmerzpatienten sind.

Quellen der Energie

Sicherlich ist Ihnen nun klar, warum eine Trennung von physikalischer und seelischer Energie willkürlich bleiben muss. Offenbar sind solche Unterscheidungen eher Ausdruck unseres Bedürfnisses, die Welt säuberlich in Geist und Materie einzuteilen. So hat man es uns beigebracht und so bilden es auch die wissenschaftlichen Disziplinen ab: Auf der einen Seite stehen die Naturwissenschaften, auf der anderen die Human- und Geisteswissenschaften.

Solche Ordnungsprinzipien können wir getrost ad acta legen. Konzentrieren wir uns also auf Phänomene, in denen Energien ununterscheidbar zwischen physikalisch messbaren Frequenzen und seelischen Schwingungen existieren.

Im Kapitel über die Resonanz haben Sie Bekanntschaft mit Ihren energetischen Potenzialen gemacht, die Ihrer Seele zu Selbst-Bewusstsein verhelfen und Sie zum idealen Partner führen. Und Sie haben in einigen Beispielen erfahren, dass dieser Energiefluss bei vielen Menschen unterbrochen ist.

Wenn wir uns hier nun mit physikalisch-seelischer Energie beschäftigen, liegt die Frage nicht weit, ob es auch außerhalb unseres Seelenlebens Energiequellen gibt, die Blockaden lösen und uns energetisieren. Welche Optionen haben wir über die Sensibilisierung und die Meditation hinaus? Wie können wir Energien nutzen? Wie gelingt es, uns vor dem Hintergrund dieser Erkenntnisse mit weiteren Energien zu versorgen?

Um diese Fragen zu beantworten, muss uns bewusst sein, dass Energien sich unterschiedlich manifestieren mögen, dass sie aber alle letztlich auf kosmischer Energie beruhen. Mit anderen Worten: Jede Energieform ist zugleich seelische und geistige Energie. Sie ist das Lebensprinzip, das wir erschließen müssen, um uns positiv zu entwickeln. Wenn Sie das beherzigen, werden Sie förmlich über Energiequellen stolpern, die Sie bislang nicht erkennen konnten. Und das wird auch Ihre Fähigkeit steigern, mit Ihrem potenziellen oder schon existierenden Partner zu korrespondieren.

Schon seit Langem weiß man, welch starke Energien in vielen scheinbar alltäglichen Gegenständen wirken. Nehmen wir ein ganz einfaches Beispiel: die Farben. Jede Farbe hat die Eigenschaft, unsere Seele zu beeinflussen, denn auch Farbe ist Energie. Diese Feststellung ist wissenschaftlich betrachtet relativ neu. Zunächst nämlich ging man davon aus, dass Farben auf eine relativ oberflächliche Weise unsere Psyche beeinflussen.

Eingehendere Studien dazu wurden seit Anfang des zwanzigsten Jahrhunderts angestellt. Rudolf Steiner ließ sich hierbei von Goethes Farbenlehre inspirieren, der als einer der ersten Denker von einer Auswirkung der Farben auf die Seele sprach.

Seine Aussagen beruhten vor allem auf Erfahrungswissen, das er systematisieren wollte. Denn schon immer neigten Menschen dazu, Farben mit Gefühlen zu assoziieren: Grün wirkt allgemein beruhigend, rot anregend, gelb warm und angenehm.

Steiner folgerte daraus, dass man Farben auch therapeutisch einsetzen kann und entwickelte seine berühmten Farbkammern, in denen Menschen wahlweise in rotes oder blaues Licht getaucht wurden. Eine Methode übrigens, die heute noch in anthroposophischen Zentren angewendet wird. Diese Therapie wurde von Ärzten und Heilpraktikern stetig weiterentwickelt und wird heute in vielfachen Variationen angeboten.

Die Chromotherapie hat eine lange Tradition. Interessanterweise verfügten alle großen Kulturen über ein farbtherapeutisches Wissen, das sie benutzten, ohne die Ursachen zu kennen.

Die Chinesen beispielsweise behandelten Darmbeschwerden, indem sie den Kranken mit gelber Farbe bestrichen und gelbe Stoffe an den Fenstern anbrachten, um das Licht zu färben. Die Griechen der Antike wickelten Kranke in farbige Tücher, eine Praxis, die bis ins Mittelalter hinein dokumentiert ist, wo man Pockenkranke in rote Tücher hüllte.

Die heilende Kraft der Farben und ihre Bedeutung für den Energiehaushalt lässt sich auch in vielen anderen Kulturkreisen beobachten, bei den Maya etwa, bei den Azteken und bei den Ägyptern. Oft wurden Gottheiten mit Farben verknüpft, deren Wirkmacht bei Krankheiten als gesichert galt. Deren spezifische Farbsymbolik wurde von geweihten Heilern und Priestern eingesetzt.

Ganz offensichtlich gehen von Farben spezifische Energien aus, die sowohl die Psyche als auch den Körper beeinflussen.

In der Neuzeit wurde das alte Wissen verdrängt und besonders die Farbpsychologie immer wieder infrage gestellt. Schließlich handele es sich hier um sehr subjektive Bewertungen, lautete der Vorwurf, nicht um Wissenschaft: Während der eine die Farbe Gelb als wärmend und angenehm bezeichnete, konnte ein anderer sie als grell ablehnen. Eine Systematik, so die Schlussfolgerung, ließ sich daraus nicht ableiten. Insofern war es eine kleine Sensation, als man herausfand, dass Farben direkt von der Haut absorbiert werden. Ihre Energieschwingung verändert als Information sogar die Zellaktivitäten.

Vorher war man davon ausgegangen, dass Farben ausschließlich über das Auge und den Thalamus verarbeitet werden, eine Hirnregion, die Sinnesreize emotional bewertet und an die Großhirnrinde weiterleitet. Wenn aber die Haut als Rezeptor fungiert, ist die Wirkung nicht allein psychisch, sie betrifft den gesamten Organismus.

So unmittelbar hatte man sich die Reaktion nicht vorgestellt. Und doch ist es so, dass Farben lebenswichtige Energien ausstrahlen.

Aber es kommt noch besser. Der im engeren Sinne energetische Charakter von Farben wurde erst erschlossen, als Biologen sich mit der Kommunikation der Zellen auseinandersetzten. Sie entdeckten, dass jede Zelle elektromagnetische Wellen aussendet, über die sie in Kontakt mit anderen Zellen tritt.

Die Gesamtheit der Biophotonen schließlich formt ein elektromagnetisches Feld, das den gesamten Körper umgibt.

Es hat die Aufgabe, die Gesamtheit der physiologischen Vorgänge zu steuern und zu regulieren – auf einer rein energetischen Ebene, die jedoch nachweisbar Wirkungen auf die chemischen Prozesse des Körpers hat.

Störungen des Körpers sind dementsprechend oft Störungen dieses Energiefelds. Der Physiker Fritz A. Popp entwickelte ein Verfahren, mit dem er die Biophotonenemission messen konnte. Seine Regulationsdiagnostik und die daran anschließende Therapie erkennt an, dass es eine energetische Dynamik von Krankheiten gibt. Popp sah die Chance, sie mit farbigen Lichtspektren zu behandeln. Lichtwellen sind die Sprache der Zellen, stellte er allgemein fest. Das Besondere ist: Sie enthalten Informationen, die auf chemische Weise nicht weitergegeben werden könnten. Große Behandlungserfolge lagen bezeichnenderweise bei Asthma, Hautproblemen und Hörstürzen vor, bei Krankheiten also, die als klassische psychosomatische Störungen gelten.

Wir haben es bei Farben und Licht offensichtlich mit Energietransfers zu tun, die sowohl psychisch als auch physiologisch wirken. Das bedeutet nichts anderes, als dass auch hier physikalische und seelische Vorgänge Hand in Hand gehen.

Ich will Sie nicht mit zu vielen Details langweilen. Daher möchte ich hier nur zusammenfassend sagen, dass Sie mithilfe von Farben verstärkte Energieflüsse auslösen können. Folgen Sie Ihrer Intuition. Und dann denken Sie darüber nach, wie sich die von Ihnen bevorzugte Farbe in Ihr Umfeld integrieren lassen könnte.

Ihr Bauchgefühl wird Sie leiten. Streichen Sie Ihre Wohnung gelb, blau oder lila, je nachdem, was diese Farben in Ihnen auslösen. Kaufen Sie eine rote Couch, wenn diese Farbe Ihnen Energie zuführt. All das wird Ihren Energielevel genauso anheben, wie, auf einer höheren Stufe, Bewusstseinsübungen und Meditation.

Bedenken Sie immer, dass Sie Teil eines Ganzen sind, und dass dieses große Ganze unermessliche Energien für Sie bereithält. Falls Sie sich darauf einlassen, auch dann, wenn Sie vielleicht erst einmal skeptisch sind, tut sich eine wahre Wunderkammer der Energien auf. Die Quellen sind Ihnen jederzeit zugänglich. Entdecken Sie sie!

Jedes Metall beispielsweise verfügt über spezielle Energien – Gold etwa wird schon lange für regenerative Therapien eingesetzt. Pflanzt man an einer bestimmten Körperstelle einen Goldfaden ein, so regeneriert sich das umliegende Gewebe. Auch wenn Sie nicht krank oder verletzt sind, werden Sie die energetischen Wirkungen von Gold spüren, wenn Sie es nah am Körper tragen.

Ein anderes Beispiel ist Kupfer. Die Klinik für Psychiatrie und Psychotherapie des Universitätsklinikums des Saarlandes wies nach: Die Einnahme von Kupfer als Nahrungsergänzungsmittel wirkt sich günstig bei Patienten mit beginnender Alzheimer-Erkrankung aus. Und: Das Fortschreiten der Demenz kann aufgehalten werden. Die Studie erstreckte sich über einige Monate. In Form von Kupfersalz wurde das Metall den Patienten mit der Nahrung verabreicht. Das führte zu einer verminderten Ausschüttung der Substanz Beta-Amyloid, die als Hauptauslöser für Alzheimer gilt. Im Kernspintomografen wurde sichtbar, dass das Nervenwasser des Gehirns deutlich weniger dieses Stoffes enthielt, und dass es daher in weit geringerem Umfang als zuvor zu Einlagerungen kam.

Für Kupfer gilt das Gleiche wie für Gold: Seine Energie ist in der Lage, den Organismus zu harmonisieren, bei Kranken wie bei Gesunden. Edelmetalle sind nicht nur schmückend, sie versorgen uns mit energetischen Informationen, die unseren Körper und unsere Psyche in Balance schwingen lässt.

Beginnen Sie, Ihre ganz individuellen Energiequellen

freizulegen. Ich gebe Ihnen nur einige Stichworte, die Sie selbst weiterverfolgen können: Edelsteine und Kristalle gehören in diesen Kontext, Musik, fließendes Wasser in der Natur. Sie werden herausfinden, welche dieser Energiequellen Ihnen persönlich seelische Energie schenken. Nutzen Sie diese Schätze, so wie die Heiler und Priester alter Kulturen es taten.

Energetische Übertragungen

Ich denke, ich muss Ihnen an dieser Stelle nicht mehr erläutern, dass alle Materie schwingt und in Schwingungen versetzt werden kann. Genauso wenig, wie es nötig ist, einmal mehr die strukturelle Gleichheit aller Energien zu betonen.

Beide Erkenntnisse sind die Voraussetzung dafür, dass wir energetische Übertragungen verstehen. Sie spielen für unser seelisches Gleichgewicht und schließlich auch für die glückhafte Verschmelzung mit dem idealen Partner eine große Rolle.

Wohl jeder besitzt einen Gegenstand, der ihm wichtig ist, weil er mit starken Gefühlen verknüpft ist. Das kann ein Schmuckstück oder eine Uhr sein, die man von den Eltern geerbt hat. Oder ein Gegenstand, den man von jemandem geschenkt bekam, der einem wohlgesinnt ist.

Eine gewisse Magie scheint von diesen Objekten auszugehen. Daher sind sie für viele ein ganz persönlicher Glücksbringer – ein Talisman. Liebende schätzen solche Glücksbringer ganz besonders. Der Ring, den man vom Partner bekommt, der Füllfederhalter, den eine Frau ihrem geliebten Mann schenkt, solche Gaben sind wie geweiht.

Das ist keine Sentimentalität. Nein, der Brauch des Talismans folgt dem Gesetz der Schwingungen. Die energetischen Implikationen sind zweierlei Natur.

Zum einen rühren sie daher, dass wir selbst den Gegenstand mit Emotionen besetzen. Er erinnert uns an etwas Bestimmtes, an starke Gefühle, an beglückende Momente. Nicht sein materieller Wert ist also wichtig, sondern die Qualität der emotionalen Schwingung. Jedes Mal, wenn wir den Gegenstand anschauen oder in Händen halten, durchleben wir wie im Zeitraffer noch einmal, was uns mit ihm verbindet. Unsere Seele schwingt so wie damals, das Gefühl ist da, über Zeit und Raum hinweg.

Da ist die Muschel, die uns ein geliebter Mensch einst bei einem Strandspaziergang geschenkt hat. In ihr ist die ganze Zärtlichkeit jener Augenblicke aufbewahrt. Oder es ist ein Bilderrahmen mit einer kleinen Zeichnung, die lange in der Wohnung der Eltern hing und irgendwann in den Besitz des Kindes überging. Diese Dinge sind uns lieb und teuer, und wir hüten sie wie einen Schatz.

Die magische Funktion solcher Objekte ist alles andere als vordergründige Spekulation. Unser Seelenleben sucht sich Anknüpfungspunkte, damit wir uns eine authentische Erfahrung wieder vor Augen rufen können. Wir halten inne und spüren das ferne Echo der einstigen Empfindung.

Manche Menschen entwickeln daher Rituale, mit denen sie diese positive Energie evozieren: Sie berühren morgens den Stein, der eine gefühlte Bedeutung für sie hat, um sich Kraft für den Tag zu holen. Sie stellen sich ein Familienfoto auf den Schreibtisch, um sich in der Hektik des Jobs von Zeit zu Zeit daran zu erinnern, was wirklich wichtig ist.

Es sind Rituale, die oft unbewusst vollzogen werden. Wenn wir bewusst mit ihnen verfahren, wenn wir sie also als Energiequelle in unseren Alltag integrieren, können wir sehr viel Energie daraus schöpfen.

Überlegen Sie, welcher Gegenstand für Sie solch eine positive Bedeutung hat. Liegt er irgendwo in einer Schublade? Dann holen Sie ihn heraus und platzieren Sie ihn gut sichtbar an einer besonderen Stelle. Tragen Sie ihn bei sich, wenn Sie einen besonders schwierigen oder belastenden Tag vor sich haben.

Gleichzeitig bedeutet ein achtsamer Umgang mit Gegenständen auch, dass wir sie kritisch prüfen müssen. Wenn jedes Objekt schwingt und potenziell Gefühle hervorruft, sind wir aufgefordert, sehr genau zu überlegen, was uns eigentlich täglich umgibt.

Eine Freundin erzählte mir folgende Begebenheit. Sie hatte eine äußerst schmerzhafte Trennung hinter sich, die sie fast nicht überlebt hätte. Die Beziehung war geprägt von Destruktion und sie hatte schlimme depressive Phasen mit massiven Suizidgedanken durchgemacht.

Als sie endlich auszog und sich eine eigene Wohnung einrichtete, besserte sich ihr Zustand. Doch immer wieder meinte sie, dass die »Geister« zurückkehrten, wie sie es ausdrückte. Der Schatten der unheilvollen Beziehung lastete auf ihr, obwohl sie sich befreit glaubte.

Eines Tages bekam sie Besuch von einer Freundin, die Feng-Shui-Meisterin war. Mit ihr sprach sie über das Problem. Diese Freundin hielt sich nicht lange mit psychologischen Analysen auf. Wortlos begann sie, die Wohnung zu durchwandern und nahm die Einrichtung in Augenschein.

Nach ein paar Minuten bat sie meine Freundin, sie solle sie auf diesem Streifzug begleiten. Und nun begann ihre energetische Arbeit. Sie zeigte auf jeden einzelnen Gegenstand und fragte meine Freundin, was sie beim Betrachten fühle.

Auf dem Couchtisch stand ein Kristallaschenbecher, obwohl es eine Nichtraucherwohnung war. »Mein Mann hat geraucht«, erklärte meine Freundin. »Es ist ein wertvolles Stück.« Dann erinnerte sie sich plötzlich an die aggressiven Diskussionen, die die Nikotinsucht ihres Mannes regelmäßig ausgelöst hatte.

Auf dem Schreibtisch lagen Zierkugeln aus Perlmutt. »Die stammen aus einem Urlaub, in dem wir uns von morgens bis abends gestritten haben.« Daneben lag der Montblanc-Füllfederhalter, den eine gehässige Kollegin ihres Mannes ihr einmal zum Geburtstag geschenkt hatte. Genau jene Kollegin übrigens, mit der er später eine Affäre begonnen hatte.

Die beiden Frauen sahen sich an, und meine Freundin brach in Tränen aus. Ihr war aufgegangen, dass ihre Wohnung förmlich kontaminiert war von schlechten Erinnerungen und niederschmetternden Gefühlen. Doch sie hatte nie darauf geachtet. Sie war nie auf die Idee gekommen, dass ihre Seele ununterbrochen mit dem vergangenen Leid in Kontakt stand und dass es energetisch völlig gegenwärtig war.

So protestierte sie nicht, als die Feng-Shui-Meisterin eine Plastiktüte aus der Küche holte und alles einsammelte, was negativ besetzt war. Es kam eine Menge zusammen. Der eklatanteste Fehler meiner Freundin war gewesen, wie sich herausstellte, dass sie das Ehebett in ihre neue Wohnung mitgenommen hatte.

Ausgerechnet das Ehebett. Es war das Symbol ihrer gescheiterten Beziehung, der Ort der Missverständnisse und Frustrationen, an dem sie nächtelang geweint hatte. Und doch hatte sie es aus praktischen Erwägungen in ihren neuen Hausstand übernommen.

Nun setzte ein Prozess der energetischen Reinigung und Heilung ein. Es fiel meiner Freundin überhaupt nicht schwer, sich von Dingen zu trennen, die sie ästhetisch schön gefunden hatte und die zuweilen sogar einen gewissen Wert besaßen. Alles wanderte in den Müll, sogar der Laptop, der einst ihrem Mann gehört hatte.

Sie mögen diese Reinigungsaktion möglicherweise für übertrieben halten. Immerhin verlassen unter Umständen teure Dinge die Wohnung. Doch es ist eines der vielen Beispiele, was energetische Achtsamkeit bedeutet.

Niemand kann es sich leisten, Energieblockaden in seinem Umfeld zu dulden. Auch Sie nicht. Selbst Erbstücke können negative Kräfte entwickeln, wenn die Kindheit unglücklich war.

Immer dann, wenn Sie am Schreibtisch Ihres despotischen Vaters sitzen, sind Sie wieder das ausgelieferte, unmündige Kind, das einst unter der väterlichen Gewalt litt. Immer dann, wenn Sie das teure Kaffeeservice auf den Tisch stellen, das Ihren zutiefst unglücklichen und zerstrittenen Eltern gehörte, handeln Sie sich das Gift ihrer trostlosen Ehe ein.

Machen Sie einen Check-up. Gehen Sie durch Ihre Wohnung und fragen Sie sich bei jedem einzelnen Gegenstand, welche Gefühle und Erinnerungen er in Ihnen auslöst.

Trennen Sie sich von allem, was Ihr Schwingungssystem stört. Es würde mich nicht wundern, wenn Ihnen der Abschied von vertrauten Objekten sehr leicht fällt. Sind die erst einmal verschwunden, können Sie freier atmen und die Energie fließt wieder. Das werden Sie spüren. Gestalten Sie daher Ihr energetisches Umfeld, um negative Einflüsse zu eliminieren und Ihr eigenes, positives Energiefeld aufzubauen.

Wer praktisch denkt, könnte an dieser Stelle den Vorschlag machen, die kontaminierten Gegenstände wenigstens zu verschenken, statt sie der Mülltonne anheimzugeben. Schließlich sind es Ihre Gefühle und Ihre Erfahrungen, die dadurch evoziert werden, könnten Sie denken, und für eine andere Person wäre das alles bedeutungslos.

Doch das Wesen der energetischen Übertragung findet nicht nur auf einer subjektiven Ebene statt. Auch auf einer stofflichen Ebene nämlich verändern sich Dinge, die ständig negativen Einflüssen ausgesetzt waren. Sensibilisierte Menschen spüren übrigens sofort, wenn etwas nicht in Ordnung ist. Ihre Intuition sagt ihnen, dass bestimmte Gegenstände ihnen nicht guttun werden.

In früheren Zeiten verwendete man die Redewendung, ein Ding oder sogar auch ein Haus sei »verflucht«. Das war auf den ersten Blick Ausdruck eines naiven Aberglaubens. Schaut man genauer hin, so lässt sich das Rätsel leicht lösen.

Zu den verfluchten Orten beispielsweise gehörten Häuser, in denen jemand umgebracht worden war. Der Volksglaube war davon überzeugt, dass die Seele des Ermordeten durch die Zimmer spuke. Die Erfahrung zeigte oft, dass die neuen Bewohner nicht glücklich in diesem Haus werden konnten. Sie wurden vom Pech verfolgt oder von Krankheiten heimgesucht.

Betrachten wir solche Geschichten unter dem Aspekt der Schwingungen, so kann kein Zweifel darüber bestehen: Die starken negativen Emotionen hatten das gesamte Haus erfasst. Der »Geist«, der angeblich umherspukte, war nichts anderes als die geistige und damit seelische Schwingung des Ermordeten und seines Mörders: Todesangst, Gewalt, Verzweiflung.

Jeder kennt unheimliche Orte. Jeder hat schon erlebt, dass er eine Wohnung betrat, in der er sich spontan unwohl fühlte oder umgekehrt von einer unerklärlich heiteren Stimmung befallen wurde. Wir haben nur leider verlernt, solchen Gefühlen zu trauen. Wir tun sie als Launen ab und reden uns ein, dass wir nicht weiter darauf achten sollten.

So aber, wie Sie ein Sensorium für Menschen und ihre Schwingungsfelder entwickeln können, sind Sie auch in der Lage, unmittelbar das energetische Potenzial von Orten und Dingen zu spüren und zu bewerten.

Sie können sich schützen, und Sie können sich energetisieren. Das ist die Konsequenz aus der Erkenntnis energetischer Übertragungen. Eine fundamentale Konsequenz.

Unzählige Märchen und Legenden berichten verschlüsselt von solchen Übertragungen. Im Märchen vom Schneewittchen sendet die böse Schwiegermutter dem verhassten Mädchen einen vergifteten Kamm; sobald es sich damit die Haare kämmt, fällt es in Todesstarre.

Hier finden wir das Motiv, das uns zum Kern der Sache führt: Schneewittchen wird nicht nur materiell vom Gift bedroht, es benutzt vielmehr den Gegenstand einer Person, die ihren Tod wünscht. Das Märchen erzählt diese Übertragung anschaulich im Bild des vergifteten Kamms. In Wahrheit aber ist es der Hass der bösen Stiefmutter, der Schneewittchen trifft.

Rückübersetzt in den Alltag heißt das: Jedes Mal, wenn Sie einen Gegenstand in Händen halten, der negativ schwingt, ist Ihr Energiefeld empfindlich betroffen. Jedes Mal, wenn Sie sich an Orten aufhalten, an denen Sie sich nicht wohlfühlen, werden Sie geschwächt.

Auch in Ihrem Leben gibt es vergiftete Geschenke. Die Energien, die dabei wirken, sind unabhängig von Zeit und Raum. Das ging mir auf, als ich selber einen negativ besetzten Gegenstand entsorgte. Es war das Geschenk eines Freundes, der irgendwann mein erklärter Feind geworden war: eine kleine Statue, an der ich sehr hing.

Fast schockartig wurde mir eines Tages klar, dass diese Statue zwar aus Zeiten stammte, die freundschaftlich gewesen waren, dass ich aber oft an diesen Menschen dachte, wenn ich die Skulptur betrachtete. Ohne es zu wollen, nahm ich also Kontakt mit ihm auf und geriet in negative Resonanz. In Windeseile entfernte ich das Objekt.

Der gelenkte Zufall

Abschließend komme ich auf ein Energiephänomen zu sprechen, das uns in die wissenschaftlichen Zonen der Quantenphysik führt. Ich weiß, dass dieses Terrain den meisten ein

Buch mit sieben Siegeln ist. Deshalb werde ich mich bemühen, das Folgende nicht mit Fachwissen zu überfrachten, um rasch auf das Wesentliche zu kommen.

Wenige wissen, dass wir den Quantenphysikern einzigartige Erkenntnisse verdanken, welche unserem Wissen über Energien einen universalen Charakter geben. Vor allem löst die Quantenphysik die Frage auf, was auf der materiellen und was auf der energetischen Ebene geschieht. Diese Unterscheidung kann bei der Beobachtung kleinster Teilchen und ihrer Wechselwirkungen nämlich gar nicht mehr getroffen werden.

Bei der Quantenphysik haben wir es per se mit einer Betrachtungsweise zu tun, die den Ausführungen dieses Kapitels entspricht: Alles was ist, hat denselben Ursprung. Alles was existiert, ist Energie.

In gewisser Hinsicht finden Sie hier viele Dinge wieder, die ich auf einer pragmatischen Ebene beschrieben habe. Und Ihnen wird sofort auffallen, dass meine Beispiele jetzt ihre theoretische Entsprechung finden.

Lassen Sie mich zunächst ein paar Bemerkungen zur Quantenphysik machen. Als ihr Begründer gilt Max Planck. Der entscheidende Durchbruch aber kam mit Albert Einstein.

Durch Experimente fand Einstein heraus, dass sich Licht unter bestimmten Voraussetzungen weder wie eine Welle noch wie ein Teilchenstrom verhält. Die Energiemengen, die es abgibt, sind weder durch die eine noch die andere Zuschreibung erfassbar. Einstein folgerte mit der ihm eigenen Genialität: Es gibt eine Qualität des Lichts, die weder einer Wellenstruktur folgt, noch den Gesetzen elektrisch geladener Teilchen. Das Licht besitzt also nicht Energiewerte als bloße Eigenschaft, es *ist* Energie.

Louis de Broglie formulierte 1924 eine weitere These, die alte Ordnungsprinzipien über den Haufen warfen. Er erkannte, dass jede Materie einen Wellencharakter annehmen kann, also auf bestimmten Frequenzen schwingt. Doch auch umgekehrt galt dies: Wellen konnten sich unter spezifischen Voraussetzungen wie Materie und damit wie elektrisch geladene Teilchen verhalten.

Ein Vexierspiel auf höchstem Niveau, keine Frage. Und Sie werden schon bemerkt haben: Alles, was ich in den vorangehenden Kapiteln über die universale Energie gesagt habe, findet hier das exakte Pendant. Materie ist Energie. Licht ist Energie. Gedanken sind Energie. Alles ist mit allem verbunden.

Moment mal – auch die Gedanken? Ja, und das ist nicht nur eine spirituelle Behauptung, es ist die Quintessenz der fortgeschrittensten Physik. Im Folgenden nämlich wurden die Ansätze der Quantenphysik um die Quantenmechanik erweitert. Deren Pioniere waren unter anderem Werner Heisenberg und Erwin Schrödinger.

Was ihre Theorien auszeichnete, war die Erkenntnis, dass widersprüchliche Messergebnisse durch das Messen selbst entstanden. Die experimentelle Beobachtung kam also einem Eingriff in die physikalischen Abläufe gleich. Daher führten sie ein neues Denkmodell und einen neuen Begriff ein, die »Observables«. Sie waren keine Funktion, mit der man Zahlen abbildete, sie waren selbst als eine Größe im Spiel. Es war wie ein Erdbeben, das die traditionelle Physik erschütterte. Alle bekannten Gesetze von Ursache und Wirkung schienen auf den Kopf gestellt zu werden.

Heisenberg fand heraus: Im subatomaren Bereich, in der Sphäre der allerkleinsten Teilchen, wurde der Beobachter zum Schöpfer.

Unglaublich? Nur auf den ersten Blick. Denn in Experimenten konnte Heisenberg nachweisen, dass kleinste Teilchen entstehen und wieder verschwinden können, je nachdem, welche Absicht der Beobachter verfolgt. Der Geist hat die wunderbare Fähigkeit, die stoffliche Welt zu beeinflussen.

Auf einer höheren energetischen Handlungsbühne eröffnet sich uns damit eine völlig neue Interpretation auch seelischer Energien.

Nachdem ich mich lange in die Details der Theorien von Heisenberg und Schrödinger vertieft hatte, trat ich gleichsam einen Schritt zurück und überdachte die Konsequenzen für alle energetischen Systeme und speziell für das menschliche Denken und Handeln.

Dann wurde mir klar: Mit der Benennung eines formenden Beobachters hatte ich die Schlüsselkompetenz des energetisch bewussten Menschen entdeckt. Im übertragenen Sinne hatte die Quantenmechanik ein Gesetz aufgestellt, das nicht nur für die Atome Gültigkeit hat: Wenn wir beobachten, greifen wir ein. Wenn wir unsere Energien sowie alle anderen Energiefelder bewusst wahrnehmen, sind wir Akteure im Zusammenspiel der Energien.

Auf einen Schlag hatte ich die wissenschaftliche Erklärung für die gestaltende Kraft energetischer Aktivitäten gefunden, die ich bis dahin nur intuitiv anerkannt hatte. Und mit einem Mal verstand ich, was Krishnamurti gemeint hatte, als er schrieb: »Wenn der Kontrollierende das Kontrollierte ist, dann entsteht eine völlig andere Energie, die das, was ist, verwandelt.«

Erwin Schrödinger liefert eine Beispielgeschichte dafür, die auch Ihnen sofort einleuchten wird. Sie wurde berühmt als »Die Geschichte von Schrödingers Katze« und veranschaulicht wunderbar das Modell, um das es hier geht: das Generieren von Realität.

Es handelt sich dabei um ein Gedankenexperiment. Schrödinger baute in seiner Phantasie gewissermaßen eine Versuchsanordnung auf, in deren Mittelpunkt eine Katze steht.

Ausgangspunkt war die oben beschriebene Tatsache, dass bei einer quantenmechanischen Messung das beobachtete System Eigenzustände des Messoperators annimmt – was zu veränderten Werten führt im Vergleich zu nicht gemessenen Abläufen. Erst dann, wenn die Messung erfolgt, »entscheidet« sich das System, welche Eigenschaften des Messoperators es annimmt.

Schrödinger stellte sich nun Folgendes vor: Ein instabiler Atomkern befindet sich in einem geschlossenen Raum, zusammen mit einer Katze. Es kann mit einer gewissen Wahrscheinlichkeit vorhergesagt werden, in welchem Zeitraum der Atomkern zerfällt. Wenn er aber zerfallen ist, so wird ein tödliches Giftgas freigesetzt und die Katze stirbt.

Nach den Gesetzen der Quantenmechanik ist der Atomkern an der Grenze zum wahrscheinlichen Zeitpunkt seines Zerfalls durch einen Überlagerungszustand gekennzeichnet. In diesem Moment ist er sowohl zerfallen als auch nicht zerfallen – und damit ist auch die Katze zugleich lebendig und tot.

Nun kommt der entscheidende Punkt. Wenn der Raum geöffnet wird, was einer Messung entspricht, »entscheidet« sich der Atomkern für Zerfall oder Nichtzerfall. Er springt durch die Messung in den einen oder anderen Zustand: Die Messung entscheidet darüber, ob die Katze stirbt oder lebendig bleibt.

Allgemein formuliert: Der bewusste Beobachter hat es in der Hand, ob die Katze überlebt oder nicht. Schrödinger erörtert also ein Wahrscheinlichkeitsproblem und erläutert es mit einem Paradoxon. Die Katze ist sowohl tot als auch lebendig, solange man den Raum nicht öffnet. Beides ist möglich, beide Zustände existieren daher prinzipiell nebeneinander.

Nun öffnet Schrödinger den Raum. Und an dieser Stelle ereignet sich ein qualitativer Sprung in der Versuchsanordnung. Ist Schrödinger nämlich ein Katzenliebhaber, so die These, dann wird die Katze leben. Die Wahrscheinlichkeit hat sich polarisiert, der Zufall wurde ausgeschaltet.

Man könnte auch sagen: Mit seinem Interesse daran, dass die Katze überlebt, hat er die Zufallswahrscheinlichkeit scharf gemacht. Spirituell übersetzt: Er hat als bewusster Beobachter energetisch eingegriffen.

Anschließend modifiziert Schrödinger das Modell und führt eine weitere Person ein, die er »Wigners Freund« nennt, ein erbitterter Katzenfeind. Sie stehen vor dem ungeöffneten Raum, zwei unterschiedliche Attraktoren, wenn man so will. Wer wird obsiegen? Wessen Wille entscheidet über das Leben der Katze?

Schrödinger löst den Konflikt souverän. Die Katze überlebt, weil Wigners Freund in Schrödingers Universum nur ein Statist ist. Schrödinger dagegen ist sozusagen das Zentrum des Universums. Alle Geschehnisse sind Aspekte dessen, was ihn als bewusstes Wesen ausmacht, als Beobachter, der immensen Einfluss auf das Beobachtete hat.

Ich bewundere Schrödinger für die Radikalität, mit der er die magische Grenze von der Analyse zur Deutung überschreitet. Im Kreis der Quantenphysiker war das recht gewöhnungsbedürftig. Schrödinger wagte es, jenseits des Fachjargons Vorgänge zu dechiffrieren, die jedem einleuchten mussten. Und zwar nicht nur als physikalische, sondern als allgemeingültige Tatsache.

Die Denkfigur des Beobachters wurde inzwischen auch therapeutisch nutzbar gemacht. Bei der sogenannten »Quantenheilung«, wie sie beispielsweise der Chiropraktiker Frank Kinslow praktiziert, werden beim Patienten Bewusstseinsprozesse angestoßen, die unmittelbare Heilungserfolge hervorrufen.

Die Quantenheilung beruht auf einer Harmonisierung von seelischen Dissonanzen durch einen Beobachter. Das kann der Patient selber sein, doch es reicht bereits aus, wenn der Arzt diese Funktion übernimmt. Die Folge ist tiefe innere Ruhe als Zustand reinen Bewusstseins. Es handelt sich dabei um den Urzustand, der wiederhergestellt wird. Kinslow erläutert dieses Prinzip mit den Worten, dass nicht etwa auf der feinstofflichen Ebene, sondern unmittelbar auf der seelischen Ebene gearbeitet wird. Er lasse auf der Lebensleinwand des Betroffenen einen harmonischen Film entstehen, schreibt er, und daher trete die Harmonie unmittelbar in Erscheinung: als Ordnung und Wohlgefühl.

Quantenheiler wie Kinslow und viele andere wissen, dass der Schlüssel der Heilung in einer Verlagerung der Aufmerksamkeit auf das reine Bewusstsein liegt. Ohne die Pioniere der Physik würde es solche Therapieansätze nicht geben.

Gott würfelt nicht

Heisenbergs und Schrödingers Theorien belegen eine Schöpferkraft, die uns staunen lässt: Das erschaffende Bewusstsein lenkt den Zufall und sucht aus den Wahrscheinlichkeiten diejenige heraus, die seinem Wesen entspricht.

Das hat eine geradezu göttliche Komponente. Sie werden jetzt sicherlich verstehen, warum Einstein sagte: »Gott würfelt nicht.« Verrückt genug: Der Atheist Einstein erkannte, dass es einen göttlichen, kosmischen Willen gibt, der nichts dem Zufall überlässt.

In der Tat haben wir es hier mit einem göttlichen Prinzip zu tun, ohne dass man uns der Blasphemie bezichtigen müsste. Wir ahmen Gott schließlich nicht nach. Wir haben bei einer gelingenden Alleins-Verbindung völlig selbstverständlich Zugang zu der erschaffenden Macht Gottes, weil wir dessen aktiver Teil sind.

Daher treten wir nicht in Konkurrenz zu einem Schöpfergott, wir erkennen stattdessen das Göttliche in uns. In der spirituellen Terminologie spricht man von einer Apotheose. Zahlreiche Mythen ranken sich um diese Transformation des Menschen zu einem gottähnlichen Wesen. Sie ist auch Gegenstand vieler allegorischer Gemälde.

Hier nun schließt sich der Kreis. In den ersten drei Kapiteln ging es immer wieder um die seelisch-energetischen Prinzipien, die uns zum idealen Partner führen. Die Quantenmechanik und im Besonderen Schrödingers Theorem führen alle einzelnen Erkenntnisse zu einer universalen zusammen:

Durch energetische All-Bewusstheit erschaffe ich mir den idealen Partner. Er ist ein Aspekt von mir selber, der noch unentwickelt ist. Der Partner manifestiert sich unweigerlich, damit ich wieder zu mir selbst heimkomme und zu meiner verlorenen Ganzheit. So erfahre ich mich als Teil der Urseele.

Es gibt allerdings auch eine Schattenseite dieses Wirkprinzips. Wenn wir das notwendige Selbst-Bewusstsein nämlich nicht erlangen, sind wir ein Spielball des von außen determinierten Zufalls. Jeder spirituelle Lehrer weiß um diese Gefahr und warnt seine Schüler davor, die lenkende Beobachterposition aufzugeben.

Um es ganz klar zu sagen: Wenn Sie Ihre Seele nicht entwickeln, wenn Sie nicht zum wahren Bewusstsein vordringen und sich der Beliebigkeit der Sie umgebenden energetischen Prozesse aussetzen, können Sie weder seelisch wachsen noch den geeigneten Partner finden. Sie sind dann lediglich Teilnehmer in einem zweifelhaften Glücksspiel. Und bei dem gewinnt bekanntlich immer der Automat.

Das ist auch der Grund, warum der freie Wille eine Illusion ist und warum unsere Wünsche so oft ins Leere laufen. Der freie Wille ist nur überhaupt denkbar, wenn ich als aktiver, bewusster Beobachter in Erscheinung trete. So wie Schrödinger kann ich dann den Zufall »scharf machen«, ihn lenken und in meinem Sinne formen.

Das geschieht aber streng genommen weder durch den Verstand noch durch den Willen. Möglich wird die Schöpferkraft allein über seelische Bewusstheit und freien Energiefluss. Wir können daher nichts erzwingen.

Stellen Sie sich einen antiken Wagenlenker vor. Vier Pferde hat er vor seine Karosse gespannt. Er befindet sich im römischen Kolosseum, in wenigen Sekunden wird das rituelle Wagenrennen beginnen. Angespannt wartet er. Dann ertönt das Signal, das Rennen ist eröffnet.

Der Wagenlenker strafft die Zügel und gibt den Pferden die Peitsche. Sofort galoppieren sie los. Nun hängt alles vom klugen Geschick des Wagenlenkers ab. Einerseits muss er die Tiere kontrollieren und steuern, andererseits darf er sie mit seinen Zügelbewegungen nicht hemmen. Das verlangt Fingerspitzengefühl und viel Erfahrung. Übertreibt er es, stürzt die Karosse um und er landet im Staub der Arena. Findet er aber das richtige Maß, wird er als Sieger aus dem Rennen hervorgehen.

Auch Sie sind solch ein Wagenlenker. Auch Sie haben die Zügel in der Hand und steuern das Geschehen, als Akteur und Beobachter. Wenn Sie jedoch die Bewegungsgesetze der Energien missachten, werden Sie genauso stürzen wie unser römischer Freund. Beobachten, eingreifen und geschehen lassen müssen in ausgewogener Balance erfolgen. Jeder Zwang dagegen bleibt vergeblich.

Auch was die Partnersuche betrifft, können wir ein tiefes, umfassendes Glück geschehen lassen, vorausgesetzt, wir blockieren die Energien und die Resonanz nicht mit zwanghaften Willensanstrengungen.

Der energetische Weg der Partnersuche ist eine seelische Suche. Ungetrübt von äußeren Vorstellungen vereinigen sich emotionale und spirituelle Energie und erschaffen den idealen Partner.

Das Rätsel physikalischer Felder

In diesem Kapitel haben Sie gleichsam eine kosmische Reise unternommen, um zum Grundprinzip der Energie zu gelangen: Sie ist universal und die Basis allen Lebens.

Sie lässt sich wissenschaftlich und spirituell beschreiben. Ihrem Wesen nach jedoch wirkt sie immer nach den gleichen Naturgesetzen und versiegt nie.

Auf diese Weise sind verblüffende energetische Wechselwirkungen zu erklären, in denen sich die Grenze zwischen Naturwissenschaft und Spiritualität auflöst. So wie in allen Kulturen höhere Energien gesucht wurden, können auch Sie die kosmischen Kraftquellen erschließen, die uns zugänglich sind, wenn wir sie uns bewusst machen.

Am Beispiel der heilenden Energien und der energetischen Übertragungen schließlich habe ich Ihnen gezeigt, wie wichtig der achtsame Umgang mit Korrespondenzen und Resonanzvorgängen ist. Achtsamkeit markiert nicht zuletzt auch jene Haltung, die den Zufall zähmt und das Wünschenswerte zum Wirklichen macht.

Was aber hindert uns dann noch daran, diese Erkenntnisse zu nutzen und das Glück zu finden?

Im folgenden Kapitel werden Sie möglicherweise auf schmerzhafte Erkenntnisse stoßen. Seien Sie unbesorgt: Ich werde Ihnen die Auswege zeigen, um Ihre letzten inneren Widerstände gegen das Glück aufzulösen.

5. KAPITEL
Das Verhängnis der Schuldgefühle
Überwinden Sie Ihre inneren Glücksverbote

Man könnte meinen, dass Sie nun das energetische Handwerkszeug besitzen, das Sie für das Glück brauchen. Doch dem Glück könnte noch einiges im Wege stehen, ohne dass Sie sich dessen bewusst sind.

In diesem Kapitel berühre ich einen neuralgischen Punkt, der zunächst Ihren Widerspruch herausfordern wird: die Glücksverbote, die wir in uns tragen. Das mag in der Tat paradox wirken. Suchen wir denn nicht alle das Glück? Erscheint es uns nicht als höchstes Lebensziel? Wer sollte uns diesen Impuls schon verbieten?

Und doch ist das Glück oft in uns wie eingekerkert in Mauern aus Schuld, Verhängnis und tief sitzenden Verboten. Falls Sie es schaffen, diese Mauern einzureißen, halten Sie den fünften Schlüssel des Glückscodes in den Händen. Dafür allerdings müssen Sie erkennen, was Sie hemmt und unglücklich macht.

Glückspilze und Unglücksraben

Schon immer waren Menschen fasziniert vom Glück. Für die Römer war es weiblich. Sie personifizierten es in der Göttin Fortuna, die zugleich auch Schicksalsgöttin war – eine reichlich kapriziöse Dame, huldreich, aber wankelmütig.

Zählen konnte man nicht auf sie. Bis heute sprechen wir daher vom launischen Schicksal: Es gibt und nimmt ganz nach Belieben. Das Schicksal beeinflussen zu wollen ist in etwa so vielversprechend, wie einen Pudding an die Wand zu nageln.

Fortuna schenkt allerdings nicht ewiges Glück. Sie ist zuständig für den glücklichen Zufall: Aus ihrem Füllhorn schüttet sie Lottogewinne, günstige Umstände für Geschäftsunternehmungen, gelingende Fügungen. Einen Zustand dauerhaften Glücklichseins hat sie nicht für uns vorgesehen.

Verschwistert ist Fortuna daher dem Gott Kairos. Er versinnbildlicht die günstige Gelegenheit, die wir buchstäblich beim Schopfe packen sollten. Deshalb trägt er wallendes Haupthaar, eine Einladung, spontan zuzugreifen. Kairos hilft uns, die Gunst der Stunde zu nutzen.

Und das ewige, das unendliche Glück? Wenn wir nach den Ursachen forschen, warum dieses Glück im Allgemeinen so unerreichbar scheint, sind wir ratlos.

So wie es die notorischen Glückspilze gibt, scheint es eben auch Unglücksraben zu geben, die immer wieder an den Widrigkeiten des Lebens scheitern. Sie fühlen sich wie Zaungäste auf einem glänzenden Ball. Unschlüssig stehen sie am Rande der Tanzfläche. Beklommen beobachten sie jene, die es besser haben und unbeschwert in ihr Glück schweben.

Der Philosoph Voltaire hat den Unglücksraben in seinem Roman »Candide« ein sarkastisches Denkmal gesetzt. Der Held des Romans stolpert von einem Ungemach ins nächste, während er immer wieder beteuert, dass das Glück dennoch möglich sei.

Candide ist ein ausgemachter Pechvogel. Er verliert seine geliebte Cunégonde, weil er mit ihr in flagranti ertappt wird, und begibt sich auf eine abenteuerliche Flucht. Während seiner Reise gerät er in Kriege, wird Zeuge des verheerenden Erdbebens in Lissabon im Jahre 1755 und ist unablässig den abstrusesten Wechselfällen ausgesetzt. Dennoch hält er an seinem naiven Optimismus fest.

Voltaire schrieb eine beißende Satire. Er scheint sich königlich über den armen Tropf zu amüsieren, den er geschaffen hat. Und der Philosoph schenkt Candide nichts. Am Ende nimmt der Antiheld Cunégonde zur Frau. Doch die einstige Schönheit ist eine Matrone geworden und ihr gemeinsames Glück besteht darin, Kohlköpfe zu pflanzen.

So jämmerlich kann das Glück aussehen, scheint der Autor uns zuzurufen, so sinnlos ist der Lauf der Welt! Und so tölpelhaft sind die Menschen, dass sie am Ende sogar ihr Unglück für Glück halten!

Voltaire hatte das Buch in der Absicht geschrieben, die These seines deutschen Kollegen Leibniz ad absurdum zu führen. Der nämlich hatte behauptet, dass wir »in der besten aller Welten« leben. Nein, protestiert Voltaire mit grimmigem Humor, wir leben in einem Jammertal, dem wir nicht entrinnen können.

Das ist mehr als eine Kultur der Negativität. Es ist das Gift einer Weltanschauung, die Vergeblichkeit und Vergänglichkeit als Prinzipien des menschlichen Daseins feiert.

Die Erscheinungsformen dieses Weltbilds sind vielfältig: Pessimismus, Zynismus, Sarkasmus – geistige Haltungen, in denen sich völlige Hoffnungslosigkeit ausdrückt. Ihre Vertreter gefallen sich darin, jeden Glückssucher als naiven Dummkopf darzustellen, der noch immer nicht begriffen hat, dass die Welt nichts anderes für uns bereithält als Enttäuschungen.

Leider haben auch einige große Religionen ihren Anteil zu dieser fatalen Interpretation beigetragen. Streng weisen sie uns darauf hin, dass wir nur durch Weltverneinung zu besseren Menschen werden könnten. Ihren Gläubigen empfehlen sie, Askese und Verzicht zu üben.

Nicht von ungefähr betrachten die meisten Religionen daher das Paradies als einzigen Ort, wo Glückseligkeit möglich ist. Und sie behaupten, dass gerade diejenigen, die auf dem Erdenrund am meisten leiden, dereinst im Jenseits belohnt werden.

»Die Absicht, dass der Mensch glücklich sei«, schreibt Freud erbittert, »ist im Plan der Schöpfung nicht enthalten.« Ich teile seine Erbitterung voll und ganz. Selbstverständlich gestehe ich gern zu, dass wir nicht in der besten aller Welten leben. Aber leben wir deshalb in der schlechtesten?

Die alttestamentarische Vertreibung aus dem Paradies liefert das sinnfällige Modell dafür. Adam und Eva müssen den Ort verlassen, an dem sie schuldig wurden. Fortan dürfen sie nicht einmal beklagen, dass sie unglücklich sind. Die Strafe Gottes scheint gerecht zu walten. Bereitwillig beugen sich die armen Sünder dem Joch ihrer ewigen Bestrafung.

Es versteht sich von selbst, dass Bestrafungen nicht dazu angetan sind, glücklich zu machen. Sühne setzt Leiden voraus. Das Paradies ist bei dieser Sicht der Dinge nicht das Urbild eines diesseitigen Glücks, sondern das unerreichbare Ideal des jenseitigen.

Paradise now!, konterten die Blumenkinder und Hippies der 1970er-Jahre. Wir wollen das Paradies auf Erden! Wir wollen nicht länger vertröstet werden! Lasst uns in Ruhe mit euren falschen Versprechungen! Ihr Protest verhallte. Zu wirkmächtig war das Erbe der Schuld, das als Idee durch die Köpfe spukte.

Auch wenn wir heute in einer säkularen Gesellschaft leben, ist diese Idee noch äußerst lebendig. Ihr liegt die Überzeugung zugrunde, dass wir uns das Glück mit Schmerzen verdienen müssten und daher im gelebten Leben keinen Anspruch auf Glück hätten. Die Argumentationskette könnte perfider nicht sein: Sie beginnt mit der Annahme, dass der

Mensch an sich schuldig sei und endet in der Folgerung, dass er zum Unglück verurteilt sein muss.

Ganz gleich, ob Sie gläubig sind oder nicht: Kennen Sie solche Überlegungen? Haben Sie sich auch schon als Zaungast gefühlt? Haben Sie ebenfalls mit dem Gedanken gespielt, das Glück sei zu groß für Ihr Leben, in dem Sie sich mit kleinteiligen Kämpfen verzetteln?

Es würde mich nicht verwundern. Zu suggestiv sind die Einflüsterungen, die uns von Kindesbeinen an das Glück auf Erden ausreden wollen. Wie ein Damoklesschwert hängen die üblen Prognosen über unseren Köpfen.

Ein »Wehe, wehe« dröhnt uns in den Ohren, und uns wird ganz unheimlich zumute: Ist es etwa falsch, nach dem Glück zu suchen? Und wenn ja, darf nur der Zufall die Ausnahme von der Regel bestimmen? Ist Fortuna in Wahrheit die Vollstreckerin eines gnadenlosen Systems?

Wer jemals die positiven Energien des Kosmos spüren durfte, wird sich förmlich schütteln, wenn er das liest. Schon allein solche Gedanken erzeugen negative Wirklichkeiten, die wir irgendwann fatalistisch hinnehmen. Die wenigen Glückspilze leben auf der Sonnenseite, denken wir, alles gelingt ihnen, nichts kann sie aufhalten. Die vielen Unglücksraben aber müssen sich damit abfinden, dass sie auf steinigen Wegen wandeln, dass ihnen Missgeschicke widerfahren und dass das Glück ihnen versperrt bleibt.

Auch wenn Sie sich nicht gerade als Unglücksrabe bezeichnen, könnte es durchaus sein, dass Sie sich eher im Schatten verorten als im Sonnenlicht. Fortuna lächelt Sie nicht an? Obacht. Diese Haltung könnte dazu führen, dass Sie die Chancen übersehen, die Ihnen wie jedem anderen Menschen auch gewährt werden. Dafür müssen Sie kein Glückspilz sein. Sie müssen das Glück nur für möglich halten und Ihre Seele befreien. Auch von falschen Glücksverboten.

Manchmal, das muss ich gestehen, fühle ich mich wie ein Kind im Kasperltheater, das den Figuren zuruft: »Siehst du denn nicht das Glück direkt vor deiner Nase? Greif zu! Worauf wartest du?«

Es gibt viele Alltagssituationen, in denen ich schon solche Impulse hatte. Einer meiner Freunde zum Beispiel, ein alleinerziehender Vater, bewohnte eine hübsche Dachgeschosswohnung mit zwei Zimmern. Allmählich wurde sie zu klein für ihn und seine zwei Kinder. Da kam es einer Fügung gleich, als sein Vermieter anrief und ihm mitteilte, die Nachbarwohnung werde frei, mit einem großen Balkon und drei Zimmern. Er bot an, sie meinem Freund zur gleichen Miete zu überlassen wie seine bisherige. Fortuna hatte einen guten Tag.

Als mein Freund mir davon erzählte, sah ich ihn erwartungsvoll an. »Und? Hast du die Wohnung genommen?«

Er zögerte, dann verneinte er die Frage. Ich fiel aus allen Wolken. Warum hatte er nicht sofort in diesen äußerst fairen Handel eingeschlagen? Er wusste es selbst nicht. Er traute der Chance einfach nicht. Er ging unbewusst davon aus, dass diese Wohnung, dass diese Chance nicht für ihn bestimmt war.

Ich war außer mir und bat ihn, auf der Stelle den Vermieter anzurufen. Heute lebt er vergnügt in der Nachbarwohnung und kann selbst nicht mehr verstehen, was ihn so lange hatte zögern lassen. Rückblickend meinte er, er hätte so viel Pech in seinem Leben gehabt, dass er die Hand nicht ergreifen konnte, die ihm gereicht wurde. In seiner Vorstellung war das Bessere schwierig zu erlangen, nur unter großen Anstrengungen und Entbehrungen. Sein Selbstbild hatte ihn zum Unglücksraben abgestempelt.

Auch in unserer Seele herrschen oft Hemmnisse, die uns fesseln und uns das Glück nicht verwirklichen lassen. Diese Hemmnisse sind nicht angeboren, sondern anerzogen.

Es sind innere Glücksverbote, die wir meist nicht als solche erkennen. Sichtbar werden sie durch Fatalismus, Pessimismus und Unwertgefühle, deren Wurzeln weit in die früheste Kindheit hineinreichen. Für gelungene Beziehungen sind sie ein Ausschlusskriterium. Wer sich im Jammertal wähnt, durchwandert es tatsächlich und traut sich nicht, das Glück auch nur für möglich zu halten.

Deshalb werde ich Ihnen nun die wichtigsten Ursachen innerer Glücksverbote nennen und hoffe, dass Sie erkennen, welche negativen Prägungen Sie belasten.

Setzen Sie sich intensiv damit auseinander. Ich bin sicher, dass Sie sich in der einen oder anderen Geschichte wiedererkennen werden. Und schon jetzt möchte ich Ihnen sagen: Sie sind weder ein Glückspilz noch ein Unglücksrabe. Vielmehr sind Sie Teil eines Universums, das jedem lebenden Wesen den Zugang zum Glück ermöglicht.

Die Macht der Schuldgefühle

Ein Bekannter erzählte mir einmal, wie sehr er unter seinen Eltern gelitten hatte. Sie waren harte, freudlose Leute, von Schicksalsschlägen gezeichnet und über die Maßen streng.

Anfangs war er ein fröhliches Kind gewesen. Selbstvergessen konnte er in einem Zimmer sitzen und von großen Abenteuern träumen, die er in seiner Phantasie durchlebte. Er kannte es, das Glück einer frei schwingenden Seele. Immer aber, wenn er sang und lachte, beseligt von dem wundersamen Eigenleben, das sich in seinem Kopf ereignete, wurde er sofort korrigiert, und zwar auf äußerst barsche Weise.

»Du hast es gut, du bist noch ein Kind«, bekam er von seinen Eltern zu hören, »den Ernst des Lebens wirst du noch früh genug spüren. Wir haben ganz andere Sorgen. Uns geht es schlecht – und du singst?«

Allmählich gewöhnte er sich an, seine Freude nicht mehr zu zeigen, weil er nicht den Unmut seiner Eltern herausfordern wollte. Und irgendwann erstarb seine Freude, denn er fühlte sich schuldig.

Mit seinem kindlichen Gespür merkte er, dass seine Freude provozierte, ja, dass sie falsch war, jedenfalls nach Ansicht seiner Eltern, die ihm sein Glück neideten. Das Schlimmste aber: Er nahm an, dass er Schuld am Unglück seiner Eltern trug. Daher, so folgerte er, war es wohl besser, wenn auch er selbst unglücklich war.

Dieser Bekannte hat lange gebraucht, bis er sich wieder an diese Szenen erinnerte. Die Verletzungen seiner frühen Kindheit waren ein wunder Punkt, den er erfolgreich verdrängt hatte. Erst als erwachsener Mann brach diese Erfahrung wieder in sein Bewusstsein, anlässlich eines Streits mit seinem Vater.

Er hatte gerade voller Optimismus sein eigenes kleines Unternehmen gegründet und freute sich wie ein Kind an dem, was er aufbaute. Seinem Vater aber gefiel das überhaupt nicht. Erst führte er alle möglichen Einwände an, warum sein Sohn scheitern müsse, dann verwies er darauf, wie schlecht es ihm selbst immer ergangen sei.

Du sollst es nicht besser haben als ich, war die Botschaft, die in jedem einzelnen Satz spürbar wurde.

Mein Bekannter war am Boden zerstört. Aller Mut verließ ihn. Und folgerichtig gelang ihm zunächst überhaupt nichts: Die Auftraggeber blieben aus, sein wichtigster Mitarbeiter sprang ab und er spielte schon mit dem Gedanken, Insolvenz anzumelden.

Doch dann ging er das Gespräch mit seinem Vater noch einmal in allen Einzelheiten durch. Und plötzlich stand alles wieder vor ihm: die Situation im Kinderzimmer, die Vorwürfe, dass er sich freuen konnte, die Missgunst im Blick seiner Eltern – und das beschämende Gefühl der Schuld.

Mehrmals sprach er mit mir darüber. Ich umarmte ihn spontan, erschüttert von dieser Geschichte. Was für eine Hölle hatte er durchschritten!

Mir ging auf: Zu den verhängnisvollsten Blockaden unserer seelischen Energien gehören Schuldgefühle. Sie sind allgegenwärtig. Sie werden uns aufgezwungen, und das meist so früh, dass wir sie nicht mehr infrage stellen können.

Es wird uns einfach nicht zugestanden, glücklich zu sein, und im Laufe der Zeit verdrängen wir unsere natürlichen Glücksansprüche.

Während die unbewusste Sehnsucht nach Glück bleibt, tut sich eine immer größere Kluft zwischen der Glückssuche und der Glücksverwirklichung auf. Wir trauen uns nicht mehr, ganz selbstverständlich das Glück für uns zu beanspruchen und gewöhnen uns an den angeblichen »Ernst des Lebens«. Der aber ist nichts anderes als ein banales Synonym für die Unmöglichkeit des Glücks.

Das Muster wiederholt sich im Erwachsenenleben. Machen Sie eine Bestandsaufnahme: Wer konnte sich in den vergangenen Jahren mit Ihnen freuen, wenn Sie glücklich waren? Wer klopfte Ihnen ohne Neid und Missgunst auf die Schulter, wenn Sie sich den begehrten Job geangelt oder im Lotto gewonnen hatten?

Kennen Sie auch den griesgrämigen Satz: »Du hast es gut...«, mit dem unausgesprochenen Zusatz: »... mir geht es schlecht. Schämst du dich nicht, dein Glück so herauszuposaunen?«

Schuld hat viele Gesichter. Auch Schuldgefühle können sich sehr unterschiedlich manifestieren. Die prägenden Mitmenschen, die Schuldgefühle in uns auslösen, erschaffen auf Dauer eine innere Instanz, die uns schließlich jegliche Freude vergällt.

Sind wir dennoch glücklich, behalten wir das lieber für uns. Albert Camus bemerkte denn auch: »Mit dem Glück ist es heute wie mit dem Verbrechen: Man darf es nicht zugeben.«

Darf ich überhaupt glücklich sein?, fragen wir uns. Darf ich es mir überhaupt wünschen? Ist das nicht sehr egoistisch? Oder, auf den Alltag bezogen: Darf ich mich an einem guten Essen freuen, obwohl in anderen Regionen der Welt Hunger herrscht? Darf ich mit einem Partner glücklich werden, obwohl rings um mich her Beziehungen zerbrechen?

Die Rede vom »gestohlenen Glück« veranschaulicht diese Gedanken sehr eindringlich. Das vermeintlich »gestohlene Glück« folgt der irrigen Vorstellung, dass wir anderen etwas wegnehmen, wenn wir selbst glücklich sind, so, als sei das Glück eine begrenzte Ressource.

Richtig ist das genaue Gegenteil. Jeder glückliche Mensch teilt sein Glück dem großen Ganzen über Schwingungen und Resonanzen mit. Er hat die Gabe, alles in sein positives Energiefeld mit einzubeziehen, bis hin zum Universum.

Stattdessen regieren Schuldgefühle die verängstigte Seele. Sie sind ein Zeichen dafür, dass wir uns mehr auf Strafen als auf Belohnungen fokussieren, so wie in der Geschichte von Adam und Eva, in der das Schuldbewusstsein dazu führt, dass größte Strapazen und größtes Unglück akzeptiert werden. Allmählich gewöhnen wir uns an, dass wir uns selbst bestrafen: durch Verzicht, durch Pessimismus, durch Hoffnungslosigkeit.

Das Verhängnis der Selbstbestrafung

An dieser Stelle komme ich auf ein Phänomen zu sprechen, das unsere Seele dramatisch blockieren kann: die freiwillige Selbstbestrafung. Die psychische Mechanik innerer Glücksverbote bildet sich darin auf beklemmende Weise ab, und häufig treten sie in unheilvollen Paarbeziehungen in Erscheinung.

Ohne Zögern werden Sie mir mindestens zwei, drei Beispiele aus Ihrem Bekanntenkreis aufzählen können, bei denen asymmetrische Partnerschaften vorliegen. Sie beruhen nicht auf Gleichklang und Seelenverwandtschaft, sie sind auf Unglück gebaut. Vereinfacht dargestellt: Einer der Partner gibt, der andere nimmt. Sehr häufig sind es Frauen, die dieses Muster bereitwillig bedienen. Sie hängen sich an Männer, die sie betrügen, belügen und manchmal misshandeln, in der Hoffnung, sie könnten diese Männer ändern oder sogar retten.

Besorgte Freunde schütteln den Kopf. Warum tut eine Frau so etwas? Ist es Altruismus? Hingabe? Selbstlosigkeit?

Nichts von alledem. Was sie motiviert, ist vordergründig die Droge, gebraucht zu werden. Sie fühlt sich aufgewertet, wenn sie die Rolle der Krankenschwester, Ersatzmutter oder Therapeutin annimmt. Vor allem aber folgt sie dem Hang zur Selbstbestrafung.

Unbewusst wählt sie das Unglück, da sie meint, dass sie kein Recht auf Glück habe, solange der »geliebte Mann« zerrissen, widersprüchlich und deformiert ist. Sie bestraft sich dafür, dass es ihr angeblich besser geht, und sie bestraft sich für ihren Glückswunsch.

Das passiert natürlich auch Männern. Nur zu gern sehen sie sich im Rollenfach des Retters, der sich seine Stärke beweist, indem er eine schwache Frau wählt. Er wähnt sich mächtig in seiner Therapeutenrolle und sieht nicht, dass er sich damit um eine Partnerschaft betrügt, die auf seelischem Gleichklang beruht. Er bestraft sich für seine Stärke.

Aus diesem Verhalten wird ein Schema. Unbewusst suchen sich Frauen und Männer dann zielgenau den Partner, der ihr Glück vereitelt. Einen Menschen also, der mit seiner ganzen Persönlichkeit das Glück verhindert, sowohl eine glückliche Partnerschaft als auch seelisches Glück.

In lebhafter Erinnerung geblieben ist mir eine Frau, die

ich vor einigen Jahren kennenlernte. Sie arbeitete in leitender Position in einer Werbeagentur und war Ende vierzig, als sich unsere Wege kreuzten.

Diese Frau war eine beeindruckende Erscheinung: elegant, gepflegt und äußerst kultiviert, dazu finanziell unabhängig. Folgerichtig war sie ein gern gesehener Gast auf illustren Partys. Man schätzte ihren Geist und ihre Eloquenz, und so mancher wunderte sich, dass sie sich nie fest gebunden hatte. Aber der Richtige würde schon noch kommen, war die einhellige Meinung.

Umso entsetzter waren ihre Freunde, als sie eines Tages einen Mann zu einer Einladung mitbrachte, den sie als ihren Partner vorstellte. Schon beim Aperitif betrank er sich. Ungeniert flirtete er mit sämtlichen weiblichen Gästen und erzählte mit dröhnender Stimme obszöne Geschichten.

Schnell war man sich einig, dass sich ein unerträglich primitiver Rüpel in das Leben dieser Frau eingeschlichen hatte. Hinter vorgehaltener Hand wurde getuschelt: Warum dieser Mann? Und warum ertrug diese erfolgreiche und gebildete Frau seine Demütigungen? Bald zirkulierten die wildesten Spekulationen. Sie liefen alle mehr oder weniger darauf hinaus, dass die Beziehung rein sexueller Natur sein müsse. Es komme eben vor, dass Menschen sich von ihren Trieben in die Irre leiten ließen.

Doch das war nicht der Kern der Sache. Während ich mich mit der Frau unterhielt, erkannte ich: Sie hatte massive Schuldgefühle. Sie wähnte sich auf der Sonnenseite des Lebens, schließlich kam sie aus einem wohlhabenden Elternhaus, hatte eine umfassende Bildung genossen und verfügte über die finanziellen Mittel, einen gehobenen Lebensstil zu praktizieren. Ganz anders der Mann ihrer Wahl: Er kam aus kleinen Verhältnissen, war völlig ungebildet und mittellos.

Die soziale Ächtung und das Getuschel an dem Abend nahm diese Frau gelassen hin. Offensichtlich war sie davon überzeugt, dass sie dem Mann etwas geben musste, was ihm vorenthalten worden war. Sie wollte ihn partizipieren lassen an ihrer Kultur, ihrem Geld, ihren Kontakten, und sei es um den Preis, bloßgestellt zu werden. Ich hatte sogar den Eindruck, dass sie genau das genoss.

Es war ein eklatanter Fall von Selbstbestrafung. Sie konnte nicht anders, als ihre Privilegien mit jemandem zu teilen und sich dabei als tolerante und vorurteilslose Frau darzustellen. Mehr noch: Es schien ihr einen Kick zu geben, der erlauchten Gästerunde den Spiegel vorzuhalten. Ohne es auszusprechen, lautete ihr stummer Vorwurf: »Schämt ihr euch nicht, euer gutes Leben zu genießen, während andere keinen Zugang dazu haben?«

Wie gesagt, Schuldgefühle werden uns meist sehr früh aufgezwungen. Sie werden uns später zum Verhängnis und führen zu einer grundsätzlich gestörten Selbstwahrnehmung.

Die eben erwähnte Frau beispielsweise glaubte sich glücklich und meinte daher, von ihrem Glück jemand anderem abgeben zu müssen. In Wahrheit war sie nicht glücklich. Sie war einsam und unsicher hinter der Maske ihrer Selbstsicherheit. Ihre wohlsituierten Lebensumstände nahm sie daher als unverdient wahr, obwohl sie sich das meiste selbst erarbeitet hatte.

Was sie tat, endete in einer Katastrophe. Da sie wie besessen von dem Gedanken war, sie hätte nicht verdient, was sie war und besaß, entging ihr die Chance, sich selbst anzunehmen und einen Partner zu finden, der sie seelisch ergänzte.

Ich hörte nach Jahren, dass sie sich mit ihrer unseligen Zuneigung zu dem Mann ins völlige Aus katapultiert hatte. Ihre Freunde mieden sie, sie bekam Probleme im Job, da ihre soziale Bonität auf dem Spiel stand und sie des Öfteren im Büro fehlte, weil sie sich um ihren Partner kümmerte.

Wie steht es um Ihre Selbstwahrnehmung? Gestehen Sie sich überhaupt das Glück zu, das Sie suchen? Meinen Sie, dass Sie es verdient oder eben nicht verdient haben?

Schon wenn Sie solche Fragen stellen, ist es sehr wahrscheinlich, dass Sie nicht glücklich werden. Weil Sie davon ausgehen, dass Sie von einem ominösen Schicksal belohnt oder bestraft werden könnten. Doch darum geht es gar nicht. Es ist nicht Fortuna, die darüber entscheidet, ob sie glücklich sind. Nur Sie allein haben es in der Hand.

Eine befreite, glückliche Seele ist auch in Ihnen angelegt. Niemand will Sie bestrafen oder belohnen. Seien Sie Ihres Glückes Schmied, indem Sie Ihre Seele entwickeln, Ihre Schwingungen entdecken und Resonanz herstellen. Bejahen Sie sich, statt sich zu bestrafen.

So problematisch Ihre Startbedingungen auch gewesen sein mögen, den energetischen, spirituellen Weg können Sie jederzeit beschreiten.

Der Dalai Lama resümiert: »Die systematische Schulung des Geistes – die Entfaltung von Glück, die echte innere Wandlung durch die absichtliche Auswahl von positiven Geisteszuständen und die Ausrichtung darauf einerseits sowie das Herausfordern der negativen mentalen Zustände andererseits – ist aufgrund der Struktur und der Funktion des Gehirns möglich.«

Fatale Unwertgefühle

Es muss nicht immer einen so tragischen Ausgang nehmen wie bei der eben geschilderten Frau, wenn wir uns selbst für das Gute bestrafen, das wir empfangen oder das wir im Geheimen erhoffen.

Doch die Struktur dieser gestörten Selbstwahrnehmung steckt in vielen von uns. Wir begeben uns in Abhängigkeiten. Wir akzeptieren Strafen und berufen uns unbewusst auf eine vermeintliche Gerechtigkeit, was das Glück betrifft. So blockieren wir jeglichen Zugang zum wahren Glück.

Ich habe verhängnisvolle Beziehungen immer schon mit einem gewissen faszinierten Schrecken beobachtet. Was bindet bloß Menschen aneinander, die sich eingestehen müssten, dass gleich zwei Biografien zerstört werden?

»Nun ja«, erwiderte ein Freund, der stoisch seine ewig zankende Frau ertrug. »Ich habe doch eine gewisse Verantwortung für sie. Wenn ich sie allein lasse, kann ich für nichts garantieren. Sie hat Probleme. Das ist nun mal so. Darf ich sie deshalb verlassen?«

Lassen Sie mich darauf antworten: Ja, Sie dürfen. Denn zuallererst sind Sie für sich selbst verantwortlich. Wenn Sie Ihre Seele glücklich machen, wird das Glück ausstrahlen, auch auf jene, die unglücklich sind. Verantwortung haben Sie nur im kosmischen Sinne. Das ist die »Ethik des Universums«.

Sie sind skeptisch? Sie meinen, dass es Hilferufe gibt, auf die Sie eingehen müssten, auch und gerade in einer Beziehung?

Dann stellen Sie sich vor, was ein unglücklicher Mensch einem anderen unglücklichen überhaupt zu geben hat. Wohnt Freude in ihm? Helle Liebe? Positive Schwingung? Nein, nichts von alledem. Falsche Aufopferung potenziert das Unglück.

Eine alleinlebende Mutter, die auf das Glück mit einem Partner demonstrativ verzichtet, weil sie meint, dass sie sonst ihrem Kind nicht gerecht werde, kann weniger positive Energie geben als eine glückliche Mutter.

Ein Mann, der sich an eine Partnerin klettet, die ihn in ihr negatives Resonanzfeld zieht, wird selbst zum seelischen Wrack und kann als solches nichts tun, um die negativen Schwingungen aufzulösen.

Eine andere Sache ist es, wenn in einer glücklichen Beziehung Probleme auftreten. Dann sind Sie natürlich aufgerufen, diese Probleme gemeinsam zu meistern. Doch wenn Sie eine negative Konstellation von vornherein akzeptieren, wählen Sie aus falschem Verantwortungsbewusstsein die Destruktion zweier Seelen.

Ganz entschieden möchte ich daher jeden warnen, das Rollenfach des Retters oder der Retterin zu übernehmen. Lassen Sie sich nicht vereinnahmen. Machen Sie sich bewusst, dass jedes Individuum den Weg der Entwicklung aus sich heraus gehen muss. Insofern sollten Sie darauf achten, ob jene, die Ihnen versichern, dass sie Sie bräuchten, im Austausch mit Ihnen stehen. Oder ob sie einfach ihre Probleme auf Sie abwälzen.

Werden Sie sich klar über die Schuldgefühle, die in Ihnen verborgen sind. Befreien Sie sich von der Vorstellung des unverdienten Glücks. Oft nämlich können wir das Glück nicht annehmen, obwohl es direkt vor uns liegt, weil die Schuld wie ein Verhängnis auf uns lastet.

Betrachten wir die geheimsten Beweggründe von Menschen, die fatale Beziehungen eingehen, so gelangen wir noch einen Stufe weiter, zu etwas, was ich das »Unwertgefühl« nennen möchte. Es ist ein elementarer Faktor der inneren Glücksverbote.

Auch hier wird der Keim meist in der frühesten Kindheit gelegt. Beschimpfungen wie »Nichtsnutz«, »Aus dir wird nie etwas« oder »Du bist nichts und kannst nichts« gehören zum Repertoire einer schwarzen Pädagogik, die sich trotz aller Fortschritte im Bereich der Kindererziehung hartnäckig weitervererbt.

Auch meine Mutter wiederholte mit Vorliebe diesen schrecklichen Satz: »Aus dir wird nie etwas.« Er gellt mir heute noch manchmal unheilvoll in den Ohren.

Was Eltern damit ausdrücken, ist ganz allgemein: »Du erfüllst nicht meine Erwartungen.« Das relativiert objektiv gesehen die vernichtenden Zuschreibungen. Die Bewertung, oder besser: Entwertung findet auf der Folie festgelegter Erwartungen statt.

Das weiß das Kind jedoch nicht. Was die Eltern sagen, ist Gesetz, und so wächst es mit dem Eindruck auf, es sei minderwertig – obwohl das objektiv gesehen nicht der Fall ist.

Viele Eltern sind leider unfähig, Kinder in ihrer ganz spezifischen Individualität wahrzunehmen. Sie haben keinen Respekt vor der einzigartigen Seele ihres Nachwuchses, sondern messen ihn an Standards, die sie selbst vorgeben. Das geschieht übrigens auch in vielen Partnerschaften: Ist die erste Verliebtheit verflogen, gleichen wir den Partner unablässig mit unseren verfestigten Standards ab. Selten kann ein Mensch sie erfüllen.

Die Psychoanalytikerin Alice Miller untersuchte solche Verhaltensweisen in ihrem berühmten Buch »Das Drama des begabten Kindes«. Sie geht davon aus, dass jedes Kind zunächst ein natürliches Bedürfnis nach Aufmerksamkeit, Zuwendung und Anerkennung besitzt.

Wird dieses Bedürfnis erfüllt, bildet es ein stabiles Selbstwertgefühl aus. Außerdem lernt es durch den Spiegel der zugewandten Mutter seine Gefühle als authentisch und berechtigt wahrzunehmen – die Basis für ein gelingendes Sozialverhalten. Die Basis für das Glück.

Doch dies ist ein Idealbild. Früh nämlich, so Alice Miller, nimmt das Kind auch die Forderungen der Eltern wahr, deren Wünsche es errät und zu erfüllen sucht. Mit dieser Taktik will es sich die Ressource Aufmerksamkeit und Zuwendung erhalten.

Der Preis dafür ist hoch, viel zu hoch: Selbstverleugnung. Wohlverhalten, Gefühlsunterdrückung und Anpassung an die Forderungen bestimmen das seelische Leben des Kindes. So werden aus den äußeren Vorgaben innere Strukturen, die die ureigensten seelischen Bedürfnisse verdrängen.

Das Kind lernt, seiner Wahrnehmung und seinen Empfindungen nicht zu trauen. Handelt es sich um ein begabtes Kind, das diese Dinge intensiver beobachtet als andere, schafft es sich ein Selbstbild, in dem es »Fehler« gibt. Es nimmt sich als elementar wertlos wahr, solange es nicht die Wünsche und Vorgaben der Eltern erfüllt.

Entwertungen hat jeder schon erlebt. Da ist der Lehrer, der seinem Schüler in Bausch und Bogen Dummheit attestiert. Da ist der Chef, der seinen Untergebenen als Versager hinstellt. Wenn dann noch der Partner vermittelt, dass man ihm nicht genügen kann, wird der Entwertungsprozess ins Unendliche gesteigert. Die Reaktion lässt nicht lange auf sich warten: Um weitere Verletzungen zu verhindern, setzt eine vorauseilende Selbstentwertung ein.

Wir kennen sie, die Äußerungen, mit denen sich Menschen selbst kleinmachen. Ein Mann, der nach einem Vortrag zu mir kam, erklärte mir als Erstes: »Ich habe da eine Frage. Aber offen gestanden: Wahrscheinlich bin einfach zu dumm, um Ihre Theorien zu verstehen. Ich bin sowieso ein ziemlicher Versager. Wie machen Sie es eigentlich, sich so selbstgewiss vor ein Publikum zu stellen?«

Ich war sprachlos. Ein Wildfremder vernichtete sich selbst vor mir, in der Annahme, ohnehin zurückgewiesen zu werden.

Ein anderes Mal sagte mir ein Besucher: »Ich bin ein Beziehungskrüppel. Ich bin grob, rücksichtslos und sozial inkompetent. Meinen Sie, ich habe noch eine Chance?« Auch er glaubte, dass er sich verbal erniedrigen müsste, um sich gegen Angriffe zu wappnen.

Es sind erschreckende Beispiele dafür, was mit Menschen geschieht, die permanent ihre eigene Entwertung vornehmen. Sie entziehen sich selbst jede positive Energie. Und sie nehmen ein stereotypes Reaktionsmuster vorweg, auch wenn in der konkreten Situation nichts dafür spricht.

Dies sind Strategien zum Unglücklichsein. Das Minderwertigkeitsgefühl wird negativ verstärkt und legt sich wie ein Filter über die Selbstwahrnehmung, bis hin zur Selbstverurteilung: Ich werde nie glücklich sein, weil ich es nicht wert bin.

Masken der Selbstentwertung

Menschen tun ungeheuer viel, um diese fortschreitende Selbstentwertung zu kaschieren. Interessanterweise verfolgen Männer und Frauen dabei ganz unterschiedliche Strategien.

Männer umgeben sich vorzugsweise mit Statussymbolen oder suchen Anerkennung in maskulinen Ritualen. Sie kompensieren ihre angenommene Wertlosigkeit buchstäblich mit Werten wie teuren Uhren oder luxuriösen Autos. Und sie fühlen sich besonders wohl in typischen Herrenrunden wie Fußballclubs, Schützenvereinen, Skatrunden, Logen, Zigarrenclubs oder ganz einfach in Männercliquen, die sich in der Kneipe treffen.

Dort gelten überschaubare Regeln – vom Trinkritual bis zu gemeinsamen Überzeugungen, die nie infrage gestellt werden dürfen. Wer akzeptiert werden möchte, folgt den Regeln und muss sich scheinbar keine Gedanken mehr um sein Seelenheil machen.

Die psychischen Mechanismen ähneln sich, sei es im Rotarierverband oder in der Eckkneipe: Die Gruppe entlastet von Selbstzweifeln und überführt die individuelle Unsicherheit in die Sicherheit einer gefestigten Organisation.

Falls Sie sich wundern, warum Männer zu Uniformierungen neigen, so finden Sie hier eine sinnfällige Erklärung. Sie tragen die Kluft ihres Motorradvereins oder das T-Shirt ihres Fußballclubs und fühlen sich dadurch geborgen im Kollektiv. Die Gruppe garantiert ihnen einen sicheren

Platz, solange sie die Regeln anerkennen. Im Grunde wäre jede Individualität nur störend, das macht diese Taktik so schlagend.

Es kommt also nicht darauf an, ob jemand sich als wertlos empfindet: Der eigene Unwert soll durch die Gruppe wettgemacht werden, ganz nach dem Leitspruch: »Gemeinsam sind wir stark«.

Es ist eine beschworene Stärke, die sich hervorragend dazu eignet, Ich-Schwächen zu überspielen und quälende Unwertgefühle beiseitezuschieben.

Ganz anders Frauen. Sie fühlen sich nicht annähernd so wohl in straff organisierten Verbänden und Clubs wie Männer. Stattdessen setzen sie lieber alles daran, ihre äußerlichen Attribute zu optimieren. Man könnte auch sagen: Das verletzte weibliche Ich sucht sich Larven, hinter denen es sich verstecken kann. Kein Selbst-Bewusstsein der Seele also – die Seele wird vielmehr kunstvoll verborgen, in der tiefen Überzeugung, dass sie eine wertlose Bürde sei.

Ich habe immer wieder erlebt, wie Frauen diese Kunst des Verbergens zu ihrem Überlebensprinzip machen. Sie verfolgen ein äußerst probates Schema, um dieses Maskenspiel zu inszenieren: Sie machen Ihr Äußeres zu einem Optimierungsprojekt. Die Beauty-Industrie setzt Milliarden damit um, dass gerade Frauen es aufgeben, ihre Seele zu entdecken und zu entwickeln. Stattdessen geraten sie in die Schönheitsfalle. Sie versuchen, durch äußere Perfektion von ihrer vermeintlich unperfekten Seele abzulenken.

Vor einigen Jahren war ich bei Freunden zu Gast, deren Beziehung recht glücklich schien. Ich kannte sie seit Langem. Er war ein erfolgreicher Unternehmer, sie war Wissenschaftlerin mit einigen Meriten in ihrem Fachgebiet. Und: Sie war eine bemerkenswert schöne Frau. Stets erlebte ich sie untadelig gekleidet und sorgfältig geschminkt, nie hatte ich sie anders gesehen.

Eines Morgens kehrte ich nach einem Spaziergang zurück, den ich in aller Frühe unternommen hatte. Es war halb sechs, als ich die Küche betrat, um mir einen Tee zu kochen. Ich wurde durch einen unterdrückten Schrei empfangen. Mit nassen Haaren, ungeschminkt und im Morgenmantel stand meine Freundin vor mir.

Sie hatte mich offenbar noch nicht zu dieser morgendlichen Stunde erwartet und wich panisch zurück: So sollte, so durfte ich sie nicht sehen. Ich erstarrte. Und dann begriff ich, dass sie sich quasi nackt fühlte. Gedemütigt wollte sie sich aus der Küche drücken.

Wie sollte ich mich verhalten? Spontan entschloss ich mich, sie auf ihr Äußeres anzusprechen. Ich sagte ihr, dass sie mir in diesem Moment viel besser gefiele als mit kunstvoll frisierten Haaren und geschminktem Gesicht. Entgeistert sah sie mich an, dann brach sie in Tränen aus. Ich hatte an ein Tabu gerührt.

Wir setzten uns an den Küchentisch. Und dann gestand sie mir, dass sie während ihrer gesamten Ehe, über einen Zeitraum von fünfzehn Jahren, stets eine Stunde vor ihrem Mann aufstand, um sich zurechtzumachen. Sie können sich vorstellen, wie verblüfft ich war. Was trieb diese attraktive Frau an, unermüdlich an einem Idealbild zu arbeiten, das sie in sich trug?

Nach und nach kam die stockend vorgetragene Erklärung. Seit sie ihren Mann kennengelernt hatte, wurde er nicht müde, unablässig ihre Schönheit zu rühmen. Er zeigte seine Frau vor wie ein Kunstwerk. Und sie hatte ihre Unsicherheit all die Jahre damit überspielt, sich auf dem Terrain zu beweisen, auf dem er sie akzeptierte: in der äußerlichen Erscheinung. Durch permanente Selbstverstärkung hatte sie seine Erwartung zu ihrer eigenen gemacht. Sie saß in der Schönheitsfalle.

Nun erfuhr ich, dass die Ehe alles andere als glücklich

war. Abgesehen von ihrer Schönheit nämlich hagelte es regelmäßig Kritik. Ihr Mann fand sie mal zu sentimental, mal zu ehrgeizig, er unterdrückte ihre künstlerischen Neigungen und ihren Kinderwunsch, kurz, alles, was sie als Persönlichkeit ausmachte, reizte seine Kritik.

Es war fast rührend zu beobachten, wie sie sich daher krampfhaft auf das Einzige konzentriert hatte, was ihr Anerkennung eintrug: die immer perfekte Schönheit zu sein.

Dafür hatte sie viel in Kauf genommen. Kosmetische Operationen, regelmäßige Aufenthalte auf Beautyfarmen, ein hohes Budget für Kleidung, Friseurbesuche und Kosmetika. Während sie jedoch ihre äußere Hülle perfektionierte, sank ihr Selbstbewusstsein unaufhaltsam auf einen Tiefpunkt.

Dies war der Moment, als ich sie ungeschminkt in der Küche überraschte. Hätte sie ihrer Seele nur halb so viel Aufmerksamkeit geschenkt wie ihrem äußeren Erscheinungsbild, so wäre sie ein anderer Mensch gewesen. Sie glaubte nicht an sich. Sie kannte sich nicht. Und sie fühlte sich vollkommen wertlos, abgesehen von ihrer Attraktivität, die sie deshalb unter größten Anstrengungen aufrechterhielt.

Falsche Anpassung

Fassen wir die Strategien zusammen, mit denen wir aufgezwungene Unwertgefühle kompensieren, so lassen sie sich als Anpassungsstrategien beschreiben.

Bei Alice Miller haben wir gesehen, dass sie schon beim kleinen Kind die Funktion haben, die Aufmerksamkeit und den positiven Zuspruch der Eltern zu erheischen und so das Überleben zu sichern.

Für einen Biologen wie mich ist das höchst aufschlussreich, da sich hier ein Verhalten zeigt, das auch im Tierreich zu finden ist. Unternehmen wir einen Ausflug in die Welt unserer genetisch nächsten Verwandten, den Menschenaffen, so finden wir typische Muster, die auch den menschlichen Verhaltenweisen zugrunde liegen.

Was die Männchen betrifft, so überleben sie am besten, wenn sie die Hierarchie der Gruppe akzeptieren. Die wird zwar regelmäßig infrage gestellt, doch sobald sich ein Leittier im Kampf behauptet hat, geht man gewissermaßen zur Tagesordnung über. Unterlegene Männchen geben sich dann mit ihrem Platz zufrieden und akzeptieren die Hackordnung der Gruppe.

Falls Affen so etwas wie eine Identität haben, so finden sie ihre Stärke in eben dieser Gruppe. Wird das Leittier jedoch provoziert, so verteidigt es sich zunächst mit Drohgebärden. Es ist die Vorstufe zum Kampf, meist jedoch wird der eigentliche Kampf dadurch verhindert.

Weibchen dagegen versuchen erst gar nicht, einen speziellen Platz zu erobern. Sie passen sich an und folgen der Aufgabe, Nahrung zu beschaffen und den Nachwuchs aufzuziehen. Hätten auch Weibchen eine Art Identität, so wäre sie niemals der Gegenstand einer kämpferischen Auseinandersetzung.

Ich weiß, wie heikel es ist, solche Vergleiche zu ziehen. Wenn ich dennoch den Vergleich zum tierischen Verhalten anstelle, so deshalb, weil ich verdeutlichen will, dass Anpassungen auf einer instinktiven Ebene stattfinden, nicht auf einer seelischen.

Diese Unterscheidung ist äußerst wichtig. Denn auch die Strategien, die einer seelischen Verletzung durch Entwertung folgen, finden nicht auf einer seelischen Ebene statt, sondern auf einer instinktiven. Wir neigen häufig dazu, die komplexe Thematik seelischer Verunsicherung instinkthaft abzuhandeln, und versäumen dabei, sie zu reflektieren.

Da ich Ihnen in diesem Kapitel die Blockaden erschließen möchte, welche unserem Glück im Wege stehen, hat diese Erkenntnis eine Schlüsselfunktion.

Frauen und Männer scheinen hier geschlechtsspezifischen Rollenvorgaben zu folgen. Das äußert sich in vielen kleinen Alltagsquerelen. Keine Angst, ich langweile Sie nicht mit Theorien, warum Frauen nicht einparken können und Männer nicht zuhören. Vielmehr möchte ich Ihnen die Augen öffnen für die komplizierten Umwege, die wir nehmen, um nur nicht unserer leidenden Seele zu begegnen.

Eine Bekannte von mir berichtete verzweifelt, dass sie nie über ihre Beziehungsprobleme sprechen könne, da ihr Mann sich immer häufiger mit seinen Freunden im Fitnessclub traf und danach mit ihnen ein Bier trinken ging. Ein Freund dagegen beschwerte sich bei mir, dass seine Frau am Samstag zwanghaft shoppen ginge, an jenem Tag also, an dem sie eigentlich Zeit für gemeinsame Unternehmungen gehabt hätten.

Ich halte diese Geschichten für symptomatisch. Sie spiegeln recht genau, wie verschieden Männer und Frauen auf seelische Nöte reagieren. Und sie machen deutlich, auf welche Weise deren Verarbeitung vermieden wird: die Selbstentwertung soll durch Anpassung aufgehoben werden, einmal durch die Kompatibilität in der Gruppe, einmal durch Aneignung von Attributen, die ebenfalls kompatibel machen sollen.

Beide Taktiken, die männliche und die weibliche, legen die Basis dafür, dass aus problematischen Beziehungen unglückliche Beziehungen werden. Die Inkongruenz steigert sich, verursacht durch defensive Anpassungsstrategien, um den Preis des individuellen Glücks. Wir wollen durch Anpassung einen Schutzwall aufbauen, der die Seele dem Zugriff von anderen entzieht. Jeder Schutzwall aber ist zugleich ein Gefängnis.

Anpassungsleistungen erfordern unglaubliche viel Energie. Wird die Seele immer weiter in ein Korsett aus Erwartungen gezurrt, die sie zwanghaft zu erfüllen versucht, wird ihr jede Energie entzogen. Die Camouflage des Tarnens und Täuschens soll zwar Verletzungen von außen vermeiden, die Verletzung richtet sich aber stattdessen nach innen und wird zur Selbstverletzung. So verkümmert die Seele und gibt ihre letzten Glücksansprüche preis.

Ergeht es Ihnen auch so? Welche Masken haben Sie zu den Ihren gemacht? Denken Sie gut nach. Denn Anpassung ist Kapitulation vor dem falschen Leben. Anpassung ist der Sieg über die suchende Seele, die sich ihrer selbst schämt.

Die Verwechslung von Liebe und Gefühl

»Große Gefühle« verheißt uns die neue Hollywoodromanze. Als »sehr gefühlvoll« beschreibt sich ein Mann in seinem Internetprofil. Es gibt »gefühlte Temperaturen« und neudeutsch auch angenehme »feelings«, die uns versprochen werden.

Gefühle scheinen eine wertvolle Ressource geworden zu sein, etwas, was Filmen, Romanen und Produkten Faszination verleiht, etwas, was uns anspricht und anzieht. Wer geht schon ins Kino, wenn er weiß, dass er nichts fühlen wird? Und wer wollte schon einen potenziellen Partner kennenlernen, der sich als gefühllos einstuft?

Gefühle sind zu einem Qualitätssiegel geworden, ganz gleich, ob für kulturelle Erzeugnisse oder Menschen. Viele meinen sogar, dass sie sich nur spüren können, wenn sie Gefühle haben: Ich fühle, also bin ich – und nur als fühlender Mensch bin ich vollwertig.

Verzweifelte, die nichts mehr fühlen, bringen sich häufig Verletzungen bei. Traurige Berühmtheit erlangte der Fall der unglücklichen Lady Diana, die ihre depressive Apathie bekämpfte, indem sie sich die Arme mit Messern einritzte. Erst als die Klinge ihre Haut berührte und ihr Schmerz zufügte, so gestand sie in einem Fernsehinterview, füllte sich die innere Leere, unter der sie litt.

Der Schmerz wurde ihr letzter Fluchtpunkt, in dem sie sich ihrer Existenz überhaupt wieder bewusst werden konnte.

Nicht immer sind die Formen so spektakulär. Andere malträtieren sich durch sportliche Anstrengungen bis zur Erschöpfung und suchen in Entbehrungen den emotionalen Kontakt zu sich selbst. In solchen Verhaltensweisen sehen wir den Versuch, das zerschnittene Band der Emotionen und des Selbstgefühls wiederherzustellen.

Ohne Gefühle also, das können wir feststellen, meinen wir, minderwertig, wenn nicht krank zu sein. Doch wie viel Substanz liegt eigentlich in den Emotionen? Sind sie ein Zeichen für Liebe? Können sie uns glücklich machen?

Ich sage Ihnen ganz offen: Gefühle sind eine flüchtige Substanz. Sie sind der Kulissenzauber unserer inneren Bühne. Sie sind ein Panorama von Intensitäten, die wenig darüber aussagen, in welchem Zustand sich unsere Seele befindet. Noch weniger können sie Auskunft darüber geben, ob wir den Partner des Lebens gefunden haben.

Gerade meinen wir noch, einem Menschen große Gefühle entgegenzubringen, im nächsten Moment aber sind diese herrlichen Gefühle wie weggeblasen. Sie ziehen an uns vorbei wie Morgennebel, und wenn der sich lichtet, bleibt nichts als Leere.

Wir müssen davon ausgehen, dass wir Gefühle im Allgemeinen weit überschätzen. Nur zu oft missdeuten wir sie als Liebe. Wir jagen ihnen nach, weil sie uns in Euphorie versetzen, wir suchen sie, weil wir uns lebendig wissen wollen. Mehr noch: Wir glauben an eine Wahrheit des Gefühls.

Es sollte Sie stutzig machen, dass Sie heftige Gefühle entwickeln können, die gleichsam aus Simulationen entstehen. Nichts anderes passiert, wenn wir im Kino weinen, weil das getrennte Paar wieder zueinanderfindet. Nichts anderes geschieht auch, wenn beim Anschauen eines Thrillers Angst und Panik ausgelöst werden.

Gefühle können durchaus künstlich in uns produziert werden, und sei es mit einfachen Tricks. Eine ganze Bewusstseinsindustrie lebt davon, Filme, Fernsehen, Werbung, Produktmarketing.

In den Nachmittagstalkshows wird mit solchen Gefühlswerten gezielt verfahren, es werden Erregungskurven inszeniert, die gute Einschaltquoten generieren sollen. Gierig tauchen wir dann ein in fremde Gefühlswelten und machen sie zu den unseren: Rührung, Eifersucht, Wut, Enttäuschung. Diese Gefühlskonstrukte fallen jedoch sogleich wieder in sich zusammen, wenn der auslösende Reiz aus unserem Blickfeld gerät.

Mittlerweile sind Gefühle Stimulanzien geworden, deren Wirkung an stimmungsaufhellende Medikamente erinnert. Glück verheißen sie nicht.

Zu den inneren Glücksverboten gehört daher – so absurd es klingen mag – unsere Fixierung auf Gefühle. Wir suchen den Kick. Wir suchen Intensitätswerte. Vor allem aber, und das ist der Kern meiner Argumentation: Wir fühlen uns minderwertig oder gar schuldig, wenn wir plötzlich nichts mehr empfinden, obwohl wir noch kurz zuvor dem Partner unsere Liebe gestanden haben. Dann sind wir tief betroffen und zweifeln an uns selbst. Alle fühlen doch etwas – warum ausgerechnet wir nicht?

Daher glauben wir fälschlicherweise, dass wir das Entschwinden der Gefühle kaschieren sollten. Wir finden es peinlich, dass wir so wankelmütig sind und verharren oft in Beziehungen, aus denen die Gefühle längst verschwunden sind.

So will es die gesellschaftliche Norm, die bei aller Toleranz den Hang zu wechselnden Partnern verdächtig findet. Mit starrem Blick auf das, was wir uns vorgenommen haben – eine gelingende Partnerschaft, tun wir bisweilen sogar verrückte Dinge, um uns die verlorenen Gefühle wiederzuholen wie einen vergessenen Regenschirm.

Einmal mehr stehen uns unzählige Anleitungen dafür zur Verfügung. Und so, wie wir es gelernt haben, suchen wir Stimulanzien, mit denen wir die abfallende Erregungskurve wieder nach oben zwingen wollen: Wir fahren mit dem Partner in Urlaub, wir stürzen uns auf ein gemeinsames Hobby, wir bringen die Kinder am Wochenende zu den Großeltern, um ungestört die Gefühle aufleben zu lassen, die uns am Anfang einer Beziehung berauscht haben.

All das tun wir, weil wir die Gefühle in den Mittelpunkt stellen statt unsere Seele. Wir wollen recht behalten mit der vermeintlichen »Wahrheit des Gefühls«.

Zum Glücksverbot steigert sich dieser erzwungene und manipulierte Gefühlsrausch deshalb, weil wir von vornherein davon ausgehen, dass eine Beziehung auf Gefühle gebaut sein sollte statt auf das Glück der umfassenden Resonanz. Wir geben uns der Illusion hin, dass Gefühle Wegweiser zum Partner sind.

Verblassen die Gefühle, sind wir beschämt. Also bestrafen wir uns mit Konsequenz: Augen zu und durch. Wir wollen nicht zugeben, dass wir einer Täuschung erlegen sind und möchten natürlich auf keinen Fall als gefühllos gelten.

Wer sich aber Gefühle geradezu abfordert, verliert den Kontakt zu seiner Seele. Die energetisch schwingende Seele kennt zwar auch Gefühle, doch die heften sich nicht an bestimmte Menschen und Situationen. Es sind keine flüchtigen Emotionen, wandelbar und zeitlich begrenzt, sie charakterisieren ein Grundgefühl der kosmischen Geborgenheit. Die tiefe Freude, die man etwa bei einer Licht-Meditation empfindet und die das ganze Sein durchflutet, ist universell.

Um den Unterschied zwischen Liebe und Gefühl zu konturieren, führen Sie sich vor Augen, warum spirituell hoch entwickelte Personen in der Lage sind, ihren Mitmenschen unterschiedslos Liebe entgegenzubringen.

Die inzwischen heiliggesprochene Mutter Teresa, die sich in den Slums von Kalkutta um Bedürftige kümmerte, hat in ihren Tagebüchern darüber geschrieben, dass sie nur durch die Überwindung von Gefühlen ihre Menschenliebe ausleben konnte.

Gefühllos war Mutter Teresa nicht im umgangssprachlichen Sinne. Sie besaß vielmehr die Fähigkeit, über Sympathie und Antipathie hinwegzusehen, den Ekel zu ignorieren, Unlustgefühle beiseitezulassen. Ihr begegneten keine Engel: Sie war konfrontiert mit Menschen, die große Probleme hatten, auch mit Dieben und Mördern.

Ganz gleich, wer ihre Hilfe suchte, sie gewährte sie ihm. Mutter Teresa war ein glücklicher Mensch, weil sie die seelische Liebe kannte, als Gottesliebe und Menschenliebe. Sie bejahte die Schöpfung und alles, was in ihr ist. So empfand sie Liebe und tiefes Glück.

In der philosophischen Ethik würde man Mutter Teresas Liebe als »Caritas« bezeichnen, als liebevolle, selbstlose Zuwendung zu anderen. Doch das ist zu kurz gedacht. Im spirituellen Sinne dürfen wir mit einem großen Wort von kosmischer Liebe sprechen, der »Agape«. Das Wort kommt aus dem Griechischen und bezeichnet die bedingungslose, befreiende Menschenliebe, welche auf der Erkenntnis beruht, dass alle Menschen spirituell miteinander verbunden sind.

Die »Agape« fragt nicht nach Geben und Nehmen. Ihre Hingabe ist Demut, ohne dass der Liebende sich kleinmachen muss. »Liebe ist die stärkste Macht der Welt«, sagte Mahatma Gandhi, »und doch ist sie die demütigste, die man sich vorstellen kann.«

Antoine de Saint-Exupéry schrieb denn auch: »Die wirkliche Liebe beginnt, wo keine Gegengabe mehr erwartet wird.« Jede Mutter würde dem beipflichten. Wenn sie ihr Baby versorgt, wartet sie nicht auf einen Lohn oder ein Dankeschön. Sie weiß sich eins mit ihrem Kind und spürt: »Wenn es meinem Kind gut geht, dann geht es auch mir gut«.

In einem erweiterten Rahmen ist es das Kausalitätsprinzip der Resonanz, die auch Menschen wie Mutter Teresa zu unglaublichen Taten motivierten. Die tätige Nächstenliebe war für sie Gottesliebe, und sie wusste wie jede Mutter, dass die Not der anderen ihre Not war und deren Wohlergehen auch ihr Wohlergehen.

Um noch einmal mit Saint-Exupéry zu sprechen: »Wenn du dich hingibst, empfängst du mehr, als du gibst. Denn du warst nichts, und nun wirst du jemand.« Ins Spirituelle übersetzt bedeutet das: Wo Liebe als Resonanz gelebt wird, fließen die kosmischen Kräfte frei, nicht auf einer Einbahnstraße. Resonanz ist das Wirkprinzip des großen energetischen Zirkels, in welchem der Gebende stets auch der Nehmende ist.

Liebe ist also mehr als eine Aufwallung des Gefühls. Eine Mutter erklärte mir einmal leicht provozierend: »Die Männer kommen und gehen, die Liebe zu meinem Kind aber bleibt.«

Sie hatte etwas völlig Richtiges erkannt: Mutterliebe kommt und geht nicht wie wechselnde Partner. Mutterliebe existiert kontinuierlich und kann selbst durch Enttäuschungen und Zurückweisungen nicht völlig eliminiert werden – weil diese Liebe eben kein Gefühl ist, sondern jene Liebe, die ihren Sitz in der Seele hat.

Wahre Liebe ist ewig wie die Urseele selbst. Flirts, Herzklopfen, »Schmetterlinge im Bauch«, ja, das sind flirrende Zustände, die uns gefallen. Niemand will Ihnen verbieten, solche Erlebnisse zu genießen, ich am allerwenigsten. Doch es ist mir ein Anliegen, dass Sie verstehen, wie wenig die schöne Gefühlsverwirrung des ersten Kennenlernens über die Chance sagt, mit diesem Menschen glücklich zu werden.

Auch das Verliebtsein ist nichts weiter als eines der flüchtigen Gefühle, vergänglich wie ein Hauch. »Liebe auf den ersten Blick ist ungefähr so zuverlässig wie Diagnose auf den ersten Händedruck«, befand George Bernard Shaw mit seinem unnachahmlichen Humor.

Die oberflächliche Orientierung an Emotionen gehört zu den häufigsten Ursachen des Unglücks. Warum? Weil die Jagd nach Gefühlen zwangsläufig zu Enttäuschungen führt.

Es ist, als wollte man den Regenbogen in die Tasche stecken, statt sich an der Schönheit der Natur zu erfreuen, ohne sie besitzen zu wollen. Ganz anders dagegen verläuft die Suche nach dem Partner, wenn wir solche Wünsche loslassen und nach jener Selbsterkenntnis suchen, die uns ganz selbstverständlich zum seelischen Pendant führt.

Was aber ist nun das Kennzeichen der Liebe? Wie finde ich mich im Ozean der Gefühlsoptionen zurecht? Und wie werde ich die inneren Glücksverbote los, die mich daran hindern, eine Beziehung des Einklangs zu finden?

Das Tor zum Glück ist Hingabe. Sie ist gegenwärtig, wenn Sie meditierend Ihre Verbundenheit mit dem Kosmos aufschließen. Dann gibt es keinen Unterschied mehr zwischen Ihnen und der Welt. Sie geben und nehmen im Gleichklang. Sie spüren echte Freude, die nicht zielgerichtet ist. Sie suchen weder Kicks noch Erregung, sondern sind seelisch ganz bei sich.

»Gier nach einem Ergebnis«, meint Krishnamurti denn auch, »verhindert das Erblühen der Selbsterkenntnis. Die Suche an sich ist Hingabe, sie selbst ist die Inspiration.«

Es gibt den Partner, der diese höheren Gefühle in Ihnen erweckt. Doch Sie werden sich nicht in ihn verlieben, so, wie es Heftchenromane und Hollywoodfilme vorgeben, in denen eine emotionale Überwältigung beschworen wird. Sie werden die Gegenwart der Liebe völlig ruhig und gelassen spüren: als Hingabe, Freude, Einssein.

Schopenhauer, dessen Philosophie von den Veden inspiriert war, sprach deshalb davon, dass wir die Gefühle überwinden müssten, um das Glück zu finden. Er wusste, dass Gefühle so wie der unreflektierte Wille eine Quelle zukünftigen Unglücks sind. Positive Emotionen wandeln sich im Laufe der Zeit in Schmerz, Sehnsucht wird zur Sucht, die Seele lässt sich gefangen nehmen und wird zum Verstummen gebracht.

Erspüren Sie Ihre Seele, statt auf emotionale Spiegel zu warten. Vertrauen Sie der Resonanz.

Sie haben nicht nur ein Recht auf Glück, der Kosmos will Ihr Glück, weil er auf positive, erschaffende Energien baut. Werden Sie glücklich durch seelische Balance. Sonst bleiben Sie ein Sklave Ihrer wankelmütigen Gefühle.

Das Verhängnis der Schuld

Als ich dieses Kapitel einem Freund zu lesen gab, war er anschließend kaum in der Lage zu sprechen. Er hatte so vieles wiedererkannt, was ihn belastete: Schuldgefühle, Unwertgefühle, Selbstentwertungen, Bestrafungen.

Jeder Leser wird sie auf andere Weise erlebt haben, doch allen diesen Phänomenen ist gemeinsam, dass sie massive Blockaden aufstellen.

So hoffe ich, dass ich, indem ich Schmerzpunkte berührte, fatale Strukturen erschüttern konnte, weil ich die möglichen Ursachen beschrieb, die meist schon in der frühen Kindheit liegen. Es wäre wunderbar, wenn Sie sich von nun an beobachten würden und Ihrer Seele mehr Raum zugestehen könnten.

Vor allem aber würde ich mich freuen, wenn Sie fortan falsche Anpassungsstrategien hinter sich lassen, die Macht der Gefühle relativieren und zu Ihrer Seele finden, so, wie sie als Teil der Urseele definiert ist: Frei von Schuldzuweisungen und verinnerlichten Strafen, frei von jenen psychischen Hemmnissen, die sich zu Glücksverboten verfestigen.

Legen Sie die Masken der Selbstentwertung ab. Sie sollen kein neuer Mensch werden, sondern sich transformieren zu dem Menschen, der einst in aller Unschuld und mit der unbegrenzten Begabung zum Glück geboren wurde.

Trennen Sie sich von Menschen, die Ihnen eine seelische Unterwerfung abverlangen und Ihren Glücksanspruch unterdrücken. Lassen Sie sich nicht einreden, dass Sie zu den bedauernswerten Unglücksraben gehören, die Opfer eines negativen Schicksals seien.

Es gibt weder Glückspilze noch Unglücksraben. Es gibt nur Menschen, die in sich die Fähigkeit haben, über ihre individuellen Erfahrungen hinauszugehen und sich den ewigen positiven Kräften des Kosmos zu öffnen.

Erleben Sie Hingabe durch Selbstbejahung. Entdecken Sie Ihre liebende, hingebende Seele und Ihr Talent, Positives zu empfangen. Das wird auch wichtig werden, wenn Sie dem idealen Partner gegenüberstehen. Denn das Glück zu finden und das Glück zu halten – das sind zwei ganz verschiedene Dinge. Darum wird es im folgenden Kapitel gehen.

6. KAPITEL
Das Geheimnis der Liebe
Schützen Sie Ihre glückliche Beziehung

Angenommen, Sie haben endlich den Partner gefunden, der Ihre Seele ergänzt, mit dem Sie Freude teilen können, Hingabe, höchstes Glück. Die Suche hat ein Ende. Sie glauben sich am Ziel.

In jedem Ende allerdings verbirgt sich ein Neuanfang, und der stellt uns vor die nächste Aufgabe: die Beziehung und damit das Glück zu halten. In dieser Kunst liegt der sechste Schlüssel des Glückscodes.

Es ist ein Balanceakt. Denn nun müssen Sie den Kontrast zwischen dem Innenraum Ihrer Liebe und dem Außenraum Ihres Alltagslebens aushalten. Das verlangt nach einer bewussten Lebenskunst. Sonst wird das Glück ein vorübergehender Zustand bleiben, ein Zusammenspiel günstiger Fügungen, das instabil ist und von den ersten Problemen hinweggefegt wird.

Im Störfeuer der Bewertungen

Es passiert immer wieder: Gerade noch wähnten wir uns im siebten Himmel, und schon landen wir unsanft in der Erdenschwere eines unglücklichen Daseins. Die Anforderungen der äußeren Welt bedrängen Sie und damit auch Ihre Liebe.

Es ist eine harte Landung. Plötzlich treten Unstimmigkeiten auf, Missverständnisse. So stark die Liebe auch sein mag, sie zu leben ist etwas anderes, als sie täglich neu zu gestalten. Oft gelingt das nicht. Was ist da los? Haben wir uns etwas vorgemacht? Haben wir uns im Partner getäuscht?

Liebe ist eine seltsame Sache. Unzerstörbar wirkt, was anfangs geschieht, überzeitlich, ewig. Nichts ersehnen wir so sehr, wie Tag und Nacht mit dem einen geliebten Menschen zu verbringen. Seine Gegenwart verleiht uns Flügel. Wir scheinen in den gemeinsamen Schwingungsfeldern zu schweben. Jeder Abschied bereitet uns Unbehagen, selbst kurze Trennungen ertragen wir kaum.

So könnte, so sollte es immer bleiben: innigste Verschmelzung, höchstes Glück.

Doch dann begegnen uns die Prüfungen des Alltags. Wir spüren die Störungen von außen, tausend kleine Dinge, die sich zwischen uns und den geliebten Partner schieben. Die Einzigartigkeit der ganz individuellen Liebes- und Lebensform reibt sich zusehends am Umfeld und wird bedroht von äußeren Einflüssen.

Das wunderbare Amalgam der Verschmelzung löst sich auf, und wir sind wieder allein zu zweit, ein jeder gefangen in seiner Lebenswelt, die alles akzeptiert, nur nicht die provozierend selbstgenügsame Zweisamkeit.

Ernüchtert wird uns klar, dass wir nicht im Elysium leben. Nein, wir weilen nicht auf einer einsamen Insel der Seligen. Wir agieren im großen Theaterstück der sozialen Rollen, die uns Regeln abverlangen, Pflichten und Normen. Neben dem seelischen Leben fordert das pragmatische Alltagsleben seinen Tribut. Viele Beziehungen zerbrechen daran.

Ein Bekannter von mir hat das erst äußerst schmerzhaft erlebt. Er lernte eine Frau kennen, mit der ihn ein wundersamer Gleichklang verband. Sie empfanden sich in permanentem Austausch, sie entwickelten fast telepathische Fähigkeiten. Sie dachten und fühlten immer das Gleiche, und sie spürten ohne Worte, wie es dem anderen ging.

Kennengelernt hatten sie sich auf Mauritius. Er war als Tourist auf die Insel gekommen, sie war eine Einheimische. Mit traumwandlerischer Leichtigkeit überwanden sie alle kulturellen Schranken. Die waren vollkommen bedeutungslos angesichts ihrer tiefen Seelenverwandtschaft.

Als der Urlaub seinem Ende zuging, beschlossen sie, dass sie zusammenbleiben wollten. Es war, von außen betrachtet, ein Wagnis, doch sie fühlten sich absolut sicher in ihrer tiefen Liebe. Wer konnte ihr schon etwas anhaben?

Als seine Freundin mit nach Deutschland reiste, verlängerte mein Bekannter zunächst seinen Urlaub, damit ihr die Eingewöhnung leichter fiel. Sie richteten sich eine gemeinsame Wohnung ein, verbrachten Tag und Nacht zusammen und schmiedeten bald schon Hochzeitspläne.

Rückblickend sprach er später vom »Glück im Winkel«, von einer Oase, die sie sich schufen. Ihre Seelen umarmten sich, im Schutz der Wohnung existierte nichts als beglückende Nähe. Es war ein Ort der Unschuld, an dem sie ungestört sein durften. Die Liebenden ahnten nicht, welche Belastungen auf sie zukommen würden.

Als mein Bekannter wieder zu arbeiten begann, kamen die beiden nicht umhin, ihre Liebe auf dem gesellschaftlichen Parkett zu präsentieren. Schließlich wollte er seine Freundin nicht verstecken. Sie besuchten Partys, trafen seine Freunde, und dann kam der Moment, in dem er seine große Liebe der Familie vorstellte – als seine zukünftige Frau.

Unmerklich veränderte sich dadurch etwas. Das »Glück im Winkel« bekam Risse. Erste Irritationen schlichen sich ein, denn die Liebe dieser beiden Menschen wurde von allen möglichen Personen aus dem Umfeld bekrittelt. Mein Bekannter und seine Freundin wurden mit ungebetenen Urteilen und Einschätzungen bedrängt.

Die Prognosen für die Haltbarkeit der Beziehung fielen allesamt negativ aus: »Ihr seid zu unterschiedlich«, hieß es, »das kann nicht gut gehen.«

Mein Bekannter sah sich plötzlich in der Defensive. Wortreich begann er seinen Freunden und seiner Familie zu erklären, was ihn mit seiner zukünftigen Frau verband. Er offenbarte seine tiefe Liebe, die seelische Übereinstimmung, und wurde nicht müde, sein Glück zu preisen.

Die meisten hielten ihn für einen sentimentalen Träumer. Erst setzte er sich zur Wehr, dann wurde er nachdenklich. Meinten seine Freunde es nicht gut mit ihm? Waren ihre Bedenken vielleicht doch berechtigt? Das Gift des Zweifels zersetzte das Glück, und seine Freundin spürte, wie er wortkarger wurde, unsicherer.

Schließlich stand ihr Glück auf Messers Schneide. Sie mussten eine Entscheidung treffen: Entweder sie trennten sich, um nicht vollends unglücklich zu werden, oder sie wählten eine andere Lebensform. Im Störfeuer der allgemeinen Skepsis jedenfalls hielten sie es nicht länger aus.

Ich bin sehr froh, dass mein Bekannter einen harten Schnitt machte. Heute lebt er mit seiner Frau und den gemeinsamen drei Kindern auf Mauritius. Er hat zwar nicht alle Brücken abgebrochen, doch für ihn war nur noch eines wichtig: Er wollte die wunderbare Chance des Schicksals nicht verstreichen lassen, die ihm beschert worden war. Und er akzeptierte einfach nicht, dass äußere Umstände sein seelisches Glück bedrohten.

In einem Gedicht von Konfuzius heißt es: »Doch wo zwei Menschen einig sind in ihrem innern Herzen, / Da brechen sie die Stärke selbst von Eisen oder Erzen. / Und wo zwei Menschen sich im innern Herzen ganz verstehen, / Sind ihre Worte süß und stark wie Duft von Orchideen.«

Die Königskinder

Nicht immer sind die Prüfungen einer glücklichen Beziehung so überdeutlich sichtbar wie in dieser Geschichte. Aber jeder kennt die Anfechtungen und die Urteile anderer, die immer viel besser wissen wollen, was gut für uns ist.

Machen Sie sich eines klar: Jede Liebe ist umgeben von kritischen Zeugen, die mit ihrer Meinung nicht hinter dem Berg halten und sich nur zu gern als Instanzen aufspielen. Jeder hält sich für einen Spezialisten für die Liebe, weil jeder schon einmal verliebt war.

»Der passt doch gar nicht zu dir«, flüstert man einer liebenden Frau zu. »Mit dieser Frau versperrst du dir den Zugang zur Karriere«, wird ein liebender Mann belehrt. Wer da vom Einklang der Seele spricht, kann nur Hohn erwarten.

Herkunft, Bildung, Aussehen, Habitus, die Liste der Kriterien ist lang. Sie werden uns mehr oder weniger deutlich vor Augen geführt, sobald wir unsere Liebe nach außen hin zeigen. Wenn da auch nur die kleinste Inkongruenz zu vermelden ist, reagiert das Umfeld nahezu allergisch.

So erlebte es ein befreundeter Professor, der sich in eine Kellnerin verliebte, so widerfuhr es einem befreundeten Landwirt, der seine Liebe zur Zahnärztin des Dorfes entdeckte. So geht es allen, die sich über die gesellschaftlichen und kulturellen Barrieren hinwegsetzen.

Diese Paare gelten als nicht kompatibel. Sie strafen die gesellschaftlichen Regeln Lügen, das Gleich und Gleich sich gern gesellt. Dass es eine seelische Gleichheit geben könnte, die nur den Liebenden selber erfahrbar ist, ist in diesen Urteilen nicht vorgesehen.

Die Weltliteratur kennt unzählige Beispiele, in denen der grenzenlosen Liebe künstliche Grenzen gesetzt werden.

Romeo und Julia fallen den Intrigen ihrer verfeindeten Familien zum Opfer. Othello, der schwarze Feldherr in Venedig, heiratet eine weiße Venezianerin und gerät in die Ränkespiele einer rassistischen Gesellschaft. Tristan und Isolde verzweifeln an dem Liebesverbot der Herrschenden und deren Heiratspolitik.

Diese tragischen Liebenden enden mit dem Tod. Der »Liebestod« ist jedoch nicht der Tod der Liebe, er ist die Konsequenz aus der Unmöglichkeit der gelebten Liebe. So, wie es in negativen Weltbildern das Glück nur im jenseitigen Paradies geben kann, wird auch ihre Liebe aufs Jenseits verlagert.

Fasst man das Symptomatische der Geschichten zusammen, so erschließt sich daraus der Mythos der Königskinder. Es ist ein Mythos, der alles enthält, was uns strukturell daran hindert, die Macht der Liebe über alles andere zu stellen. Stattdessen werden wir mit unserer gesellschaftlichen Ohnmacht konfrontiert.

Sie erinnern sich vermutlich an die traurigen Verse des Liedes von den Königskindern, das im Volksliedton gehalten ist. Es beginnt mit der Strophe: »Es waren zwei Königskinder, / Die hatten einander so lieb, / Sie konnten zusammen nicht kommen, / Das Wasser war viel zu tief.«

Hilflos stehen sie da, durch das Wasser getrennt, zwei Menschen, die einander bestimmt sind. Beim Versuch, das Wasser zu durchqueren und das geliebte Mädchen endlich in den Armen zu halten, kommt der Königssohn um. Er ertrinkt in den Fluten des nächtlichen Sees, weil eine böse Nonne die Kerzen löscht, die das liebende Mädchen aufgestellt hat, um ihm den Weg zum rettenden Ufer zu weisen.

Noch hat die Königstochter keine Gewissheit, aber sie ahnt, dass der Geliebte tot ist. Am nächsten Morgen wendet sie sich zunächst an die Mutter: »Ach Mutter, herzliebste Mutter, / Der Kopf tut mir so weh; / Ich möcht' so gern spazieren / Wohl an den grünen See.«

Ungerührt wendet sich die Mutter ab und geht zur Kirche, wie alle anderen Dorfbewohner auch. Ihr fällt gar nicht ein, die Tochter zu begleiten. Einsam und auf sich gestellt, kehrt das Mädchen an den Ort des Geschehens zurück.

Als ein Fischer den leblosen Körper des Ertrunkenen birgt, ist die Königstochter untröstlich. Sie küsst das kalte Gesicht des Geliebten, dann springt sie selbst in den See. Niemand übrigens hindert sie daran, so, wie niemand sie getröstet hat.

Das Umfeld bleibt völlig indifferent: »Es war an ei'm Sonntagmorgen, / Die Leut' waren alle so froh, / Bis auf die Königstochter, / Sie weinte die Äuglein rot.«

Man geht zur Tagesordnung über. Wen kümmert schon eine große, tragische Liebe? Wer ist schon am Glück anderer interessiert? Oder, radikaler: Warum sollten es die Königskinder besser haben als all die anderen, die jeden Glücksanspruch dem Realitätsprinzip untergeordnet haben?

Das Lied von den Königskindern ist eine Parabel auf die Unmöglichkeit der gelebten Liebe. Das ist ein wichtiger Akzent.

Die Liebe selbst könnte größer nicht sein – der Königssohn riskiert sein Leben, die Königstochter opfert ihres, als sie erkennen muss, dass es im Diesseits keine Erfüllung mehr geben kann. Ihrer Liebe aber waren sie sich sicher, sie wussten intuitiv, dass sie zusammengehörten.

Aufschlussreich ist dabei, dass die Gesellschaft, repräsentiert durch die Mutter und die Dorfbewohner, bar jeder Empathie wirkt. Man könnte sogar auf die Idee kommen, dass heimliche Genugtuung aufkommt darüber, dass es eben nicht sein soll, das größte Glück, die alles überwindende Liebe. Und nicht zuletzt ist da die »böse Nonne«, die den Königssohn daran hindert, das rettende Ufer zu erreichen und ihn quasi tötet.

Wir finden im Lied von den Königskindern ein Dilemma vor, das jedem bevorsteht, der sein Glück gefunden hat: Es tauchen negative Beobachter auf. Die einen gleichgültig, die anderen skeptisch, manche sogar böswillig. Ist es Kälte? Neid, Missgunst? Vermutlich eine Mischung aus allem. Da die meisten Menschen eher nicht glücklich sind, verspüren sie fast Erleichterung, wenn die große Liebe anderer scheitert. Nicht zufällig sind die tragischen Helden des Liedes Königskinder. Das ist eine Metapher: Sie sind privilegiert. Sie sind durch das beschenkt, was jeder ersehnt – die große Liebe. Das provoziert.

Böswillige Gestalten begegnen uns im Alltag zuhauf, wenn wir glücklich sind. Über Schwingungen und Resonanzen spürt jeder, den wir treffen, dass wir einen Schatz in uns tragen. Wir müssen kein Wort sagen, dennoch teilen wir unser Glück mit, durch ein Strahlen, das von innen kommt. Den Königskindern wurde es zum Verhängnis.

Wenn wir die Geschichte rückübersetzen auf unsere Lebenswirklichkeit, so lernen wir daraus, dass das Glück eine zarte Pflanze ist, die allzu leicht von anderen zertreten wird. Nur zu oft durch Neid und Missgunst.

Die Liebeskunst nun besteht darin, das Glück nach innen zu leben, es aber nicht von äußeren Faktoren abhängig zu machen – von Meinungen, Bewertungen, gesellschaftlichen Bedingungen, die man uns aufzwingen will. Aus welchen Gründen auch immer Ihre Liebe von Ihrer Umwelt behelligt wird, verinnerlichen Sie eines: Am klügsten ist es, Sie betrachten die pragmatische Ebene Ihres Lebens als bloßes Spiel.

Sicher, Sie sind Teil der Gesellschaft, ganz gleich, wo und wie Sie leben. Doch die Gesellschaft verlangt nichts weiter als die Einhaltung von Regeln. An Ihrem Glück ist sie nicht im Mindesten interessiert.

So kommen wir zu einer essenziellen Unterscheidung. Mit Ihrer Seele, mit Ihrer Beziehung, mit Ihrem Glück hat Ihre soziale Rolle nämlich absolut nichts zu tun. Daher gibt es nur eine einzige Perspektive, wie Sie Ihre Liebe vor Übergriffen schützen: Kultivieren Sie Ihren »privaten Bezirk«. Machen Sie sich bewusst, dass Sie da draußen einige Agreements haben, nichts weiter. Nach innen aber, im Verhältnis zu Ihrem Partner, gelten ganz andere Regeln.

Der innere Rosengarten

Solch einen gelassenen Umgang mit dem Außen habe ich selbst erlebt, als ich noch glücklich verheiratet war. Ja, auch meine Frau und ich, wir bewohnten sie, unsere »Insel der Seligen«, unser Elysium. Das gab uns Kraft, souverän nach außen zu agieren, ohne uns vereinnahmen zu lassen.

Ich erinnere mich noch gut daran, wie ich meine Frau einmal mit zu einem wissenschaftlichen Kongress nahm. Sie kam nicht aus dieser Szene und konnte daher auch nicht erwarten, dass man ihr mehr entgegenbrachte als höfliche Indifferenz.

In unserer Liebe waren wir auf Augenhöhe, für die Kongressteilnehmer waren wir ein ungleiches Paar. Das erwarteten wir. Das wussten wir. Deshalb wappneten wir uns.

So spielten wir beide unsere Rollen – gaben uns so seriös, wie es angemessen war, trugen Kleidung, die man von uns erwartete. »Business as usual« sozusagen. Unsere Seelen jedoch kommunizierten auf einer ganz anderen Ebene. Und so war es uns völlig unwichtig, wie wir gesehen wurden.

Wie erwartet, nahmen die meisten Wissenschaftler meine Frau lediglich als Anhängsel wahr. Sicherlich hätte sie es mir vorgeworfen, wenn wir nicht unerschütterlich in unserer Bindung geruht hätten. Sie hätte zweifellos wütend reagiert. Sie hätte mich für eine entwürdigende Situation verantwortlich gemacht, auf die ich wenig Einfluss hatte.

Das Wunderbare war jedoch: Sie konnte gar nicht entwürdigt werden. Sie hatte den Mechanismus erkannt und für sich aufgelöst. Da uns die Diskrepanz zwischen dem Innen unserer Liebe und dem Außen unseres gesellschaftlichen Auftritts in aller Konsequenz bewusst war, konnte uns niemand etwas anhaben.

Worauf ich hinauswill: Uns war bewusst, dass wir im Scheinwerferlicht der sozialen Sichtbarkeit mit Gegenwind rechnen mussten. All die Vorurteile und kleinen Demütigungen werteten wir als Äußerlichkeiten. Sie gehörten zum Spiel. Unseren Wert innerhalb der Partnerschaft jedoch konnten sie nicht gefährden.

Der Kongress war letztlich eine der vielen Bewährungsproben, in denen wir uns als Seelenpartner behaupten mussten. Es war eine Situation, die jedes Paar kennt.

Damals geschah etwas, was ich niemals vergessen werde: Quer durch den Raum zwinkerte meine Frau mir plötzlich zu. Ich bekam eine Gänsehaut vor lauter Glück. Ihr Blick und ihr Zwinkern sagten unmissverständlich: Ja, ich bin hier nur eine Randfigur und du bist der geachtete Wissenschaftler, doch das ist völlig gleichgültig. Wir sind Komplizen unseres Glücks. Niemand kann es uns wegnehmen, weder die Etikette, noch das Verhalten dieser ignoranten Leute.

Meine Frau und ich, wir wussten: Wir befinden uns in einem Rahmen, der zu unserem Leben gehört, das Bild in dem Rahmen jedoch sind wir, ist unsere Liebe. Wir hatten einen Modus Vivendi gefunden, mit dem wir unsere Liebe schützten.

Ich zog daraus die Lehre: Man sollte das äußere Leben in gewisser Weise wie einen Karneval betrachten. Solange die Seele frei schwingt und die Resonanz mit dem Partner stimmt, können keine Störfaktoren dieses Grundgefühl erschüttern, es sei denn, man gibt ihnen Raum.

Ich muss gestehen, dass Karnevalsveranstaltungen wie jener Kongress mir und meiner Frau sogar einen gewissen diebischen Spaß bereiteten. Es baute sich eine Dynamik zwischen uns auf, ein Knistern geradezu. Die Diskrepanz zwischen unserer seelischen Beziehung und der äußeren Wahrnehmung schweißte uns nur umso mehr zusammen.

Natürlich hatten wir keine klassische Mésalliance. Doch schon feinste Haarrisse der Außenwahrnehmung können eine Beziehung empfindlich gefährden.

Eine Lebenskunst ist es, den äußeren Ansprüchen wie einem Kinderspiel zu begegnen. Müssen Sie den Piraten spielen, dann sind Sie eben der Pirat. Wird das seriöse Rollenfach verlangt, wird halt auch dieses bedient. Leben Sie Ihr Leben, mit allem, was es Ihnen abverlangt. Aber halten Sie Ihre Liebe unschuldig und Ihr Glück rein.

Man muss also nicht immer einen so radikalen Schnitt vollziehen wie mein Bekannter, der allen Bühnen floh und nach Mauritius ging. Viel wichtiger ist es, die gesellschaftlichen Instanzen nicht zu den eigenen zu machen, solange es um die Seele geht.

Meiner Frau und mir war immer bewusst, dass niemand unsere Liebe okkupieren durfte. Wir erfüllten unsere Rollen, aber wir wussten, dass wir sie jederzeit ablegen konnten wie Kostüme, sobald wir wieder zu zweit waren.

Ich würde das Seelenleben der gelungenen Beziehung mit einer etwas poetischen Formulierung als inneren Rosengarten bezeichnen. In diesem Rosengarten können wir völlig authentisch sein, ohne Kostüme, ohne Masken, ohne Rollen. Der Rosengarten kann von niemandem zerstört werden, solange niemand in ihn hineingelangt. Oder, klarer: Solange wir niemanden in ihn hineinlassen.

Sie können sich leicht ausmalen, was geschieht, wenn wir die Tore des Rosengartens öffnen und jedem beliebigen Mitmenschen Eintritt gewähren. Respektive: Wenn wir zulassen, dass andere unser Liebe bewerten und kritisieren. Die Besucher wissen nicht um den Wert des Rosengartens, achtlos zertrampeln sie die Beete und reißen die Blumen aus.

Mit diesem Bild möchte ich verdeutlichen: Trennen Sie zwischen Ihrer sozialen Sichtbarkeit und dem unsichtbaren Energiefeld, dass Sie und Ihren Partner innig miteinander verknüpft.

Wer kennt schon Ihre Seele, abgesehen vom geliebten Partner? Wer kann schon das Glück ermessen, das Sie ganz persönlich empfinden? Versuchen Sie erst gar nicht, es irgendjemandem zu erklären. Lassen Sie sich nicht in die Defensive drängen. Schützen Sie Ihren inneren Rosengarten.

Dieser Gedanke ist neu und ungewohnt. Längst haben wir verinnerlicht, dass Reden Gold sei und Schweigen Silber.

Immer wieder wird uns eingeschärft, dass wir über Beziehungen reden sollten, am besten in der Terminologie der Psychoratgeber. Arglos ziehen wir Menschen ins Vertrauen, die nur zu gern die Funktion von Bedenkenträgern einnehmen und uns mit allerlei Tipps und Ermahnungen beglücken. So wurde schon manche Partnerschaft buchstäblich zerredet.

Seien Sie vorsichtig. Die Seele ist kein gesellschaftliches Spielfeld, auf dem Sie punkten müssen. Bewahren Sie Ihre Liebe wie einen verborgenen Schatz auf.

Simone de Beauvoir sagte einmal, das Geheimnis des Glücks sei, so zu tun wie alle und so zu sein wie niemand. Sie hatte verstanden, dass die inneren Paradiese unzugänglich bleiben müssen. Hüten Sie sich davor, dass andere in den inneren Bezirk Ihrer Liebe eindringen. Verweigern Sie rigoros jedes Gespräch darüber. Durch negative Resonanz wird sonst der energetische Austausch zwischen Ihnen und Ihrem Partner gestört und am Ende unterbrochen.

Umgeben Sie den inneren Rosengarten Ihrer Seelen mit einer hohen Hecke, die ihn den Blicken Neugieriger entzieht. Wenn Ihnen das gelingt, können Sie Ihr Glück für immer bewahren.

Das Ego zähmen

Vermutlich ist Ihnen bei der Lektüre des vorhergehenden Abschnitts einiges klar geworden. Offen allerdings bleibt die Frage, warum es uns generell so schwerfällt, eine Beziehung mit der ganzen Kraft unserer liebenden Seele zu gestalten.

Neben den Angriffen von außen scheint es auch Angriffe zu geben, die aus uns selbst kommen. Im inneren Bezirk der Liebe ereignen sich zuweilen Dinge, die wir nicht verstehen: Misstrauen, Aggression, Überdruss.

Welches sind die tiefer liegenden Ursachen, die möglicherweise auch Ihnen in der Vergangenheit Kummer bereitet haben und eine gelingende Beziehung vereitelten? Was hat die seelische Übereinstimmung substanziell von innen infrage gestellt, was hat davon abgelenkt?

Es ist immer wieder erstaunlich zu hören, aus welch trivialen Gründen Beziehungen scheitern. Wir kennen sie alle, die Klassiker, an denen sich Streit entzündet: die falsch ausgedrückte Zahnpastatube, der nicht hinuntergebrachte Müll, die Socken auf dem Sofa, die vergessenen Haare im Waschbecken.

Banale Details, möchte man meinen. Und doch blähen sie sich zu Alarmsignalen auf, hinter denen ganz wesentliche Asymmetrien zu liegen scheinen: Respektlosigkeit, Bequemlichkeit, Gedankenlosigkeit, die kardinalen Untugenden von Beziehungen, die sich ihrem Nullpunkt nähern.

Die Anlässe mögen noch so lächerlich sein, das Gemüt jedoch ist verstimmt. Der Einklang ist gestört, wie bei einem verstimmten Instrument. Welche unselige Macht ergreift da Besitz von uns?

Nähern wir uns der Sache nicht auf die übliche therapeutische, sondern auf spirituelle Weise, können wir Aufschluss darüber erhalten, wie sich eine langfristige duale Balance entwickelt. Offensichtlich ist es nämlich nicht nur die Seele, die eine Partnerschaft eingeht, sondern noch viele andere Facetten unseres Ichs.

Da ist das Ego, das von Identifikationen mit der äußeren Welt geleitet ist Der Intellekt, der sich der Mittel des Verstandes bedient. Da sind die Instinkte, denen wir unbewusst folgen, falls wir sie nicht reflektieren. Das Ich ist also letztlich ein Konglomerat sehr unterschiedlicher Elemente. Ganz allein die Seele aber ist jener Aspekt, der für eine gelingende Beziehung die Hauptrolle spielt.

Umso verwunderlicher ist es, dass wir der Seele so wenig Raum zugestehen, auch in einer Beziehung. Dort regiert oft nach kurzer Zeit das Ego, das seinen autarken Status eisern verteidigt. Der Intellekt beginnt sich zu regen, wir »hinterfragen« die seelische Entscheidung für einen Menschen. Viele Reaktionen sind darüber hinaus instinkthaft und unbewusst.

Pointiert gesagt: Der Glückszustand der Seele wird massiv angegriffen von uns selbst, von Ego, Intellekt und Instinkt. Ein Krieg tobt in unserem Inneren. Während etwas in uns darauf beharrt, dass wir gefunden haben, was uns guttut, treten die anderen Stimmen auf den Plan. Das Ego meint, zu kurz zu kommen. Der Intellekt seziert den Partner, bis nichts mehr von ihm übrig bleibt. Und der Instinkt suggeriert uns, dass wir uns allmählich nach einem sexuell anziehenderen Partner umschauen könnten.

In diesem Zusammenhang möchte ich Sie an Schrödingers Katze erinnern und an die Conclusio aus dem Gedankenexperiment: Der Beobachter steuert das Geschehen. Seine Seele ist das Maß aller Dinge. Deren Bedürfnisse erschaffen die Realität. Allein die Seele selektiert das kosmisch Erwünschte aus dem Meer der Wahrscheinlichkeiten und macht das theoretisch Mögliche zum Faktischen.

Mit anderen Worten: Als aktiver Beobachter haben Sie es in der Hand, welchen Weg Ihr Schicksal und Ihre Beziehung nimmt. Und es liegt an Ihnen, ob Sie das Glück zu einem unzerstörbaren Zustand machen, oder ob es Ihnen wieder entgleitet. Gerade als Beobachter Ihrer Beziehung haben Sie große Gestaltungskraft. Treten Sie daher einen Schritt zurück und nehmen Sie die Position des aktiven Beobachters ein. Was sehen Sie, wenn Sie eine gefährdete Beziehung betrachten?

Sie sehen zwei Menschen, die vergessen haben, ihre Seele und damit den Glücksimpuls zu pflegen. Ich sage ausdrücklich nicht, dass sie vergessen haben, ihre *Beziehung* zu pflegen. Solche Formulierungen gehören in die Hausapotheke von Küchenpsychologen, die uns weismachen wollen, ein regelmäßig überreichter Blumenstrauß oder alle möglichen gemeinsamen Unternehmungen hielten die Partnerschaft lebendig.

Wenn es so einfach wäre, könnten Millionen von Scheidungen durch solche Patentrezepte vermieden werden. Das unsägliche Wort von der Beziehungspflege spiegelt vielmehr ein mechanistisches Weltbild.

So, wie ein Auto von Zeit zu Zeit betankt und gewartet wird, soll auch die Beziehung neu mit Gefühlen betankt, der Ölstand des Zusammenlebens kontrolliert und das Kühlwasser der Gelassenheit nachgefüllt werden.

Niemand wird ernsthaft behaupten, dass der Mensch eine Maschine sei und daher bei sorgfältiger Wartung »beziehungsfähig« bleibt. Und doch konsultieren wir nur zu gern Ratgeber, die simplen, mechanistischen Vorstellungen folgen.

Letztlich gleichen diese gut gemeinten Ratschläge Gebrauchsanweisungen, mit deren Hilfe wir auch Kaffeemaschinen oder Laptops funktionstüchtig halten könnten. Man empfiehlt uns, wir sollten ein wenig herumschrauben an der Mechanik der Partnerschaft und dann darauf warten, dass sich die Inkongruenzen auflösen.

Verbannen Sie solche Gedanken aus Ihrem Bewusstsein.

Schlagen Sie die Ratgeber zu. Fangen Sie stattdessen an, in Ihrer Seele nach dem Glück zu forschen, das Ihnen langsam, aber sicher abhandenkommen könnte, wenn Sie es nicht entwickeln.

Vor allem aber sollten Sie nicht dem modisch gewordenen Zweifel an Ihrer Beziehungsfähigkeit erliegen: Der Mensch *ist per se* beziehungsfähig, aufgrund seiner seelischen Dimension. Wir sind dafür geschaffen, das Glück in der Seelenpartnerschaft zu finden.

Wer Ihnen das Gegenteil erzählt, weiß nichts, aber auch gar nichts über die Liebe. Dummerweise schenken wir den Liebesmechanikern mehr Glauben als jedem anderen. Sie erscheinen uns vernünftig. Ihre Analysefähigkeiten beeindrucken. Aber Analyse bedeutet, etwas Ganzes in seine Einzelteile zu zerlegen. Keine Analyse ohne Zerstörung.

Das Ganze ist mehr als die Summe seiner Teile. Das übersehen wir, wenn wir den gewitzten Analytikern unserer Seele lauschen. Die allgemeine Verunsicherung ist groß. Merkwürdig genug, schwanken wir zwischen dem spirituellen Bedürfnis nach unendlichem Glück und der rationalen Skepsis, alles Glück sei endlich.

Bedenken Sie stets: Nur vordergründig betrachtet, sind wir endlich. Abgesehen davon, dass unsere Seele unsterblich ist, sind wir auch in unserer individuellen Existenz Teil des Universums.

Wir tragen in unserem Sein die Substanz des Kosmos und werden mit seiner Energie befeuert. Deshalb sind wir als Beziehungswesen gemeint und haben die Chance, unendliches Glück zu erlangen. Dieses Glück ist bereits da, bevor wir es entdecken, im kosmischen Selbst-Bewusstsein, das uns uneingeschränkt zugänglich ist.

Auch rein physikalisch gesehen bewegen wir uns in einem offenen System, in dem alles zusammengehört. Schrödinger sagte entsprechend, dass es nur *ein* Bewusstsein gebe, mit der schönen Formulierung: »Das Bewusstsein ist ein Singular, für den es keinen Plural gibt.«

Ganz anders das Ego. Es trennt uns vom universalen Bewusstsein. Es erkennt nicht die Überzeitlichkeit der Liebe an, sondern grenzt sich ab, ängstlich fixiert auf das Hier und Jetzt. Das Ego vertritt das endliche Vorbewusstsein, einen Zustand der gefesselten Selbst-Wahrnehmung. Daher ignoriert es die Seele und setzt sich aggressiv über deren Bedürfnisse hinweg.

Wenn Sie schon einmal darunter gelitten haben, dass die große Liebe sich in kleinteiligen Scharmützeln verflüchtigte, so lag es sehr wahrscheinlich auch daran, dass das Ego die Oberhand über die Seele erhielt. Kurz gesagt: Sie haben Ihre Seele vernachlässigt und damit Ihr unendliches Glück verspielt. Sie haben das Wissen Ihrer Seele verdrängt und vor dem Buchstäblichen kapituliert.

Vergessen Sie den Terminus der »Beziehungsarbeit«. Sie müssen überhaupt nicht an Ihrer Liebe »arbeiten«, wie ein lustfeindliches, puritanisches Weltbild es will. Nicht im Schweiße unseres Angesichtes erlangen wir die unendliche Liebe, sondern durch intensive Bewusstseinsprozesse.

Was uns zur Liebe führt, ist Erkenntnis. Umfassende, spirituelle, freudige Erkenntnis. Insofern setzt die gelebte Liebe voraus, dass wir unsere Wahrnehmung von falschen Filtern befreien.

In Platons Höhlengleichnis ist die gestörte Wahrnehmung eindringlich beschrieben. Platon verglich Unwissende mit Gefangenen, die in einer Höhle festgehalten werden. Sie sind dazu verdammt, die Wand der Höhle anzustarren, da sie sich nicht umdrehen können und nicht sehen, was sich außerhalb der Höhle ereignet.

Hinter den Gefangenen ist die Höhle von einem Feuer erhellt. Deshalb sehen sie lediglich die Schatten des Wirklichen an der Wand, niemals aber das Wirkliche selber. Solange sie ihre Fesseln nicht lösen, werden sie die Schatten für die Realität halten und die Dinge an sich niemals im strahlenden Licht des Tages betrachten können.

Platons Höhlengleichnis gehört zu den großen Erzählungen der Erkenntnisphilosophie. Es hat Generationen von Sinnsuchenden fasziniert, die nach der Wahrheit fragten, welche sie nur schemenhaft wahrnahmen. In gewissem Sinne nehmen wir auch unsere Beziehung nur durch Schemen wahr, solange wir sie nicht bewusst als Chance auf ein universales seelisches Glück begreifen.

Das Ego gehört zu den mächtigsten falschen Filtern. Falls wir dem Ego Macht einräumen, reduzieren wir uns auf banale Existenzen und verlieren den Anschluss an das große Ganze. Das Ego kennt keine Resonanz. Es ist selbstbezüglich und konzentriert seine Wahrnehmung lediglich auf Wettbewerbsvorteile. Es kann nicht schwingen und kennt keine Hingabe, weil es kleinlich aufrechnet. Das Ego ist das regressive Ich, unfähig zu energetischer Kommunikation.

Nur durch das Ego ist zu erklären, warum wir uns so schrecklich verletzen können, gerade in einer Liebesbeziehung. Da das Ego immer kampfbereit ist, verkennen wir nur zu oft, dass unsere Seele leidet, wenn wir kämpfen.

Die Seele jedoch unterliegt dem Gesetz der Resonanz, ob wir wollen oder nicht: »Du und ich: Wir sind eins. Ich kann dir nicht wehtun, ohne mich zu verletzen«, wusste Mahatma Gandhi.

Es ist das Prinzip der Resonanz, das über unser Seelenglück entscheidet. Damit ist das Glück das Gegenbild einer kriegerisch ausgelebten Beziehung. Als aktiver Beobachter können Sie Ihre Seele zur Königin machen und das Ego entmachten.

Die Energieflüsse, die Sie zum idealen Partner geführt haben, dürfen nicht vom Ego durchkreuzt werden, sobald Sie sich glücklich wissen. Weisen Sie das Ego in seine Grenzen.

Besitzansprüche

Zu den vertrackten Strategien des Egos gehört, dass es seine Selbstbehauptung nur zu gern auf einer symbolischen Ebene ausagiert. Angespannt überwacht es jedes noch so kleine Detail, stets auf der Suche nach narzisstischen Kränkungen.

Es ist das Ego, das uns einflüstert, wir müssten dem Partner symbolische Handlungen abverlangen, mit denen er seine Liebe »beweist«. Zwangssituationen werden auf diese Weise erzeugt, ein System des Terrors, in dem das Ego erbittert um jeden Zentimeter des alltäglichen Terrains ringt.

Nur zwei kleine Beispiele: Eine Frau verlangt von ihrem Mann, dass er am Wochenende nicht etwa ausschläft, wie er es am liebsten tut, sondern sie bei ihrem Segelkurs begleitet – als Signal für seine liebevolle Zuwendung. Ein Mann verlangt, dass seine Frau auf eine Familienfeier verzichtet, weil sein Chef eine Party gibt. Guten Willens gibt der Partner anfangs nach. Auf die Dauer zähneknirschend.

Ist nur sein Ego beleidigt? Nein, es ist die Seele, die verknechtet wird. Und das nicht etwa, weil jemand dem Partner zuliebe irgendwelche Dinge tut, sondern weil seine seelischen Bedürfnisse nach Resonanz ignoriert werden. Wer wahrhaftig liebt, sehnt sich nach souveräner, energetischer Kommunikation, nach Synergien, die ihn wachsen lassen.

Die Liebe ist in ihrer reinsten Form das Urvertrauen, dass man nichts falsch machen kann. Man muss nichts beweisen. Man muss deshalb auch nichts Besonderes *tun* – außer die Liebe in aller Bewusstheit gestalten, auf der seelischen Ebene der Schwingungen.

Solch eine spirituelle Deutung der Liebe könnte viele Dissonanzen auflösen, die uns leiden lassen. Doch nur wenige gehen diesen Weg. Stattdessen kennen wir alle die Machtspiele, die Forderung nach Liebesbeweisen, den Kleinkrieg des Alltags.

Wir meinen, der Partner müsste ständig seine Prioritäten offenlegen und Zugeständnisse machen: Er soll wahlweise Vegetarier werden oder sich für Heavy Metal interessieren, die Wände streichen, den neuen Actionfilm anschauen, obwohl er zu nichts davon Lust verspürt. Einklang verwandelt sich in Zwang, der immer unerträglicher wird.

Wenn wir dem Ego erlauben, zum Regisseur der Beziehung aufzusteigen, geben wir ihm freie Hand, diese Beziehung zu beenden. Das Ego will kontrollieren. Es wittert in jeder Handlung das Symbol für Liebe oder Missachtung. Ein Stellungskrieg wird eröffnet, in dem es fortan keinen Waffenstillstand mehr geben kann. Die gegenseitigen Besitzansprüche wachsen, so wie das Ego.

»Du gehörst mir«, dieser Satz ist der Subtext unzähliger Auseinandersetzungen, die die Beziehung schon innerhalb kurzer Zeit zermürben. Wir können einander aber nicht besitzen, so wenig, wie die Sonne den Mond besitzt oder das Meer den Fisch. Die ökonomische Kategorie des Besitzes widerspricht jeder Erkenntnis der gemeinsamen energetischen Matrix allen Seins.

Wenn wir miteinander korrespondieren, wenn wir in Resonanz mit einem Menschen stehen, gehört er uns nicht etwa, sondern ist der wichtigste seelische Bezugspunkt eines universalen Austauschs. Wir sind mit ihm durch Energieflüsse verbunden. Die Bindung stellt sich über positive Energien her, nicht etwa über den Umweg der Kontrolle.

So sehr wir auch bemüht sein mögen, diese Bindung durch Gesten zu festigen, durch Vertrauensbeweise, Unterwerfungssymbole oder eben Kontrolle, so nichtig sind alle diese Strategien, was Bindung betrifft.

Versuchen wir, die Besitzansprüche in das kosmische System einzuordnen, so stoßen wir auf eine negative und rein stoffliche Ausprägung der Beobachterrolle: den Kontrolleur.

Der Kontrolleur gleicht einem Gefängniswärter, der seinen ausgewählten Insassen peinlich genau überwacht. Er gönnt ihm nicht den kleinsten Freiraum und nimmt ihm seine Energien. Der negative Beobachter greift ein, indem er die Handschellen klicken lässt und den Freiheitswunsch des Partners erst herausfordert. So stößt er ihn weg, während er ihn zu fesseln versucht.

Oft merken wir zu spät, dass wir auf die falschen Strategien setzen. Eine Freundin erzählte mir einmal, es sei beglückend, dass ihr neuer Partner sich tagsüber immer wieder per Handy bei ihr meldete. Er schickte regelmäßig SMS mit Liebesbotschaften, er rief mehrmals täglich kurz an, um ihr seine Liebe zu versichern.

Verständlicherweise war sie begeistert von diesem ungewöhnlich aufmerksamen Mann, der offenbar immer an sie dachte, im Büro, im Fitnessclub, auf dem Weg nach Hause. Zum ersten Mal in ihrem Leben fühlte sie sich wirklich geliebt.

Einige Monate später wirkte sie bedrückt. Wir trafen uns mittags auf einen Kaffee, und während der einen Stunde, die wir miteinander verbrachten, rief ihr Mann dreimal an. Sie zuckte förmlich zusammen, wenn das Handy klingelte, wagte aber auch nicht, es kurzerhand auszustellen.

Natürlich bemerkte sie meinen irritierten Blick. Und dann gestand sie, dass sie seelisch vollkommen am Ende sei.

Die vermeintliche Aufmerksamkeit hatte sich in einen Kontrollzwang verwandelt. Sie fühlte sich überwacht und eingeengt, wie ein Besitz, der gestohlen werden könnte. Es mache ihr keine Freude mehr, das Haus zu verlassen, weil der Handyterror immer massiver werde. Fast schien es so, als sei sie eine Gefangene, die ihren eigenen Käfig immer mit sich herumschleppte. Einige Wochen später trennte sie sich von dem Mann.

Die unglaublichste Geschichte erzählte mir ein Zahnarzt.

Er hatte einen Patienten, der einige neue Inlays brauchte, eine langwierige Behandlung. Kurz vor der ersten Sitzung erschien seine Ehefrau in der Praxis und bat um ein persönliches Gespräch.

Der Zahnarzt traute kaum seinen Ohren: Die misstrauische Gattin wollte, dass er ihrem Mann mit einem der Inlays einen winzigen GPS-Chip in den Zahn implantierte. Auf diese Weise könne sie jederzeit sehen, wo er sich gerade aufhalte, erklärte sie. Der Zahnarzt lehnte diese Zumutung natürlich ab und verlor anschließend den Patienten. Vermutlich gab es einen anderen Arzt, der weniger Skrupel hatte.

Rollenvorgaben

Sicherlich handelt es sich beim letztgenannten Beispiel um eine extrem gesteigerte Form des Besitzdenkens, so extrem, das sie uns zum Lachen reizt. Aber das »du gehörst mir« steckt darin genauso wie in harmloseren Varianten der Kontrolle, die vom Ego ausgehen.

Von solchen Strukturen gilt es sich zu befreien. Suchen Sie die seelische Übereinstimmung, fordern Sie keine falschen Unterwerfungsgesten. Und verlangen Sie keine Beweise.

Der Alltag ist wahrlich nicht die Zone, in dem Ihre Liebe sich beweisen muss. Es verhält sich genau umgekehrt: Sie müssen ohnehin nichts belegen. Sie müssen weder akzeptieren, ein Besitz zu sein, noch müssen Sie irgendwelche Besitzansprüche durchsetzen.

Die Konsequenz ist eine ungeheure Freiheit. Sie können prinzipiell jede Lebensform wählen, von der modernen Partnerschaft mit getrennten Wohnungen bis zur völligen Beschränkung auf die häusliche Zweisamkeit. Denn Freiheit und Bindung kann es ohnehin nur als seelische Freiheit und seelische Bindung geben.

Das wird Sie verblüffen. Die große Liebe, das Happy End, das ist doch der Moment, wenn der Prinz seine Prinzessin aufs Schloss führt und ihr verspricht, sie nie wieder allein zu lassen. Er soll den Alltag mit ihr meistern, die vielen kleinen Aufgaben und Herausforderungen. So will es das Märchen von der großen Liebe.

Ich muss Ihnen widersprechen. Die große Liebe könnte sogar auf zwei verschiedenen Kontinenten existieren, mit Partnern, die räumlich getrennt, aber energetisch aneinander gebunden sind. Es ist gleichgültig, wo und wie Sie leben, denn die Liebe und das Glück kennen eine ganz andere Nähe.

Sicher, wenn eine Familie entsteht, neigen wir dazu, Präsenz zu fordern, sichtbare Verantwortung. Das ist ein richtiger Impuls. Aber es ist eine Entscheidung für die Familie, nicht für das Ausleben der Liebe. Auch ein gemeinsames Haus zu kaufen, ist lediglich die Entscheidung für ein Haus, kein Fundament für die Liebe.

Sie haben alle Optionen, wirklich alle. Die Liebeskunst braucht keine Regeln. Es kommt nur darauf an, *dass* Sie Ihre Liebe leben, nicht wie. Es ist sogar unerheblich, welche Rollenbilder Sie dabei erfüllen.

Jeder, der heute eine Bindung eingeht, tut das unbewusst auf der Folie eines fiktiven Gesellschaftsvertrags, der sich bei Weitem nicht in offiziellen Eheschließungen und Eheverträgen erschöpft. Vielmehr unterwerfen wir uns kulturell geprägten Vorstellungen, auf welche Weise das Zusammenleben geregelt sein sollte.

Feministische Vorstellungen beispielsweise legen nahe, dass klassische Rollenaufteilungen die Frauen versklaven. Selbst wenn eine Frau keine erklärte Feministin ist, ist sie doch im Allgemeinen äußerst empfindlich, was ihre emanzipatorischen Rechte betrifft. Sie hat verstanden, dass eine Beziehung der Schauplatz ist, auf dem ein modernes Selbstverständnis der Geschlechterrollen zum Ausdruck kommen soll.

Was sie persönlich möchte, was sie für individuell angemessen hält, korrigiert sie unbewusst im Hinblick auf gesellschaftliche Verabredungen, wie eine zeitgemäße Partnerschaft im Einzelnen auszusehen hat. Der Punkt ist, dass hier Ideologien wirken, die genauso fatal sind, wenn Männer die Beziehung als Terrain für ihre Macho-Phantasien missbrauchen.

Versuchen Sie zu verstehen, dass äußere Formen nichts weiter als relative Attribute sind und keine substanzielle Definition der Seelenpartnerschaft. Fühlen Sie sich frei, die Lebensform zu wählen, die Ihnen gemäß erscheint, verwechseln Sie diese aber nicht mit der Liebe.

Wenn Sie das begriffen haben, werden Sie eine große Souveränität kennenlernen, an der Sie unaufhörlich wachsen. Sie werden nicht mehr bestimmte Verhaltensweisen einklagen, die Sie zu Symbolen der Liebe hochreden.

Es ist sozusagen gleichgültig, wer die Kinder von der Schule holt, wer den Müll runterbringt und wer das Geburtstagsgeschenk für die Schwiegermutter aussucht. Auch Socken auf dem Sofa und Haare im Waschbecken sind Details, die niemals unsere Seele berühren, sondern nur das Ego herausfordern.

Bringen Sie den inneren Kontrolleur in sich zum Schweigen. Antoine de Saint-Exupéry schrieb: »Liebe besteht nicht darin, dass man einander anschaut, sondern darin, in dieselbe Richtung zu blicken.«

Ich kann ihm nur beipflichten. Der größte Fehler, den Sie machen können, ist die permanente Beobachtung und Korrektur des Partners. Geben Sie dieser Versuchung nach, so finden Sie sich über Nacht in der Zwangsjacke des Egos wieder.

Überschreiten Sie die Grenzen, welche das Ego zieht. Das

ist eine harte Schule. Doch die Zähmung des Egos gehört zu den wichtigsten und zugleich schwierigsten Aufgaben der spirituellen Entwicklung.

Gelernt haben wir etwas ganz anderes: Wir sollen uns behaupten im Lebenskampf, wir sollen uns durchsetzen und abgrenzen, ängstlich abgeschottet gegen den Rest der Welt, sogar gegen den Partner.

Wer so verfährt, bringt sich um die Chance, alles zu geben und alles zu nehmen, was der Seele guttut. Öffnen Sie sich – Sie haben nichts zu verlieren.

Liebe ist das Gesetz

Viele Denker der Geistesgeschichte haben sich mit der komplizierten Balance seelischer Liebe auseinandergesetzt. Manche meinten gar, dass sie ein menschengemachtes Mysterium sei, das gar nicht existiere.

»Mit der großen Liebe ist es wie mit den Geistererscheinungen«, spottete La Rochefoucauld, »alle reden davon, aber niemand hat sie gesehen.« Ist die große, glückliche Liebe also bloße Projektion?

Nein, es verhält sich vielmehr so, dass die große Liebe einer spirituellen Kultivierung bedarf. Ich bin fest davon überzeugt, dass wir eine spirituelle Liebes- und Lebenskunst erlernen müssen, um zu erfahren, dass die sogenannte große Liebe wirklich lebbar ist.

Es wäre eine Täuschung, wenn man meint, dass jeder von vornherein das Handwerk dieser Kunst beherrscht wie die Fähigkeit zu atmen und zu schlafen. Selbstverständlich ist wohl jeder Mensch imstande, sich zu verlieben. Aber davon, das wissen Sie, ist hier nicht die Rede. Mir geht es um eine qualitativ höhere Definition der Liebe und um das große Geheimnis, sie als ewiges, unendliches Glück zu erleben.

So stellt sich die Frage: Gibt es Bedingungen, unter denen die wahre Liebe gedeiht? Gibt es gar Handreichungen, wie wir sie wachsen lassen können?

Der – nicht unumstrittene – Mystiker Aleister Crowley forderte in seinen Schriften dazu auf, die Gesetzmäßigkeiten der Welterfahrung keinesfalls auf die Sphäre der Liebe zu übertragen. Wie viele spirituelle Lehrer vor ihm unterschied Crowley auch in der Liebe zwischen dem vorläufigen Ich und dem wahren Selbst, das einer permanenten Entwicklung und Selbsterkenntnis unterliegen müsse.

Crowley verdichtete diesen Gedanken in den berühmt gewordenen Sätzen: »Tu, was du willst, soll sein das ganze Gesetz. Liebe ist das Gesetz, Liebe unter Willen.«

Damit meinte er nicht etwa, man solle einfach tun, worauf immer man Lust habe. Man warf ihm zwar später manchmal vor, er rede einer ethischen Beliebigkeit das Wort und ermuntere zu völliger Amoral. Ich denke, es ging ihm vielmehr um eine Verschiebung der Prioritäten.

So wie Schopenhauer stellt Crowley die Freiheit des Willens infrage, solange der Mensch nicht zu seinem wahren Wesen vorgedrungen ist. Vorbewusste Handlungsmaximen spiegeln dieser Sicht nach lediglich die Gesetze banaler Alltagsmuster.

Im heiligen Bezirk der Liebe, so Crowley, hätten sie nichts zu suchen. Er betont, man solle den eigenen Willen im Licht der Selbsterkenntnis erforschen und anschließend in der Liebe läutern. »Liebe ist das Gesetz«, diese Aussage betrifft eine von allen Äußerlichkeiten gereinigte, spirituell durchpulste Liebe.

Wenn Liebe das Gesetz ist, werden Sie vielleicht einwenden, so sind Tür und Tor geöffnet, zweifelhafte und zuweilen furchtbare Dinge zu tun. Im Namen der Liebe werden immerhin sogar Verbrechen begangen. Wir dürfen uns hier allerdings nicht irritieren lassen vom unreflektierten Gebrauch des Liebesbegriffs.

Die Verfehlungen, die angeblich aus Liebe begangen werden, markieren eher die Schmerzpunkte fehlgeleiteter Gefühle, allen voran das Besitzenwollen. Nur im Loslassen aber liegt das Geheimnis einer unzerstörbaren Bindung. Konfuzius empfahl: »Was du liebst, lass frei. Kommt es zurück, gehört es dir – für immer.«

»Wahre Liebe«, also energetisch schwingende, besitzlose und auf Resonanz gebaute Liebe erschafft ihre eigenen Gesetze. Sie übersteigen Kontrollsüchte und Manipulationsversuche.

Loslassen jedoch ist wahrlich nicht das selbstverständliche soziale Programm. Zu stark sind die Verlustängste, die uns meist ein Leben lang plagen. Was wir aber besitzen wollen, wird uns niemals gehören. Es entgleitet uns, je heftiger wir es festhalten wollen.

Ich gehe noch einmal auf Crowley ein, um den Gedankengang zu veranschaulichen. In einem seiner Bücher findet sich das »Gesetz von Thelema«. Es besagt, dass niemand das Recht hat, in den freien Willen eines anderen Menschen einzugreifen.

Das »Gesetz von Thelema« beruht auf dem grundsätzlichen Respekt vor der autarken Seele des anderen, ganz im Einklang mit der Erkenntnis, dass es nur *ein* kosmisches Bewusstsein und *einen* universalen Willen gibt.

Einige Seiten zuvor erwähnte ich die »Ethik des Universums«. Sie ist die Basis für das »Gesetz von Thelema«. Dabei gilt es, den Menschen als solchen zu respektieren, als das, was er ist, und nicht als die Fiktion, was er sein sollte. Wenn Sie sich auf dem Bewusstseinsstand einer befreiten, energetisch schwingenden Seele befinden, geschieht das ganz von selbst, über den Erkenntnisprozess des »wahren Willens«.

Crowley geht davon aus, dass dieser universelle »wahre Wille« allen Menschen als göttliches Prinzip innewohnt.

Wahrhaft Liebende können also gar nicht gegensätzlichen Willens sein, weil sie am wahren Willen teilhaben – immer vorausgesetzt, sie sind spirituell achtsame Personen. In diesem Fall wird ihr Wille vom Universum unterstützt: Es gibt keinen Unterschied mehr zwischen universellem und individuellem Willen.

Insofern ist das Liebesgesetz ein kosmisches. Es existiert und es muss nicht verhandelt werden. In einer gelungenen, spirituell ausbalancierten Partnerschaft wird das spürbar im Einklang, in der intuitiven Übereinstimmung, was das Seelenleben betrifft.

Das Gift der Eifersucht

Wenige Menschen machen solche glückhaften Erfahrungen. Dabei nehmen sie durchaus wahr, dass ihre Verhaltensweisen oft das Gegenteil von dem hervorrufen, was sie beabsichtigten.

Hier nun muss ich Sie auf vermintes Terrain führen: die Eifersucht. Sie ist die mächtigste negative Empfindung, die wir neben dem Hass einem Menschen entgegenbringen können. Und sie ist der Tod jeder Beziehung.

Wenn wir die Eifersucht unter den Vorzeichen der erzeugenden Schwingungen betrachten, so entlarvt sie sich als eine fatale destruktive Energie. Eifersucht setzt nämlich voraus, dass wir den Treuebruch bildhaft imaginieren. Das ereignet sich oft in einer Heftigkeit, die uns schier um den Verstand bringt und alle Aufmerksamkeit bindet.

Was dabei wirkt, ist eine negative Interpretation der Wirklichkeit. Noch das harmloseste Detail weckt einen Verdacht. Der entfesselt die Vorstellungskraft der Phantasie, auf deren Leinwand der »worst case« Realität wird – zunächst als seelische Realität, dann als faktische.

»Die Wirklichkeit ist immer nur der Köder, der uns zu irgendetwas Unbekanntem lockt, dessen Weg wir nur wenig verfolgen können«, schrieb Marcel Proust in seinem Roman »Auf der Suche nach der verlorenen Zeit«. Daher sei es besser, »nichts zu wissen, so wenig wie möglich zu denken und der Eifersucht auch nicht das allerkleinste Detail zur Verfügung zu stellen«.

Der Gedanke erzeugt die Wirklichkeit, im guten oder auch im schlechten Sinne. So, wie wir den idealen Partner und das grenzenlose Glück erschaffen können, ist es uns leider auch möglich, die Hölle der zersetzenden Eifersucht ins Dasein zu bringen.

Proust hat in seinem epochalen Roman eine bestechende Analyse der Eifersucht unternommen. Sein Ich-Erzähler leidet in unvorstellbarem Ausmaß, weil er sich ungehemmt seinen Zwangsvorstellungen hingibt. Detailliert malt er sich aus, wie seine geliebte Albertine sich anderen hingibt, wie sie andere küsst und nicht einen Gedanken an ihn, den verlassenen Geliebten, verschwendet.

Eine andere Figur Prousts, Charles Swann, erlebt eine noch größere Perfidie: Er muss sich eingestehen, dass seine Gefühle für die Lebedame Odette längst erloschen sind, dass aber seine Eifersucht dennoch nicht abflaut. Sie wird sein Lebensthema, als Suggestion, er müsse sie wenigstens besitzen, wenn er sie schon nicht lieben könne.

Beide Helden verändern durch die Eifersucht ihre Persönlichkeit. Sie wirken auf Freunde und Bekannte gehetzt und zwanghaft, weil sie gefangen sind in ihrer Wahrnehmung: Jeder ist verdächtig, jeder kann zum Anlass der Untreue werden.

Swann steigert sich schließlich in eine Paranoia, die ihn zu isolieren droht: »Im Grunde war in seinem Bekanntenkreis niemand, der einer Infamie nicht fähig sein könnte. Sollte er einfach mit allen in Bausch und Bogen brechen?«

Wohl jeder war schon einmal eifersüchtig. Und immer wird dabei eine Rolle gespielt haben, dass er einen Menschen besitzen wollte, was, wie ich bereits erläutert habe, unmöglich ist. Der Mensch ist naturgemäß frei nach dem »Gesetz von Thelema«. Die Angst vor der Untreue erleben viele jedoch wie einen Muskelreflex, sie sind unfähig, sich dagegen zu wehren.

Vom energetischen Standpunkt aus hat die Eifersucht zwei Konsequenzen. Zum einen fällt die eigene Seele in den vorbewussten Zustand unkontrollierter Gefühle zurück. Um Liebe handelt es sich dabei nicht, wie wir bei Proust gesehen haben. Zum anderen drängen wir den Partner über Resonanz in die Untreue. Unsere inneren Bilder teilen sich ihm mit, sie werden geradezu Handlungsanweisungen für den befürchteten Seitensprung.

Es bedarf schon einer gewissen spirituellen Souveränität, um zu akzeptieren: Falls der Partner Ihnen entgleiten soll, so wird es geschehen. Nichts wird das verhindern können, keine Kontrolle, keine Verdächtigungen, keine Vorsichtsmaßnahmen. Auch kein noch so gut abgefasster Ehevertrag, kein noch so heiliges Eheversprechen kann die Gefahr des Liebesverrats bannen.

Das ist kein Grund zur Resignation. Sie können durchaus den Partner mittels Ihrer vertrauenden Gedanken und Ihrer positiven Schwingungen vor der Untreue bewahren – falls es sich um den Partner handelt, der für Sie bestimmt ist.

Schützen Sie Ihr Glück vor sich selbst, vor Ihrer negativen Gestaltungsmacht.

Die taoistische Philosophie formuliert ein Prinzip, das die spirituelle Handlungsweise versinnbildlicht. Es lautet: Was ich zusammendrücken möchte, muss ich sich ausdehnen lassen. Es ist ein Paradoxon und besagt: Wenn ich das Gegenteil des ersten Reflexes denke und nicht festhalte, sondern loslasse, gebe ich dem anderen die Freiheit, sich mit der ganzen Kraft seiner Seele für mich zu entscheiden.

Das ist eine schwierige Übung, zugegeben. Wenn das Glück erst einmal da ist, dann möchte man es festhalten, ein völlig natürlicher Impuls. Doch das Halten des Glücks kann niemals ein Festhalten sein. Aufgrund des energetischen Charakters des Glücks ist die Hand, die etwas zusammendrückt, gleichzeitig die geballte Faust. Sie vernichtet Energien, auch die eigenen.

Stellen Sie sich vor, Sie befinden sich in der Natur und erfreuen sich an der erquickenden Waldluft. Wer besitzen möchte, wird nun einatmen und die Luft anhalten, mit dem Wunsch, nie wieder auszuatmen. Was geschieht dabei? Wenn Sie nicht ausatmen, verlieren Sie in kürzester Zeit Ihre Lebenskraft und ersticken. Sie müssen ausatmen, um wieder einatmen zu können und die Waldluft zu genießen. Ausatmen und Loslassen aber sind dasselbe. Erst der gelungene Rhythmus aus Einatmen und Ausatmen schafft eine Balance, die uns Freude schenkt.

Lassen Sie in Ihrer Beziehung die Energien frei fließen. Und nicht etwa deshalb, weil Sie die kosmischen Naturgesetze kennen und sie halbherzig befolgen. Deshalb ist es so ungeheuer wichtig, dass Sie selbst durch Meditation diesen fließenden Zustand zu Ihrem eigenen machen.

Wer einfach meint, es sei taktisch besser, dem Partner die »lange Leine zu lassen«, wird ihn verlieren. Das bloße Kalkül ist zu kurz gedacht. Verbinden Sie sich mit Ihrem Partner durch den »wahren Willen«. Machen Sie sich immer wieder Ihrer Seele bewusst und suchen Sie die inneren Paradiese des Glücks auf, in denen Ihr Partner mitschwingt. Dann sind Sie untrennbar verknüpft in jenem göttlich-kosmischen Prinzip, das Aleister Crowley in der Formulierung zum Ausdruck bringt: »Every man and every woman is a star« – Jeder Mann und jede Frau ist ein Stern.

Sterne können einander nicht besitzen und sie müssen einander auch nicht überwachen. Ihre Bahnen folgen Energielinien, die ewig sind. Freuen Sie sich an dieser kosmischen Wahrheit. Nichts kann Ihnen geschehen, wenn Sie mit Ihrem Partner durch Resonanz verbunden bleiben.

Ewig oder lebenslänglich?

»Bis dass der Tod euch scheidet«, lautet die rituelle Formel bei einer kirchlichen Eheschließung. Gläubige würden hinzufügen: »Und nach dieser körperlichen Trennung werden wir uns im Jenseits wiedersehen und für immer zusammenbleiben.«

Wenn wir uns die Idealvorstellung der Liebe vor Augen rufen, zweifeln wir nicht eine Sekunde: Liebe ist ewig. Sie ist unabhängig von den Rhythmen der individuellen Existenz. Sie ist überzeitlich und endet nie.

Ich staune immer wieder, dass wir das schönste Geschenk des Kosmos, die unendliche Liebe, so nachlässig behandeln. Oft ist es sogar umgekehrt: Die Vorstellung, für immer mit einem Partner zusammenzubleiben, flößt uns Furcht ein.

Es ist innerer Widerstreit, der uns beutelt: Verbinden und Verlassen, Festhalten und Preisgeben, Bleiben und Weggehen – zwischen diesen Polen pendeln wir hin und her, unentschlossen, für welchen wir uns entscheiden sollen.

Vieles scheint in der Tat für kurzfristige Partnerschaft zu sprechen. Das Leben selbst ist Wechsel und verlangt nach Abwechslung, meinen wir. Wie soll man es da mit einem einzigen Menschen »lebenslänglich« aushalten? Ist das nicht zu viel verlangt? Sind wir überhaupt dafür ausersehen?

Solche Gedanken sind Ihnen bestimmt auch schon einmal durch den Kopf gegangen. Kein Wunder, denn in unserer pragmatischen Lebenswelt sind wir genauso hin- und hergerissen zwischen der Sehnsucht nach Beständigkeit und dem Reiz des Neuen.

Einerseits suchen wir Sicherheit in der Kontinuität, andererseits verlangen wir, dass das Leben spannend bleibt, ein Abenteuer, das uns immer wieder überrascht. Nicht zuletzt die Neugier treibt uns an: Welches Geheimnis verbirgt sich hinter der nächsten Ecke?

Im Grunde ist der Mensch ein ruheloser Gesell, ein Entdecker und Eroberer, so wie Kolumbus und Marco Polo. Die Welt ist riesengroß – wer wollte sich schon auf das beschränken, was er gerade hat?

Die Konsumsphäre, in der wir uns bewegen, verstärkt diese Impulse. Das neue Auto, der nächste Urlaub, die schönere Wohnung, einfach alles scheint steigerbar. Und da der Konsum diktierten Moden folgt, bringen wir uns reflexhaft auf den jeweils neuesten Stand, um mit dem Tempo der anderen Schritt zu halten.

»Neu« und »besser« werden vielfach als Synonyme wahrgenommen. Wechsel verheißt Fortschritt, das Alte muss dementsprechend überwunden werden. Ein armer Tor, wer da beim Bewährten bleibt und nicht heimlich Ausschau nach etwas Neuerem, Besseren hält.

Wir reden uns gern ein, dass wir uns entwickeln und daher auch andere Bedürfnisse haben müssten. Nur wer sich ändert, bleibt sich treu, heißt die Parole des Wechsels und der Moden.

Das Echo solch einer konsumorientierten Haltung lässt sich auch bei Beziehungen beobachten. Der »Lebensabschnittspartner« passt bestens in die Philosophie der Abwechslung. Der Nachschub scheint unbegrenzt, also halten wir die Augen offen, was sich Neues ergeben könnte, selbst dann, wenn wir den vertrauten Partner lieben.

Aber was geben wir damit auf? Um ganz deutlich zu werden: Wir treten das Glück mit Füßen. Wir verraten unsere Liebe. Und wir garnieren den Verrat auch noch mit dem entschuldigenden Hinweis darauf, wir seien einfach zu schwach, um den vielen Versuchungen zu widerstehen, die uns umgeben.

Religiös motivierte Deutungen führen hier den personifizierten Teufel ein. Was für eine dämonische Figur! Er ist eine Gestalt, die uns mit allerlei Versuchungen und Verführungen umgarnt. Der Teufel verspricht sinnliche Freuden ungekannten Ausmaßes, er flüstert uns ein, dass wir uns nehmen sollten, was uns dargeboten wird.

Die teuflische Logik ist die der Steigerung: Intensivierung des Lebens, Erweiterung der Erfahrung, unendlicher Genuss.

Betrachtet man die menschliche Existenz und auch die Liebe unter spirituellen Vorzeichen, so wird rasch klar: Seelische Resonanz erfüllt genau das, was die Versuchung nur verspricht – eine Intensivierung des Lebens, die Erweiterung der Erfahrung.

Mit einem vermeintlichen Schönheitsfehler: All das wirkt zunächst nicht besonders spektakulär. Nach außen hin nämlich scheint es so, als seien glückliche Paare, die für immer zusammenbleiben, das Langweiligste auf der Welt.

Wer der Neugier nachgibt, dem flüchtigen Abenteuer, dem Reiz der Affäre, weiß oft nicht, dass er damit seine Seele verletzt. Das ist keine Frage der Moral. Ich habe überhaupt keinen Grund, mich hier als Moralapostel aufzuspielen, denn ich selbst habe erlebt, wie übermächtig die Lust auf ein Abenteuer sein kann.

Doch ich erfuhr auch, wie verhängnisvoll das ist. »Versuchungen sind wie Vagabunden«, sagte Mark Twain: »Wenn man sie freundlich behandelt, kommen sie wieder und bringen andere mit.«

Das »Mehr« ist das teuflische Prinzip der Versuchung, und die kann sehr leicht zur Sucht werden. Das Mehr aber ist kein Wachstum im substanziellen Sinne. Es ist Wechsel, keine Entwicklung. Und die Seele, sie leidet, weil sie unablässig neue Reize verarbeiten muss. Sie sehnt sich danach, dass sie mit kontinuierlichen, unwandelbaren Energien gestärkt wird. Warum nur tun wir uns das an?

Redundanz

Kulturtheoretisch könnte man sagen, dass wir in den westlichen Industriegesellschaften ein Redundanzproblem haben.

Das Wort Redundanz stammt aus dem Lateinischen und bedeutet wörtlich übersetzt »im Überfluss vorhanden sein«. Etwas ist also reichlich vorhanden, es ist damit weder neu noch knapp und nach dem ökonomischen Bewertungssystem von Angebot und Nachfrage nicht besonders wertvoll.

In der Kommunikationswissenschaft spricht man von Redundanz, wenn sich Informationen wiederholen, wenn nichts Neues mitgeteilt wird. Redundanz schwächt die Aufmerksamkeit. Wir verlieren das Interesse, weil wir dazu neigen, dem Neuen den Vorzug zu geben. Wohl kaum würden wir die Fernsehnachrichten einschalten oder eine Zeitung kaufen, wenn wir darin nicht etwas Neues erwarteten.

Im Umkehrschluss haben wir uns angewöhnt, dass wir gering erachten, was bekannt und leicht zu haben ist. Das Gewohnte, das Verfügbare erscheint redundant, es verliert ganz einfach seinen Zauber. Und wird langweilig.

Nichts fürchten wir so sehr wie die Langeweile. Sie ist die Todsünde der Erlebnisgesellschaft. Daher suchen wir die Varianten, die Erlebnisse, die Inszenierungen.

Nicht alle Kulturen jedoch feiern das Neue und den Wechsel. Im asiatischen Raum fand ich einen Zugang zur Wirklichkeit, durch den ich viel lernen durfte. Dort nämlich gilt gerade die Redundanz als Qualitätsmerkmal. Gerade die Wiederholung also wird geschätzt, das Ritual, die kontinuierliche Auseinandersetzung mit dem Immergleichen.

Die zenbuddhistische Lehre führt diesen Ansatz zur Vollkommenheit. Sie zielt nicht auf flüchtige Anregungen. Der Zenbuddhismus fordert völlige Konzentration auf weniges. Das geschieht beim »Zazen«, der absichtslosen Versenkung, das geschieht aber auch im Alltag, bei den einfachsten Verrichtungen. Sie werden mit Achtsamkeit ausgeführt, damit sich die Seele von jeglichen störenden Gedanken reinigen kann.

Während ich einige Wochen in einem Zen-Kloster verbrachte, beobachtete ich jeden Morgen einen Mönch, der einen Kiesweg harkte. Ihm habe ich unendliche Erkenntnisse über die Achtsamkeit zu verdanken.

Nie wich er von seinem Zeremoniell ab, täglich wiederholte sich das gleiche Schauspiel: Er nahm seine Harke in die Hand und ordnete mit ruhigen Bewegungen die Kiesel zu kreisförmigen Mustern. Er begann immer an derselben Stelle und beendete seine Arbeit immer an demselben Punkt.

Das dauerte etwa zwei Stunden, denn der Klostergarten war weitläufig und die Füße der anderen Mönche brachten die sorgsam erstellten Muster regelmäßig wieder in Unordnung.

Jeden westlichen Menschen hätte das frustriert. Was für eine sinnlose Betätigung! Und wie langweilig! Wie kann ein Mann jeden Tag dasselbe tun? Wie kann er geduldig die immer gleiche nervtötende Aufgabe erfüllen?

Nicht so der Mönch. Er wirkte völlig versunken in seine Beschäftigung, ohne die Frage nach dem Sinn zu stellen. Es schien ihm sogar Freude zu bereiten. Nie werde ich den Respekt in seinen Augen vergessen, die Hingabe an sein Tun, das freudige Leuchten seines Gesichts.

Es war gleichgültig, was er tat. Es kam nur auf die Achtsamkeit für den Augenblick an. Selten habe ich einen glücklicheren Menschen kennengelernt. Vermutlich kannte er nicht einmal das Wort Langeweile.

Zen ist die Kunst der vollkommenen meditativen Versenkung, die zur Alleins-Erfahrung führt. Subjekt und Objekt, das Du und das Ich, solche Trennungen werden bedeutungslos. Der Verstand gibt seine Deutungshoheit ab. Es war nicht zu übersehen, dass dieser harkende Mönch den Weg der Erleuchtung beschritt, jeden Tag aufs Neue.

Eine Praktik, die mich besonders faszinierte, war die zenbuddhistische Beschäftigung mit Kunst. Die Kunstwerke des Klosters wurden gerühmt. Als ich dort ankam, war ich begierig darauf, sie endlich zu sehen. Doch nirgends hing ein Bild, die Wände waren kahl.

Enttäuscht fragte ich einen Mönch, wo denn die Kunstsammlung sei. Er lächelte, und dann unterwies er mich in dem Ritual, das hier herrschte.

Ein Zen-Meister besitzt meist nur einige wenige Tuschzeichnungen, die er aufgerollt in einem speziellen Schrein aufbewahrt. Von Zeit zu Zeit, an rituell ausersehenen Tagen, entnimmt er dem Schrein eine bestimmte Zeichnung, entrollt sie und betrachtet sie lange. Dann wandert das Kunstwerk wieder für eine Weile in den Schrein zurück.

Als ich von dieser Praktik erfuhr, war ich erstaunt. Warum wurden die Zeichnungen den Blicken entzogen? Warum wurde nur eine einzige entrollt? Und warum kam niemand auf die Idee, man müsse die Sammlung durch neue Exponate ergänzen?

Ob das nicht irgendwann langweilig werden würde, wollte ich vom Zen-Meister wissen. Ein weiteres Lächeln war die Antwort. Offenbar hatte ich ziemlich einfältige Fragen gestellt.

Ich bat den Zen-Meister, von nun an ebenfalls dieses Ritual zu absolvieren, was er mir nach einer Weile gestattete. Nach und nach ging mir auf, welch eine umfassende Weisheit in dieser selbst gewählten Beschränkung lag.

In der absoluten Reduktion wurde eine seelische Erlebnisqualität möglich, die weit entfernt war von der Eventkultur des westlichen Lebensstils. In der freiwilligen Konzentration auf weniges, wahrhaft Wertvolles, schufen sich die Mönche einen Erfahrungsraum, in dem sie das Wesen der Wertschätzung erlernten.

Die reine Betrachtung wurde zur Meditation. Ich verstand: Bei der Versenkung in das immer Gleiche wächst die Seele, denn nie wird man das Gleiche sehen. Man wird Neues jenseits des Wechsels entdecken. Man kann seelisch kommunizieren und das Betrachtete immer wieder neu erfahren. Was ein westlicher Betrachter möglicherweise als langweilig oder redundant abtut, entfaltet in Wahrheit eine immense Qualität.

Es gab eine Phase in meinem Leben, als dieses Ritual mir sehr geholfen hat, meine wunde Seele zu heilen. Ich hatte äußerst hektische Zeiten hinter mir. Immer stärker wuchs das Bedürfnis, mich zurückzuziehen und zu besinnen.

Ich war damals dreißig Jahre alt und noch ungebunden, doch meine angebliche Freiheit hatte mich nicht glücklich gemacht. Meiner vielen Liebschaften war ich längst überdrüssig geworden. Die Abwechslung hatte mich zermürbt. Ich sehnte mich danach, meiner Seele Raum zu geben.

So zog ich mich auf eine Insel in der Nordsee zurück. Zunächst wanderte ich häufig am Strand entlang und meditierte im Angesicht des Wellenspiels. Doch es begegneten mir zu viele Menschen, die mich von der Natur ablenkten. Ich wollte meine Sinneseindrücke weiter reduzieren.

Daher baute ich mir im Garten ein japanisches Teehäuschen, inspiriert durch meine berührenden Erlebnisse in Asien. Es war eine einfache kleine Hütte. Für mich aber wurde sie eine ganze Welt.

Im Inneren des Teehäuschens war alles schlicht gehalten. Kein Bild hing an den weiß gestrichenen Wänden, kein Teppich, keine Dekoration erheischten meine Aufmerksamkeit.

Nur ein einziges Möbelstück befand sich in der Hütte: ein niedriger Schrank mit ein paar Schubladen. In ihnen verwahrte ich eine Zeichnung, die ich von meiner Asienreise mitgebracht hatte, eine getuschte Landschaft, die mir auf Anhieb gefallen hatte.

Jeden Nachmittag verbrachte ich nun einige Stunden in meinem Teehäuschen. Wenn ich hineinging, blieb der Alltag draußen, wie die Schuhe, die ich dem Ritual folgend auf der Schwelle auszog.

Wie ich es in Asien gelernt hatte, widerstand ich tagelang der Versuchung, die Zeichnung anzuschauen. Ich betrachtete nur die weißen Wände und lauschte dem Wind, der die Zweige der Kiefern im Garten bewegte.

Erst nach zehn Tagen gestattete ich mir zum ersten Mal einen Blick auf das Kunstwerk. Unablässig hatte ich daran gedacht. Ich entrollte es und betrachtete es lange. Schon die Vorfreude hatte meine Sinne gereinigt, das war die erste Lektion, die ich erhielt. Obwohl ich wusste, was mich erwartete, war ich aufgeregt wie ein kleiner Junge.

Ich schaute und schaute und konnte mich gar nicht sattsehen. Ich geriet in einen Zustand aufmerksamer Entspanntheit. Und ich war – glücklich.

Verglichen mit der Anzahl von Bildern, die man in einer einzigen Minute im Fernsehen wahrnimmt, enthielt dieses eine Bild unglaublich wenige Informationen. In wenigen Sekunden konnte man es erfassen: ein geschwungener Flusslauf, ein paar Gräser, eine sanfte Hügelkette im Hintergrund, angedeutet mit transparenten Linien.

Doch es war mehr als die kunstvolle Darstellung einer Landschaft. Je länger ich die Zeichnung betrachtete, desto intensiver füllte ich sie mit dem, was nicht darauf zu sehen war.

Ich spürte die frische, klare Luft eines Herbstmorgens. Ich hörte den Ruf der Vögel und das Plätschern des Wassers. Und ich staunte über die sichere Hand des Malers, der so viel gesehen hatte und so wenig Aufwand brauchte, um die Essenz seiner Eindrücke in wenigen Pinselstrichen zu verewigen.

Das war die zweite Lektion: Die Information war minimal, und doch schaute ich die ganze Fülle des Seins. Ich brauchte kein naturgetreues, farbenfrohes Gemälde, in dem jedes Detail akribisch ausgearbeitet war, um die Landschaft als Füllhorn von Eindrücken wahrzunehmen. Es war alles enthalten, buchstäblich alles, weil meine Seele viel mehr sah als mein Auge.

Nach einer Stunde verstaute ich das Bild wieder im Schrank. Schon am selben Abend sehnte ich mich danach, es aufs Neue zu betrachten. Es hatte meine Seele berührt. Es hatte mir einen Zustand geschenkt, in dem ich völlig ruhig, ohne Erwartungen oder Absichten, in das gesamte Sein eintauchen konnte.

Dennoch wartete ich eine ganze Woche, bis ich mir einen weiteren Blick auf das Bild gestattete. So erhielt ich die dritte Lektion: die Dinge durch achtsamen Umgang kostbar zu erhalten.

Was für eine großartige Verwandlung erfuhr ich dadurch! Und welch ein Paradox war da zu bestaunen! Denn das Bekannte verlor nie seinen Reiz. Die gespannte Erwartung blieb dieselbe. Ich konnte auf einmal wertschätzen, was mir längst gehörte. Ich brauchte nichts Neues – ich wollte nur diese eine Zeichnung, immer wieder.

So lernte ich wieder zu sehen. Jeder Pinselstrich war eine Sensation, jede Unebenheit auf dem handgeschöpften Blatt Papier bedurfte meiner Achtsamkeit. Auf diese Weise heilte ich mich von der Sinnesüberreizung, die mich zuvor überwältigt und die mich blind gemacht hatte.

Meine Freude war grenzenlos. Nun verstand ich das großartige Prinzip des zenbuddhistischen Minimalismus. Er versetzt uns in die Lage, das Große im Kleinen zu finden. Wie das Teehäuschen, war meine Tuschzeichnung eine ganzer Kosmos.

Ich begriff, was der Schriftsteller Sten Nadolny mit seinem Roman »Die Entdeckung der Langsamkeit« gemeint hatte: das Gegenmodell zu einer Wirklichkeit, die immer hektischer und immer rastloser wird. Plötzlich konnte ich mich dem Takt entziehen, der mir von anderen vorgegeben wurde, und fand meinen eigenen Rhythmus, den Rhythmus meiner Seele. Ich brauchte kein Mehr und keine Beschleunigung.

Allein im ruhigen, achtsamen Schauen war ich zutiefst glücklich. Es gibt weniges in meinem Leben, was derart bewusstseinsverändernd wirkte wie die Nachmittage in jenem Teehäuschen.

Rückblickend verstand ich auch, was mich kraftlos gemacht hatte. Lange hatte ich meinen zerfahrenen Zustand für ein Burn-out-Syndrom gehalten und für eine beginnende Depression. Doch es war keine psychische Krankheit gewesen, sondern ein Zuwenig an seelischer Energie. Deshalb hatte ich keinen Sinn mehr in meinem Leben gesehen. Nun konnte ich es uneingeschränkt annehmen.

Ich gebe zu, dass es durchaus luxuriös ist, diese Erfahrungen in einem eigens erbauten Teehäuschen zu machen. Heute ist dieses Teehaus längst Geschichte. Ich weiß nicht einmal, ob es noch existiert. Vielleicht wurde es inzwischen abgerissen, weil es für einen unbedarften Betrachter weder architektonisch attraktiv noch durch eine besondere Ausstattung reizvoll war.

Natürlich würde ich bedauern, wenn der Ort verschwunden wäre, wo ich viele intensive Stunden in Kontemplation verbrachte. Letztlich aber ist das bedeutungslos. Ich brauche keinen speziellen Raum mehr, denn ich habe tief in mir einen Raum gefunden, der mich glücklich macht: die völlige Konzentration auf die Ereignislosigkeit, die energetische Kommunikation mit dem Universum, tiefes Glück.

Der Partner als Makrokosmos

Als ich Jahre später nach Griechenland zog, ließ ich mir einen Turm bauen, meinen »Hölderlinturm«, wie ich ihn nenne. Dieser Turm ist spartanisch eingerichtet. Im einzigen Zimmer stehen nur ein einfacher Tisch und ein Stuhl, eine nackte Glühbirne hängt von der Decke.

Genau auf Sitzhöhe gibt es ein kleines Fenster, von dem aus man das Meer sieht. Meistens jedoch setze ich mich mit dem Rücken zur Aussicht.

Ich lege ein weißes Stück Papier und einen Bleistift auf den Tisch. Und während ich das unbeschriebene Stück Papier anschaue, baut sich ganz von selbst eine magische Dynamik auf. Etwas Unausgesprochenes will ausgesprochen werden. Es ist geradezu ein Sog. Das Papier zieht etwas aus meinem Inneren heraus, das ich nie gespürt habe.

Allein das zu beobachten, ist überwältigend. Dabei versuche ich, an nichts zu denken. Ich will also keinen Liebesbrief oder einen anderen bestimmten Text schreiben, sondern konzentriere mich nur auf den Seins-Zustand.

Alles geschieht von ganz allein. Das weiße Papier wird zur Leinwand, auf der meine Seele malt. Es kommen Bilder und Gedanken an die Oberfläche meines Bewusstseins, die ich niemals willentlich hätte erzeugen können.

Lange dachte ich darüber nach, was diese Erfahrungen für Partnerschaften bedeuten mochten. Und dann wurde mir fast schockartig bewusst, warum meine Beziehungen so unbefriedigend verliefen: Ich hatte mich übersättigt am Wechsel. Ich kannte nicht die Lebenskunst, eine Liebe als das Große im Kleinen zu betrachten.

Die Sucht nach Abwechslung ist künstlich. Menschen, die ihr erliegen, befinden sich letztlich in einem widernatürlichen Zustand der Langeweile. Wenn ich erkenne, wer ich bin und worin der Sinn meines Daseins liegt, kann ich mich gar nicht mehr langweilen. Ich werde immer wieder Aspekte finden, die mich erfreuen.

Im Grunde bräuchten wir nur die Augen zu schließen, in einem winzigen Raum, um die ganze Welt zu erfahren. Wir brauchen keine Veränderung, um uns zu entwickeln. Wer die Veränderung und die Abwechslung herausfordert, degradiert sich zu einer roboterhaften Suchmaschine. Er kompensiert den desaströsen Zustand seiner Seele mit Kicks als Mittel zum Zweck, und sei es mit Affären und Teilzeitbeziehungen.

Mittlerweile weiß ich, dass die Kunst, das Glück der Liebe zu bewahren, in der Achtsamkeit verborgen ist. Die drei Lektionen, die ich über die zenbuddhistische Kunstbetrachtung erhielt, gelten auch für die Beziehung zum idealen Partner.

Die erste Lektion lautet: Am Beginn steht die seelische Kontaktaufnahme. Sie geschieht durch Resonanz, also nicht dadurch, dass man dem geliebten Menschen räumlich nahe ist. Der Einschwingungsprozess erfolgt lange vorher, so wie die tiefe Bindung, die daraus entsteht.

Bei der zweiten Lektion handelt es sich um die Überwindung der Redundanz. Sie lautet: Der Partner muss nichts Neues bieten. Er trägt in sich die ganze Fülle des Seins und kann nie langweilig werden. Durch achtsames Schauen und Schwingen erfahren wir die ganze Fülle der Welt in ihm.

Die dritte Lektion berührt unmittelbar das Zusammenleben. Sie lehrt uns: Achtsamkeit ist der Schlüssel. Konzentration auf den Partner und Respekt vor seiner Einzigartigkeit ist das Wesen der Liebe. Er bleibt kostbar, für immer.

Als ich diese Gedanken innerlich formulierte, spürte ich mit einem Mal, dass ich bereit war für die große, die wahre

Liebe. Unvermittelt sehnte ich mich nach einer Frau, die ich so lieben konnte, wie ich es bei der Betrachtung der Tuschzeichnung gelernt hatte: achtsam, aufmerksam, voller Konzentration auf die Einzigartigkeit des Gegenübers.

Ich bin sehr froh, dass ich mit meiner neu erworbenen inneren Haltung eine seelische Beziehung eingehen konnte. Ich traf meine zukünftige Frau, und mir war sofort bewusst, dass ich sie immer lieben würde. Ich hatte sie mit meiner Seele gerufen, und das Prinzip der Resonanz wollte es, dass wir einander fanden.

Wie lässt sich unser Glück beschreiben? Für mich ist das Glück ein Zustand größter Harmonie und größter Wertschätzung. Ich langweilte mich nie mit meiner Frau, auch als ich sie über die Jahre in allen ihren Facetten kannte und sie mir nichts Neues mehr bot.

Ich wollte gar nichts Neues. Das Abenteuer der Liebe war nun ein inneres geworden. Wie korrespondierten, wir versenkten uns ineinander, und wir wuchsen gemeinsam am Grundgefühl absoluter Balance.

Wenn sich fortan jemand bei mir beklagte, sein Partner sei langweilig geworden, schüttelte ich nur noch den Kopf. »Deine Frau ist doch keine Eventagentur«, warf ich einmal einem Freund vor, »was erwartest du eigentlich von ihr? Dass sie dich unterhält? Dass sie Abwechslung in dein Leben bringt?«

Dieser Freund befand sich in der Redundanzfalle. Er konnte nicht begreifen, dass seelische Korrespondenz nie langweilig wird.

Schützen Sie Ihre glückliche Beziehung

Nach den inneren Glücksverboten habe ich Ihnen gezeigt, welche Klippen Sie umschiffen müssen, damit Sie Ihre Liebe schützen.

Wahrhaft Liebende sind wie Königskinder. Oft werden sie getrennt durch das Störfeuer gesellschaftlicher Bewertungen, die wir uns zu eigen machen.

Unterscheiden Sie zwischen den formalen Ansprüchen der sozialen Bühnen und dem seelischen Leben als Liebespaar. Spielen Sie das Spiel des Alltags und freuen Sie sich auf die inneren Paradiese, in denen Sie keine Kostüme und Masken brauchen.

Der Weg des Wachstums ist ein anderer. Er führt zum inneren Rosengarten, wo Liebe das Gesetz ist und wo niemand Zutritt haben sollte außer Ihnen und dem Menschen, den Sie aus tiefstem Herzen lieben.

Widerstehen Sie Besitzansprüchen, geben Sie nicht der Eifersucht nach. Zähmen Sie Ihr Ego, weil es die Seele fesselt sowie Ihren Partner.

Durchschauen Sie den flüchtigen Reiz des Wechsels. Betrachten Sie Ihren Partner stattdessen wie ein Zen-Meister das immer gleiche Kunstwerk. Das lässt Sie achtsam werden und Wertschätzung erlernen.

Achten Sie den sechsten Schlüssel des Glückscodes. Sie haben etwas, was unschätzbar wertvoll ist: das Wissen um die Balance des Glücks. Wie Sie daran weiter wachsen, werden Sie im nächsten und letzten Kapitel erfahren.

7. KAPITEL
Der Weg des Wachstums
Nehmen Sie das Geschenk des Glücks an

Mit diesem Kapitel lege ich Ihnen den siebten Schlüssel des Glückscodes in die Hände. Er ist »Der Weg des Wachstums«. Diese Formulierung habe ich gewählt, damit Sie erkennen, dass etwas ungeheuer Schönes auf Sie wartet: Befreiung, Weiterentwicklung, Vervollkommnung.

Ich freue mich, dass Sie mir bis zu diesem Punkt gefolgt sind. Manches wird Sie in meinem Buch erstaunt, anderes verwirrt haben. Aus eigener Erfahrung weiß ich: Selbsterkenntnis ist kein sonniger Spaziergang.

Wer zum Licht strebt, muss den Schatten durchwandern. Bei näherem Hinsehen tun sich in jeder Seele Abgründe auf, wo lange verdrängte Konflikte brodeln. Seien Sie getrost: Die Empfindung des Schmerzes hat ihren Ursprung vor allem in der Sehnsucht nach dem Glück. Lassen Sie die Schmerzen hinter sich. Sie haben Ungeheures geleistet, um zum Selbst-Bewusstsein Ihrer Seele zu gelangen. Nun können Sie die Früchte ernten und das Glück annehmen.

Auch eine glückliche Partnerschaft verlangt nach Bewusstheit und Entwicklung, um wachsen zu können. Eine Liebe dagegen, die nicht wächst und in der wir selbst nicht wachsen können, muss endlich bleiben.

Ich weiß, dass Sie die Fähigkeit besitzen, durch Selbsterkenntnis Ihre Seele zu befreien und glücklich zu werden. Erkennen und Auflösen sind in spiritueller Hinsicht eins.

Vertrauen Sie auf die gestaltenden Kräfte, die in Ihnen schlummern. Erwecken Sie in sich den liebenden, hingebungsvollen Menschen, der sein Glück stetig vermehrt.

Ich und Du

Eine gelingende Liebesbeziehung, das haben wir im vorangehenden Kapitel gesehen, ist keine Selbstverständlichkeit. Sie ist das Resultat einer bewussten Lebens- und Liebeskunst. Aber sie ist noch viel mehr: ein nie versiegender Quell der inneren Entwicklung.

Die Kräfte, die dabei wirken, sind universal. Sie geben uns die Eigenschaften der Urseele zurück: den gesamten Kosmos zu erfassen und ihn zum eigenen zu machen. Welch ein riesiger Raum tut sich da vor uns auf! Welch eine grenzenlose Freiheit!

Im idealen Partner begegnen Sie dem Menschen, der diese Freiheit ebenso spürt wie Sie. So finden Sie sich jenseits aller Zwänge in der Unendlichkeit. Und das Wunderbare ist: Sie können sich weiter befreien durch die Erfahrung grenzenloser Nähe.

Selbst bedingungslos Liebende jedoch tun sich manchmal schwer damit. Wie weit darf ich mich öffnen?, fragen sie. Wo endet die Hingabe, wo beginnt die Selbstaufgabe? Lauert in unbedingter Nähe und bedingungslosem Vertrauen nicht die Gefahr, dass ich mich verliere? Die Sehnsucht, mit dem Partner zu verschmelzen, ist mindestens so groß wie die Furcht davor. Entgrenzungen rütteln an den Gittern unseres Selbstverständnisses. Erschrocken rufen wir: Ich bin ich und du bist du! Wir sind zwei Individuen! Und so soll es bleiben, trotz aller Nähe!

Ein enger Freund verwickelte mich einmal in ein heikles Gespräch darüber. Er kannte meine Haltung, und es wunderte ihn, dass ich offenbar bereit war, mich mit Haut und

Haar auf meine Frau einzulassen. »Du entäußerst dich«, warnte er mich, »du brauchst einen gesunden Selbstschutz. Sonst bleibt am Ende nichts mehr von dir übrig!«

Er selber hatte gerade eine Beziehung beendet, weil ihm die Luft zum Atmen fehlte, wie er es ausdrückte. »Ich wollte mich einfach nicht aufgeben«, erklärte er, »ich wollte ich bleiben. Und hatte das dumme Gefühl, dass meine Frau mich allmählich veränderte. Warum bloß? Schließlich hat sie sich doch in mich verliebt, so, wie ich vor dieser Ehe war.«

Ein anderer Freund erzählte mir, wie er ein älteres Ehepaar im Restaurant beobachtet hatte. »Sie bestellten das Gleiche, sie aßen im selben Tempo und sie trugen sogar ähnliche Kleidung. Wahrscheinlich dachten sie auch dasselbe. Einfach furchtbar. Wie kann man sich nur so anpassen?«

Seine Schlussfolgerung war radikal: Nie würde er seine Persönlichkeit für jemand anderen aufgeben. Daher sah er nur zwei Möglichkeiten: wechselnde Beziehungen oder Liebe auf Distanz.

Ich habe diese Einwände sehr ernst genommen. Sie sind absolut berechtigt. Was nützt uns schon die Selbsterkenntnis, wenn wir dieses Selbst dann frohgemut jemand anderem überantworten? Laufen wir nicht Gefahr, dass wir unsere Seele an jemanden ketten, der damit macht, was er will?

Das Interessante an den Argumenten meiner Freunde war, dass sie die Angleichungen als gegenseitige Unterwerfung deuteten. Sie meinten also, dass es an einer Ich-Schwäche liege, wenn man Veränderungen an sich zulasse.

»Love is a battlefield«, heißt ein bekannter Popsong – die Liebe ist ein Schlachtfeld. Und wir wissen: Der Stärkere geht von diesem Schlachtfeld als Sieger hervor, der Schwächere unterliegt.

Die erbitterten Machtspiele, die viele Beziehungen prägen, scheinen dieser Definition der Liebe recht zu geben. Distanz scheint in der Tat geboten. Da heißt es, sich einen wehrhaften Panzer zuzulegen, um nicht irgendwann zu unterliegen. Sonst gilt die alte Devise: The winner takes it all.

So fremd und so vertraut – in der Wechselbeziehung mit unserem Partner machen wir in der Tat zuweilen irritierende Erfahrungen. Er spiegelt uns und er korrigiert uns. Er taktet die Seele neu. Er lässt Resonanzkörper in uns schwingen, die wir nie zuvor gespürt haben. Und er beschert uns den absoluten Einklang.

Trotzdem werden wir misstrauisch. Natürlich macht uns Einklang glücklich. Doch gleichzeitig wollen wir uns als eigenständige Wesen behaupten. Wir wollen keinesfalls abhängig werden.

Vergessen Sie aber bitte nicht: Wenn Sie dem Menschen begegnen, den Sie bedingungslos lieben, so ist das kein Zufall. Da Sie das Phänomen der Resonanz kennen, können Sie eine seelische Begegnung ganz anders interpretieren: Sie ist die Folge Ihrer Suche nach Ergänzung.

Das setzt logischerweise Unterschiede voraus. Gegensätze ziehen sich an, sagt der Volksmund. Ich würde es anders formulieren: Wenn Sie Ihren liebenden Seelenpartner gefunden haben, so stehen Sie vor dem noch nicht erwachten Teil Ihrer Seele. Deshalb korrespondieren Sie. Deshalb verfügen Sie über fast telepathische Kräfte für den anderen.

Ihr idealer Partner repräsentiert das, was Sie sind, und das, was Sie *noch* nicht sind. Er macht Ihnen zugänglich, was *möglich* wäre. Und damit schärft er Ihren Möglichkeitssinn. Das gesamte Potenzial Ihrer seelischen Fülle wird erweckt.

Das ist das Geheimnis des Wachstums. Sie verlieren nichts, wenn Sie sich hingeben, vorausgesetzt, es handelt sich tatsächlich um Ihren Seelenpartner. Vielmehr können

Sie Ihre Seele erweitern, Ihre Erfahrungen bereichern und Facetten Ihres Selbst ausleben, die unerkannt in Ihnen schlummerten.

Insofern möchte ich Ihnen die Angst vor der Verschmelzung nehmen. Verschmelzung bedeutet die Potenzierung Ihrer gesamten Glücksbegabungen. Alles beginnt zu leuchten, alles wird intensiver: Freude, Licht, der ganze Kosmos.

Wachstum durch Entgrenzung

Ich habe mehr als einmal erlebt, wie begrenzt meine Erfahrungen blieben, als ich sie ohne eine Partnerin machte. Vor vielen Jahren unternahm ich eine von mehreren Reisen in den Himalaya. Das Gebirgsmassiv, in dem die höchsten Heiligtümer des Buddhismus ihre Heimat haben, zieht mich bis auf den heutigen Tag unwiderstehlich an.

Die Expedition unserer kleinen Gruppe führte über Sikkim, Bhutan und Rumtek. Wir hatten kundige Führer, die uns sicher durch die Unendlichkeit der Bergwelt geleiteten. Einmal jedoch verliefen wir uns. Wir kamen von der Route ab und gelangten in ein Gebiet, das völlig unberührt schien.

Überwältigt blieb ich stehen. Ich sah Landschaften, die scheinbar nicht von dieser Welt waren. Unversehens waren wir in eine Zone vorgedrungen, die wie ein Garten Eden wirkte.

Wir sahen wilde Pferde, Orchideenwälder, Paradiespflanzen und riesige exotische Schmetterlinge, die in keinem naturkundlichen Lexikon verzeichnet waren. Selbst jene Biologen unter uns, die sich mit der Flora und Fauna des Himalaya bestens auskannten, waren sprachlos: Wohin waren wir geraten? War es das Paradies auf Erden? Oder waren wir Opfer einer Sinnesüberreizung, verursacht durch den chronischen Sauerstoffmangel im Hochgebirge?

Bald stellten wir uns solche Fragen nicht mehr. Stattdessen ließen wir uns ganz ins Schauen fallen. Einige von uns weinten, weil die Glücksgefühle in diesen Landschaften sie so sehr erschütterten. Auch ich war glücklich. Doch etwas fehlte.

Irritiert hielt ich inne. Was nur hinderte mich daran, die paradiesische Landschaft mit allen Sinnen und der ganzen Kraft meiner Seele in mich aufzunehmen? Warum lag ein Schleier über allem?

Dann erkannte ich: Ich konnte mich nicht darüber austauschen mit einem Menschen, der sich auf einer gemeinsamen Schwingungsfrequenz mit mir befand. Ich konnte an dieser Erfahrung nicht wachsen, so märchenhaft und magisch sie auch war.

In diesem Moment, als ich das Schönste, was jemals in meine Wahrnehmung trat, erfahren durfte, hatte ich keinen größeren Wunsch, als dieses Wunder mit einem geliebten Menschen zu teilen. Ich erlebte zweifellos etwas Überwältigendes, doch es war gleichsam ein Schauen mit angezogener Handbremse.

Einstein sagte einmal, dass wir nur einen winzigen Bruchteil unserer Gehirnkapazität nutzen. Ich pflichte ihm bei und füge hinzu: Wir nutzen nur einen winzigen Bruchteil unserer seelischen Kapazität. Wir schreiten gleichsam auf einem schmalen Feldweg dahin und bemerken nicht, dass wir eigentlich auf einer achtspurigen Autobahn unterwegs sind.

Die energetische Kommunikation zwischen zwei liebenden Menschen kennt keine Grenzen und keine Beschränkungen. Sie potenziert alles, was ist. Sie öffnet die Augen für die tiefsten Geheimnisse des Seins. Erst in der Korrespondenz mit dem idealen Partner sind wir bereit, das gesamte seelische Glück auszuleben: als Hingabe und Entgrenzung.

Der geliebte Partner schließt buchstäblich die Seele auf. Er reißt die letzten Mauern ein, die wir als Schutzwälle um unsere Seele gebaut haben. Als ich damals durch die zauberischen Enklaven des Himalaya wanderte, fehlte mir der Schlüssel zur Entgrenzung. Meine Seele war wie abgeschottet, und ich sehnte mich nach dem Menschen, der sie befreite.

Wenn ich also anfangs die Verschmelzungsängste ansprach, denen wir mit Grenzziehungen entgegenarbeiten, so hatte das einen Grund. Solche künstlichen Grenzen beschränken uns. Sie fesseln unsere gesamte Wahrnehmung.

Das Ich und das Du repräsentieren Denkmodelle der Vereinzelung. Falls wir sie zementieren, werden wir wieder zu Fragmenten der Urseele. Wir fallen also in den Zustand zurück, der uns unglücklich machte. Abgeschnitten von den kosmischen Energien, ziehen wir uns dann immer weiter in uns zurück und können die Wunder des kosmischen Einklangs nicht mehr erfahren.

Der Sinn der Liebe ist Entgrenzung. In der bedingungslosen Hingabe machen wir die Alleins-Erfahrung. Ich hätte das erlebt, angesichts der Orchideen und der Schmetterlinge, wenn eine Frau bei mir gewesen wäre, die meine Seele ergänzte. So blieb alles vorläufig.

Befreien Sie sich von Ihren Befürchtungen. Sie können sich gar nicht aufgeben, weil Sie Bewusstsein haben. Sie sind Teil eines Systems, in dem es kein Oben und kein Unten gibt, keine Gewinner und keine Verlierer.

Ohne das Bewusstsein für energetische Schwingungen allerdings ist Nähe so verhängnisvoll, als wollte man Zärtlichkeiten mit einem Tiger austauschen. Mit einem einzigen Prankenhieb wird er uns erledigen. Das Letzte, was wir hören, ist sein aggressives Knurren. Dann sind wir ausgelöscht.

Vorbewusste Menschen können daher viel anrichten. Mit ihrem unreflektierten Willen greifen sie in den Prozess der Korrespondenz ein und sagen gleichsam: Hier bin ich, der erwachte Teil deiner Seele, also wach gefälligst auf. Nichts könnte gefährlicher sein.

Ich selber habe früher so gehandelt, aus purer Unwissenheit. Schlimme Blessuren waren die Folge. Rücksichtslos hatte ich in den freien Willen meiner Partnerin eingegriffen und sie fast handgreiflich zur Veränderung zwingen wollen.

Erst sehr viel später entdeckte ich das Prinzip der Resonanz. Ich war beschämt. Wie dumm ich gewesen war, wie gewalttätig. Heute sehe ich mich innerhalb einer gelingenden Beziehung als Leuchtturm. Ich tue nichts anderes, als mich mit meinem Licht zu positionieren. Es strahlt in der Finsternis der Nacht und dient dem Partner als Orientierung und Energiequelle. Aber nur, wer das Licht wahrnehmen möchte, wird sich daran auch orientieren.

Mit anderen Worten: Der Leuchtturm ist ein Angebot, kein Forderung. Er ist ein Ich, das das Du anzieht, aber niemals herbeizwingt.

Ich bin jedoch kein wandelnder Leuchtturm. Das wäre auch ziemlich absurd. Können Sie sich einen Leuchtturm vorstellen, der auf Schiffe zugeht? Sie würden an den Klippen zerschellen. Ihre Besatzungen müssen sich darauf verlassen können, dass der Leuchtturm an seinem Platz bleibt. Sonst werden sie mit Mann und Maus untergehen.

In der Partnerschaft gilt das Gleiche. Es wäre völlig falsch, wenn ich als wandelnder Leuchtturm missionieren wollte und auf einen Menschen zuginge. Er wird ganz von selbst kommen, angezogen durch das Licht. Oder, energetisch gesprochen: angezogen durch Resonanz.

Es steht ihm frei. Es ist ein Angebot. Freudig wird er es nutzen, weil er sich nicht bedrängt fühlt. Und ebenso freudig wird er sich genau jenem Leuchtturm nähern, dessen Licht ihm guttut. Der Ur-Wunsch seelischer Balance, der die Liebe ist, verfährt nicht manipulativ. Das Ich und das Du verschmelzen in Freiheit. Und wachsen im Wir.

Wachstum statt Korrektur

Verschmelzung ist das größte Abenteuer der Seele. Wie Forscher entdecken wir uns neu. Im Grunde erschaffen wir uns neu, so, wie wir gemeint sind, als lebendiger Teil des Kosmos.

Diese erschaffende Kraft hat tatsächlich etwas von einer Zeugung. So wie Eizelle und Spermium verschmelzen und neu heranwachsendes Leben erzeugen, so befruchten wir einander seelisch in der Liebe.

Viele Menschen dagegen meinen, dass Verschmelzungen deformieren könnten. Sie sorgen sich um ihre Seele. Diese Sicht steht auch hinter der These, ein Partner werde uns »karmisch geschickt«. Er sei gekommen, um unsere Fehler zu korrigieren. Viele Menschen hängen der irrigen Vorstellung an, eine Beziehung sei eine karmische Therapie. Daher akzeptieren sie sogar böswillige Partner und sagen sich: Wenn mir das Schicksal einen schlechten Menschen schickt, dann soll er mir offensichtlich das Schlechte in mir selbst zeigen.

Es wäre ein verhängnisvoller Fehler, diese Sichtweise zuzulassen. Niemand soll vom Kosmos korrigiert werden, denn Korrektur ist nicht Wachstum. Korrektur ist nur der vorbewusste Wille eines unerlösten Partners, der uns formen möchte.

Sie haben also keinen Anlass, sich demütig zu zeigen, wenn jemand Sie mit aller Gewalt ändern möchte. Hören Sie auf die Alarmsignale Ihrer Seele. Sobald Sie merken, dass jemand Sie mit wortmächtigen Argumenten in die eine oder andere Richtung ziehen will, können Sie sicher sein: Dies ist nicht der Seelenpartner. Er ist nicht der Leuchtturm, dessen Strahlen Sie anzieht. Er ist ein Suchscheinwerfer, der sein gnadenloses Licht auf Sie richtet, auf der Suche nach Ihren vermeintlichen Schwächen.

Wachstum erfolgt durch gemeinsames Schwingen. Der beste Weg, diese Schwingung zu begünstigen, ist daher nicht das Gespräch, sondern die gemeinsame Meditation. »Wer konzentriert betet und meditiert«, sagt Yukteswara Swami, ein Meister der vedischen Astrologie, »geht in einen göttlichen Bewusstseinszustand ein und genießt dadurch einen inneren Schutz, der stärker ist als alle anderen Gewalten.«

Sie merken es schon: In diesem Zitat wird nicht nur ein göttlicher Bewusstseinszustand benannt, sondern auch ein Schutz. Die gemeinsame Meditation hilft Ihnen sozusagen, gewaltfrei zu kommunizieren. Schwingungen können niemals Gewalt ausüben.

Dennoch werden Sie vielleicht dagegenhalten, dass unzählige Paartherapeuten gerade im Gespräch die Basis einer guten Beziehung festmachen. Recht haben diese Therapeuten insofern, als Sie sich natürlich auch verbal austauschen sollten. Verstummte Beziehungen sind peinigend. Das große Schweigen kennzeichnet Partnerschaften, die im Inneren längst erloschen sind.

Doch Sprache ist heikel, wenn es um die seelische Ebene geht. Die Seele kennt solch außergewöhnliche Erfahrungen und Zustände, dass sie sich nicht immer mit Worten ausdrücken lässt. Alle spirituellen Lehren kennen das sprachliche Tabu, das »Unaussprechliche«. Sie schweigen, wo die Worte etwas Besonderes zu etwas Gewöhnlichem machen würden.

Im Taoismus hat dieser Gedanke absolute Priorität. Lao Tse sagt völlig zu Recht: »Wenn ich es ausspreche, ist es nicht mehr.« In dieser Praxis liegt große Weisheit. Uns fehlen buchstäblich die Worte, wenn es um seelische Liebe geht.

Schon wenn wir »Liebe« sagen, handelt es sich dabei um einen inflationären Begriff. Wir verwenden ihn für alles Mögliche: »Ich liebe Erdbeereis«, sagt ein Kind. »Ich liebe diese Musik«, schwärmt ein Teenager von seiner Lieblingsband. Und all die leichten Formen flüchtiger Verliebtheit werden ebenfalls mit dem Etikett der Liebe belegt.

Darüber hinaus ist unsere Sprache immer auch Welterschließung. Wir erlernen mit unserer Muttersprache nicht nur einen Wortschatz, wir erlernen gleichzeitig auch die Bewertungen und Urteile, die in jedem einzelnen Wort stecken.

Was ist schon eine »Beziehung«? Was ist ein »Paar«? Sobald wir das Wort aussprechen, verbinden wir damit jene Vorstellungen, von denen Schopenhauer spricht. Wir legen unsere Weltbilder in die Sprache hinein. Und damit meist sehr konventionelle Vorstellungen.

Nachdem Sie sich auf den Weg der Transformation begeben haben, verliert die Sprache ihre Selbstverständlichkeit. Sie werden achtsam. Sie überlegen sich dreimal, ob Sie wirklich von Liebe sprechen, in der berechtigten Sorge, Sie könnten das Wort entwerten, weil es unterschiedslos für Erdbeereis, einen Popsong und eben die ganz große, die wahre Liebe verwendet wird.

Wie Sie bereits bei der problematischen Außenwahrnehmung gesehen haben, ist das Reden über eine Beziehung oft heikel. Meist verstecken sich negative Bewertungen in den sprachlichen Zuschreibungen, die über uns gemacht werden: »Ihr klammert«, heißt es da beispielsweise, wo ein Erleuchteter sagen würde: »Ihr seid wie Yin und Yang.«

Ersteres drückt eine Vorstellung aus, es gebe ein Zuviel an Einklang. Die zweite Formulierung dagegen erkennt den Einklang an und umschreibt ihn respektvoll als jene Ergänzung, wie sie im Yin und Yang gedacht wird.

Wer einem Paar vorwirft, es »klammere«, drängt ihm daher seine konventionelle Vorstellung von einer Liebesbeziehung auf und relativiert das, was er beschreibt. Das Paar wird gleichzeitig kommentiert und korrigiert. Die Zuschreibung wird zur Kritik.

Wir sind viel zu befangen in unseren Sprach- und Denkrastern, als dass wir uns völlig davon befreien könnten, selbst mit größter Achtsamkeit. Zu hartnäckig haben sich die Bewertungen verankert, zu stark ist der Mechanismus, dass wir korrigieren, wenn wir reden.

Im Buddhismus gibt es das Ideal eines Schauens ohne Bewertung. Dieses Ideal gilt auch in einer Beziehung, die auf Wachstum ausgerichtet ist. Leicht ist das nicht. Wir sind meist sehr schnell mit Urteilen. Selbst im Unbekannten meinen wir immer das Vertraute zu erblicken und reduzieren es auf das, was wir kennen.

Eine echte Liebesbeziehung ist immer einzigartig. Sie gleicht keiner anderen. So wie Sie Ihren inneren Rosengarten vor rücksichtslosen Besuchern schützen müssen, sollten Sie auch Ihre seelische Liebe vor der Beredsamkeit Dritter schützen. Und sogar vor Ihrer eigenen. Unbeabsichtigt könnten Ihnen Worte unterlaufen, die zerstörerisch sind. Nicht von ungefähr berichten glückliche Paare, sie spürten ein »wortloses Einverständnis«.

Ich beobachtete einmal an einem warmen Sommernachmittag ein Paar in einem Straßencafé. Sie wirkten ausgesprochen glücklich. Doch das Seltsame war: Sie sprachen kaum ein Wort miteinander. Sie taten etwas anderes. Während sie ihren Kaffee tranken, beobachteten sie die vorbeikommenden Passanten. Der Bürgersteig war sehr belebt, und sehr unterschiedliche Leute flanierten an dem Café vorbei.

Jedes Mal, wenn eine neue Figur in ihr Blickfeld geriet, tauschten die beiden einen kurzen Blick. Diese Blicke »sprachen Bände«, wie man so schön sagt. Das Paar unterhielt sich die ganze Zeit, ohne ein Wort zu sagen. Ich konnte genau sehen, wie sie ihr Amüsement teilten, ihr Erstaunen, ihre Skepsis.

Reden mussten sie nicht darüber. Und auch nicht diskutieren. Es kam überhaupt nicht darauf an, dass sie vielleicht zuweilen etwas abweichende Beurteilungen hatten. Vielleicht fand die Frau den auffällig gekleideten Hallodri charmanter als der Mann. Vielleicht fand er die offenherzige Blondine aufdringlich, während sie diese Frau völlig unmöglich fand. Aber der Konsens war da, und ich betrachtete völlig fasziniert, was sich da direkt vor meinen Augen abspielte.

Dies ist ein Alltagsbeispiel. Auf einer höheren Ebene aber verläuft der Austausch über Schwingungen ganz ähnlich. Er bedarf keiner Worte, sondern nur des Einverständnisses – der Resonanz.

Sie können Ihre Beziehung spirituell wachsen lassen, wenn Sie diese Art der Kommunikation pflegen und entwickeln. Zerreden Sie nichts. Versuchen Sie stattdessen, energetisch zu kommunizieren. Und das gelingt am besten durch Meditationen. An dieser Stelle gebe ich Ihnen das letzte Mantra dieses Buches. Es heißt »Einklang«.

Nehmen Sie sich Zeit für die Meditation. Konzentrieren Sie sich völlig darauf. Schauen Sie Ihren Partner an. Und dann denken Sie: »Einklang«. Die liebenden Gedanken werden nur so zwischen Ihnen hin und her fliegen. Es wird kein Platz sein für Kritik oder Korrektur. Sie werden nur spüren, was Sie verbindet und was unzerstörbar ist: die gemeinsame Schwingung Ihrer Seelen.

Einschwingen

Wir wissen eine Menge über unglückliche Beziehungen. Gelingende Partnerschaften jedoch sind selten systematisch untersucht worden. Wozu auch?

Das Forschungsinteresse gilt ja eher den Störungen, nicht dem Gelingen. Entsprechend existiert wenig wissenschaftliche Literatur darüber, warum glückliche Paare einen unerklärlichen Zauber ausstrahlen und völlig harmonisch wirken.

Selbstverständlich sind Liebe und Glück kein Zufall. Wir können daher sehr viel lernen über positiv wirksame Energien, wenn wir uns den gelingenden Beziehungen zuwenden.

Ich kam auf diese Idee, als mein ehemaliger Schwiegervater mir von seinen Erfahrungen aus der Schlafforschung berichtete. Er arbeitete am deutschen Forschungszentrum in Berlin, wo sich auch ein sogenanntes Schlaflabor befand. Darin wurde unter kontrollierten Bedingungen untersucht, was sich während des Schlafes ereignete.

Allabendlich kamen Freiwillige in das Forschungszentrum und legten sich in die frisch bezogenen Betten. Irgendwann schliefen sie ein. Kameras hielten nun fest, welche Bewegungen sie ausführten. Messsonden zeichneten Herzfrequenzen und Gehirnströme auf. Nichts entging den Kameras und Instrumenten.

Eher unabsichtlich kam mein Schwiegervater dabei einer ausgesprochen faszinierenden Tatsache auf die Spur.

Zu den Probanden gehörten auch Paare, die zusammenlebten. Die meisten von ihnen hatten Probleme mit der gemeinsamen Nachtruhe und sich daher an das Schlaflabor gewandt. Sie klagten über störende Schlafgeräusche des Partners und darüber, dass sich der Schlafrhythmus oft unterschied.

Das Problem ist weit verbreitet: Der Mann ist möglicherweise ein Morgenmensch, schläft bereits am frühen Abend ein und erwacht morgens um sechs Uhr frisch und ausgeruht. Die Frau dagegen bezeichnet sich als Nachtmensch, hat Schwierigkeiten mit dem Einschlafen und zieht es vor, nachts zu lesen. Wenn sie dann frühmorgens vom Partner geweckt wird, fühlt sie sich wie zerschlagen.

Diese Paare wurden in einem Doppelbett beobachtet. Minutiös nahmen die Kameras manches Drama auf: Der eine schlief unruhig und störte den anderen, der eine wachte nachts mehrmals auf und ging zur Toilette, was den anderen aus dem Schlaf riss. An eine harmonische Nachtruhe war nicht zu denken.

Nicht alle Paare aber hatten solche Probleme. Zu seiner größten Verblüffung stellte mein Schwiegervater fest, dass es Paare gab, die sich im Schlaf absolut synchron verhielten.

Er zeigte mir Fotos, die mich zutiefst verwunderten: Im Laufe der Nacht drehten sich diese Versuchspersonen zur selben Zeit um und nahmen die gleichen Schlafhaltungen ein. Sie hatten exakt den gleichen Rhythmus.

Die Auswertung der Messdaten förderte noch weit Unglaublicheres zutage. Denn es war zweifelsfrei erkennbar, dass diese Paare auch die gleichen Herzfrequenzen aufwiesen. Selbst die Intensität von Gehirnströmen, die im EEG aufgezeichnet wurden, stimmten überein. Ich fühlte mich spontan an den Spruch erinnert, dass glückliche Paare »ein Herz und eine Seele« sind. Wo aber lag die Ursache?

Was die Schlafbewegungen und Körperhaltungen betrifft, nahm mein Schwiegervater zunächst an, dass es unwillkürliche Reaktionen seien. Er mutmaßte: Wenn sich der eine Partner umdreht, registriert es der andere im Schlaf und tut daraufhin das Gleiche. Eine sehr pragmatische, aber auch plausible Hypothese.

Nun wollte er es genauer wissen und trennte in der darauf folgenden Nacht diese Paare. Jeder lag in einem anderen Zimmer und schlief allein. Am nächsten Tag wertete er zunächst die Kamerabilder aus.

Schon erlebte er die nächste Überraschung: Obwohl die Probanden in weit entfernten Zimmern gelegen hatten, änderte sich nichts an der Synchronisation. Nach wie vor drehten sie sich zur selben Zeit um und nahmen die gleichen Haltungen ein. Als er die Messdaten von Herz, Puls und Gehirn verglich, waren die Ergebnisse die gleichen wie zuvor: Alle Frequenzen stimmten überein.

Da Sie bereits um das Prinzip der Resonanz wissen, wird

es Ihnen nicht schwerfallen, die Bedeutung dieser Studie zu erkennen. Die Liebenden korrespondierten, und zwar auf jeder Ebene: motorisch, physiologisch und seelisch.

Während zerstrittene Paare sich asynchron verhielten und einander massiv störten, standen die glücklichen Paare über positive Schwingungen miteinander in Verbindung. Das manifestierte sich bis in den Pulsschlag und die Herzfrequenz hinein. Vor allem aber waren ihre Gehirnströme synchron. Dies ließ erkennen, dass sie auf einer gemeinsamen energetischen Frequenz lagen. Letzteres interessierte mich besonders. Schließlich fand ich die einzig schlüssige Erklärung: Es waren die Seelen, die sich unsichtbar miteinander verschränkten.

Während des Schlafs ist das Bewusstsein naturgemäß im Ruhezustand, jenes Tagesbewusstsein also, das der Kontrolle des Verstandes gehorcht. Unbewusst und damit seelisch existierte jedoch ein Einschwingungsvorgang, der unweigerlich zu den gleichen Hirnaktivitäten führte.

Damals sagte ich scherzhaft: »Wenn ich jemals wieder heiraten sollte, dann würde ich die Auserwählte diesem Test unterziehen. So könnte ich doch herausfinden, ob wir wirklich gleich schwingen.« Wir lachten darüber. Ein solcher Test hätte selbstverständlich etwas Absurdes. Doch wir sollten uns auch fragen: Warum prüfen wir nicht eingehend, ob wir mit dem Partner auf der gleichen Frequenz schwingen? Warum lassen wir uns leiten von Aussehen, Eigenschaften und gemeinsamen Interessen?

Das Unterbewusstsein und damit die Seele weiß, wer mitschwingt und wer nicht. Wenn wir sensibel für Schwingungen werden, für die Energien, die sich zwischen zwei Menschen aufbauen, dann ist ein Test überflüssig. Daher ist es so ungeheuer bedeutend, sich durch Resonanz zum Partner führen zu lassen.

Sobald wir Energien ganz selbstverständlich spüren und

steuern, erkennt unsere Seele den idealen Partner und ein Prozess der Synchronisation setzt ein. Das ist die phänomenale Erkenntnis, die ich aus den Schlafexperimenten folgern durfte.

Sie brauchen keine Messgeräte, um dieses Phänomen nachvollziehen zu können. Werden Sie zum teilnehmenden Beobachter. Schauen Sie genau hin, was sich ereignet, wenn Sie mit einem potenziellen Partner zusammentreffen. Machen Sie sich die Schwingungen bewusst. Was spüren Sie? Konfrontation? Widerstand? Oder Einklang?

Verhaltensforscher wissen, dass sich Einschwingungsvorgänge unwillkürlich einstellen, sobald zwei Menschen durch tiefe Liebe verbunden sind. Nicht nur im Schlaf, auch im Gespräch nehmen sie, ohne es zu wissen oder es bewusst zu steuern, ähnliche Haltungen ein.

Klassisch wurde die Analyse von Verhaltensmustern, wenn sich zwei Menschen, die einander sehr nahe sind, im Restaurant gegenübersitzen. Sie greifen im selben Moment zum Glas, streichen sich synchron eine Haarsträhne aus der Stirn und spüren zeitgleich den Impuls, über den Tisch hinweg die Hand des anderen zu ergreifen.

Sie ahmen einander genauso wenig nach wie die Liebenden im Schlaflabor. Vielmehr takten sie sich gegenseitig über das Medium der Resonanz.

Sie korrespondieren seelisch, und das zeigt sich durch synchrone Gesten und Haltungen, die physiologisch ausdrücken, was auf der seelischen Ebene geschieht. Die Energien fließen, die Kommunikation ist seelischer Natur. Und das ist nichts anderes als eine Vorstufe des Glücks.

Gemeinsam schwingen

Glückliche Paare leben in einem Zustand der Synchronisierung. Mit den Experimenten des Schlaflabors konnte ich Ihnen zeigen, dass diese Synchronisation nicht auf der bewussten Verstandesebene stattfindet, sondern auf der seelisch bewussten.

Selbst im Schlaf befinden sich diese Paare daher im Einklang, bis hin zu den physiologischen Rhythmen. Die Herzen schlagen im gleichen Takt, selbst bei räumlicher Trennung, Sinnbild der seelischen Verschmelzung. Im Wachbewusstsein dagegen überlagern sich auch fremdbestimmte Rhythmen. Sie können den Einklang massiv stören.

Festgelegte Tagesabläufe, Termine, Verabredungen bestimmen das Alltagsleben. Die meisten von uns befolgen Timetables, die minutiös geplant sind, oft über Monate im Voraus. Abgehetzt kommen wir dann nach Hause, mit dem Blick auf die Uhr und mit dem Vorsatz, noch rasch alles Mögliche zu erledigen.

Es ist die Wirklichkeit, der sich alle Paare stellen müssen. Mehr oder weniger fühlen sie sich verplant und die Partnerschaft läuft lediglich im Hintergrund mit. Wir haben keine Zeit für die Liebe – das heißt, wir nehmen uns keine Zeit für die Liebe.

In der Mechanik kennt man das Einschwingphänomen. Wenn zwei Pendeluhren an einer Wand hängen, deren Rhythmen gegenläufig sind, so beobachtet man nach einer Weile, dass die Pendelschläge sich zu synchronisieren beginnen.

Aus dem Chaos widerstreitender Rhythmen formt sich ein gemeinsamer Rhythmus, die beiden Uhren schwingen in derselben Frequenz. Das war eines der ersten Resonanz-Phänomene, das man verifizieren konnte.

Nun sind wir lebendige Wesen und keine mechanischen Apparate. Dennoch verfügen wir über starke Oszillatoren, die Schwingungskörper, die einen spezifischen Rhythmus ausbilden. Das Herz ist der stärkste Schwingungskörper, ihm folgt das Gehirn, das ebenfalls einen eigenen Rhythmus aufweist. Befindet sich ein Paar in seelischer Resonanz, so synchronisieren sich selbst gegenläufigen Rhythmen.

Doch noch ein weiteres Phänomen ist zu beobachten: Paare, die seelische Nähe und Hingabe kennen, haben die Fähigkeit, sich gegenseitig heilende Schwingungsfrequenzen zu schicken. Dass es heilende Energien gibt, habe ich ja schon im vierten Kapitel erläutert – von den elektromagnetischen Therapien bis hin zur spirituellen Beeinflussung von Krankheiten.

Hier nun sind die Auswirkungen noch weit umfassender. Da Paare in Resonanz einander ergänzen und ihre seelischen Potenziale erweitern, können sie einander genau das geben, was der andere braucht. Sie versetzen Zonen in Schwingung, die blockiert sind, und sie verstärken positive Energien, die sich manifestieren. Wer eine liebende Mutter hatte, wird sich sofort daran erinnern, was sie tat, wenn er als Kind krank war: Sie verabreichte nicht nur eine heiße Brühe oder Medikamente, sie setzte sich auch aufs Bett, strich dem Kind über die heiße Stirn und sprach beruhigend auf es ein: »Es wird alles wieder gut.«

Was sich dabei abspielt, ist letztlich Energiearbeit. Betet die Mutter mit dem Kind und bittet Gott um Gesundung, so verstärken sich die heilenden Energien. In vielen Experimenten konnte nachgewiesen werden, dass eine zugewandte Mutter und ihr Kind in ganz ähnlicher Übereinstimmung schwingen wie Liebende. Sie synchronisieren sich. Deshalb hat eine Mutter auch die Fähigkeit, einen immensen heilenden Einfluss auf ihr Kind auszuüben.

Bei einem liebenden Paar geschieht diese »therapeutische« Abgleichung der Schwingung noch weit intensiver. Man könnte sagen, dass sie »liebevoll aufeinander aufpassen«.

In der Sterbeforschung ist inzwischen die Erkenntnis gesichert, dass dies die Ursache für den plötzlichen Tod eines überlebenden Partners ist. Man hatte die Daten von älteren Paaren ausgewertet, die glücklich miteinander lebten. Starb ein Partner, so geschah es häufig, dass der andere ihm schon vor Jahresfrist nachfolgte, obwohl er vorher nicht ernstlich krank gewesen war.

Was fehlte, war die seelische Schwingung des Pendants. Der Energiestrom war unterbrochen und der Witwer oder die Witwe verlor alle Lebenskraft. Er oder sie verkümmerte seelisch und damit auch körperlich. Ohne das ergänzende Gegenüber war ein Überleben nicht mehr möglich.

Wenn Sie sich die große Macht der Resonanz vergegenwärtigen, kommen Sie schnell zu dem Schluss, dass es nichts Wichtigeres in einer Beziehung geben kann als den seelischen Austausch. Er ist wichtiger als das gemeinsame Hobby oder der gemeinsame Kinobesuch. Er ist die Basis für das gesamte Wohlergehen – und er ist die Basis für das Glück.

Wir können sehr viel dafür tun, dass dieser Austausch lebendig bleibt. Nur so können wir das Glück annehmen. Wir müssen es nicht festhalten, wenn wir seelisch über Schwingungen korrespondieren.

Machen Sie sich bewusst, dass Sie sich täglich von den störenden Einflüssen fremder Resonanzfelder reinigen müssen. Falls Sie das nicht tun, werden Sie den Schatz des Glücks verlieren. Sie überantworten sich dem Zufall beliebiger Frequenzen, können einander nicht mehr heilen und wachsen lassen.

Sie haben sicherlich genug Phantasie, um sich auszumalen, wie die Normalität aussieht. Ein Paar trifft zu unterschiedlichen Zeiten abends zu Hause ein. Ein schneller Snack am Kühlschrank stillt den Hunger. Dann wird der Fernseher angestellt oder der Mann verschwindet im Hobbykeller, während die Frau eine Zeitschrift durchblättert. Niemand wird sich dabei auf den Partner einschwingen können.

Ich empfehle Ihnen, Ihr ganz persönliches Ritual zu erfinden, mit dem Sie sich abends wieder in eine harmonische Balance Ihrer Seelen versetzen. Tun Sie alles, was Ihnen

Korrespondenz beschert. Das können zunächst Äußerlichkeiten sein. Baden Sie gemeinsam, essen Sie gemeinsam am Tisch, ohne Fernseher. Und dann setzen Sie sich auf die Couch – gut wäre es, jetzt zu meditieren.

Sie kennen möglicherweise die Grafiken, die uns das dreidimensionale Sehen ganz ohne eine spezielle Brille erlauben. Zunächst erkennen wir nur unruhige bunte Muster. Wenn wir uns aber auf einen gedachten Punkt konzentrieren, der weit hinter der Grafik liegt, nehmen wir plötzlich dreidimensionale Gebilde wahr. Sie entstehen dadurch, dass wir uns nicht im Gewirr komplexer Muster verlieren, sondern das Wahrgenommene übersteigen.

Ähnlich müssen wir jeden Tag wieder lernen, den Partner mit der Seele zu sehen. Mit Respekt und mit Achtsamkeit. Auch im inneren Rosengarten muss sozusagen täglich der Kies geharkt werden.

Ein befreundetes Paar hat ein ganz einfaches Ritual entwickelt. Sie arbeiten beide sehr viel, meist kommt der eine früher und der andere später nach Hause zurück. Selten lässt sich der Arbeitstag aufeinander abstimmen. Sobald sie nun abends wieder gemeinsam in der Wohnung sind, legen sie sich eine Viertelstunde lang aufs Bett und umarmen sich stumm. Dabei sprechen sie kein Wort. Sie haben auch keinen Sex. Völlig ruhig und entspannt umarmen sie sich. Ich halte durchaus für möglich, dass sich ihre Seelen unterhalten. Sie tauschen sich darüber aus, was an diesem Tag passiert ist, und langsam finden sie aus den verschiedenen fremdbeeinflussten Rhythmen zu einem gemeinsamen. Wie die beiden Pendeluhren an der Wand.

Ich persönlich bevorzuge Musik, besonders die von Johann Sebastian Bach. Die kristalline Ordnung seiner Kompositionen lässt alles Irritierende von mir abfallen. Ich kann mich wieder öffnen, nachdem ich mich tagsüber vorsichtig abgegrenzt habe. Ich kann wieder hingebungsvoll sein und spüre, wie sich meine Seele und die Seele meiner Partnerin in der Musik finden.

Ich weiß: Einfach da zu sein und quasi nichts zu tun und damit aber alles zu tun, das ist ebenso außergewöhnlich wie gewöhnungsbedürftig. Doch Sie werden zweifellos feststellen, wie sich Ihr Gehirn und das Gehirn des Partners aufeinander einstellen.

Hirnforscher haben das sogar unter Laborbedingungen nachgewiesen: Die Hirnfrequenzen synchronisieren sich. Außerdem findet eine intensivere Verschaltung der beiden Hemisphären des Gehirns statt. Das Intuitive verbindet sich mit der Ratio, und das alles geschieht absolut parallel. Es ist ein Moment, der bestens für die Meditation geeignet ist, denn er begünstigt konzentrierte Absichtslosigkeit und Kontemplation.

Versuchen Sie es mit solch einem Ritual. Anschließend können Sie tun, was Sie wollen. Es kommt nur darauf an, dass Sie den Glückszustand wieder spüren, der Ihre seelische Verbundenheit stärkt und bewusst macht.

Sexualität

Zu den wirkmächtigsten Einschwingvorgängen gehört die Sexualität. Sie vollendet die Verschmelzung, die wir seelisch finden. Sie schenkt uns grenzenlose Nähe. Und sie führt unser Glück zur Vollkommenheit.

Am Schluss dieses Buches komme ich daher auf ein Thema zu sprechen, das durchaus heikel ist. Zum einen berührt es einen sehr privaten Bereich, zum anderen ist mir bewusst, dass auch hier die Worte »besetzt« sind. Wir haben eigentlich nur die Wahl zwischen einer sachlichen und einer eher obszönen Sprache. Beide werden der Sache nicht gerecht.

Dennoch würde Ihrem Glück – und diesem Buch – etwas fehlen, wenn ich dieses Thema ausließe. Daher werde ich versuchen, so respektvoll wie möglich zu beschreiben, welch eine Glücksquelle die Sexualität für uns bereithält, wenn wir in höchstem spirituellen Sinne lieben.

Das größte Missverständnis über die Sexualität ist ihre Definition als »körperliche Liebe«. Was sichtbar geschieht, ist in der Tat körperlich. Wir treten so eng mit einem Menschen in Kontakt, dass unsere Körper sich intensivst berühren. Wir offenbaren uns in der Nacktheit. Wir entledigen uns unserer Scham. Wir geben uns preis.

Andererseits werden viele schon erlebt haben, wie bedeutungslos und enttäuschend Sexualität sein kann. Wird der Akt ohne jede seelische Beteiligung vollzogen, kann das zwar durchaus genussvoll sein, wie ein gutes Essen oder eine liebevolle Massage. Selbst ein Rausch ist möglich, stark wie eine Droge. Seelische Befriedigung folgt daraus nicht.

Wohl jeder hat schon einen Orgasmus gehabt. Und jeder hat festgestellt, dass er sehr unterschiedlich erlebt wird, abhängig davon, was uns an einen Menschen bindet. Begehren ist nicht das Gleiche wie Liebe, und ein Orgasmus ist kein Synonym für die Verschmelzung.

Höchste, beglückendste Sexualität spüren wir, wenn der Teil unseres Selbst im Partner zu uns gelangt, der ein noch unverwirklichter Aspekt unserer Seele ist. Insofern ist die Liebeskunst alles andere als die Beherrschung spezieller Techniken. Die Varianten der Reize und Stimuli wollen entdeckt, nicht erlernt werden.

Viel wichtiger ist die innere Haltung, mit der wir einem Menschen sexuell begegnen. In der schönsten Form ist es energetische Kommunikation. Wenn sich zwei Menschen gemeinsam der Erfüllung zuwenden, so wächst die Lust, und mit ihr die innere Verschmelzung.

Ich neige zu der Ansicht, dass der höchste Grad von glückseliger Intimität der Augenkontakt ist. Ich will dich sehen, ich will du sein. Es ist, als ob man einander direkt in die

Seele sieht – eine spirituell gesteigerte Form der Nacktheit. Schon allein dann, wenn sich Liebende lange in die Augen schauen, ohne sich zu berühren, stellt sich eine Erregung ein, die bis in die sexuelle Trance gehen kann. Die Augen lieben sich. Die Seelen lieben sich. Der gesamte Kosmos besteht aus nichts anderem als Liebe. Es ist der wunderbarste Erkenntnisprozess, der uns geschenkt wird.

So verheißt es auch der Tantrismus, eine hinduistische Philosophie, deren Impuls die Suche nach Wachstum ist – Wachstum der Seele, Wachstum des Wissens.

Im Sanskrit bedeutet »tan« ausdehnen. Wer sich mit dieser Philosophie beschäftigt, dem wird der energetische Charakter allen Seins enthüllt. Insofern harmoniert das Tantra mit den meisten anderen spirituellen Richtungen. Entsprechend geht der Tantrismus von Energiezentren in unserem Körper aus, den Chakren, in denen sich die Energie und das Bewusstsein des Universums manifestieren.

Nach tantrischem Verständnis offenbart auch die Sexualität die energetische Verfasstheit des Kosmos. Spiritualität und Erotik gehen eine innige Verbindung ein. Das Ziel ist es, durch eine Verzögerung des Orgasmus zu den tiefsten und mächtigsten Chakren vorzudringen. Die Sexualität wird damit zum Bewusstwerdungsakt erhoben, der die tierhafte Begattung überschreitet.

Gelenkte sexuelle Energie, so der Tantrismus, ist Teil eines Erkenntnisprozesses, der den Menschen unmittelbar mit dem Universum verknüpft. Würde vorschnell ein Orgasmus provoziert, so würde die Energie aus dem Körper herausgeschleudert. Achtsame Kontrolle dagegen, umsichtige Liebeskunst, können den Energiefluss aufrechterhalten.

Man kann gar nicht genug betonen, wie wichtig eine spirituell achtsame Sexualität für das Glück ist. Erleuchtete und Eremiten mögen die Begierde überwinden, ich meine jedoch, dass wir Menschen dafür geschaffen sind, uns im ekstatischen Sinne von Erkenntnis miteinander zu vereinigen. Das ist unser göttliches Potenzial, das ist entgrenzte Liebe.

Während eines Aufenthaltes in Indien wurde ich einmal unfreiwillig Zeuge solch eines göttlichen Liebesaktes. Ich betrat das Haus eines spirituellen Lehrers zu der Zeit, zu der er mich eingeladen hatte. Die Tür stand offen und ich trat ein. Niemand war zu sehen.

Ich rief den Namen des Lehrers, doch noch immer rührte sich nichts. Daraufhin ging ich die Treppe hoch, die in den ersten Stock des Hauses führte. Ich erstarte. Denn nun hörte ich ein unzweideutiges Keuchen. Und plötzlich entlud sich dieses Keuchen zu einem Schrei.

Ich hörte ein Wort, und ich verstand genug von der Sprache des Lehrers, um zu wissen: Er widmete den Orgasmus seinem Gott. Er brachte ihn dar wie ein Ritualopfer. All seine spirituelle Inbrunst legte er in diesen Höhepunkt.

Diskret zog ich mich zurück. Doch der Schrei gellte immer noch in meinen Ohren. Es war der Schrei eines Menschen, der die Manifestation der göttlichen Liebe auf Erden feierte.

Jahre später erinnerte ich mich daran. Es geschah in einem intimen Moment, in dem ich so glücklich war wie nie davor und nie nachher: Ich zeugte meine Tochter. Ich wusste nicht, dass so etwas möglich war. Ich hatte das Gefühl, das gesamte Universum zu umarmen.

Ja, ich zeugte meine Tochter. Ganz bewusst, und ich zweifle nicht daran, dass es genau jener Augenblick war, den ich hier schildere. Ich spürte, dass in diesem Moment Leben entstand, im Einklang mit dem Kosmos. Ich erlebte keine sinnliche Raserei, ich erlebte eine unendliche Verschmelzung.

Meine Frau und ich, wir haben diesen Zustand später das Du-Ich getauft. Wir machten die Erfahrung, dass das völlige Einssein zweier Menschen zugleich das Einssein mit dem Universum bedeutete. Als ich wieder zu mir kam, war das Erste, was ich sagte: »Wer bin ich jetzt?« Ich war nicht mehr derselbe. Ich hatte eine Transformation durchgemacht. Ich war meine Frau und sie war ich.

Wir hatten uns lange auf diesen Tag vorbereitet, an dem wir unser Kind zeugen wollten. Lange warteten wir, überzeugt, dass wir den richtigen Zeitpunkt erkennen würden, intuitiv, ohne die üblichen Wahrscheinlichkeitsmethoden. Wir lebten ganz bewusst, zogen uns zurück und gingen seelisch aufeinander zu. Sogar unsere Ernährung stellten wir um, damit wir uns energetisch lieben konnten. Täglich meditierten wir über viele Stunden.

Uns war klar, dass wir es als Beobachter unserer Liebe in der Hand hatten zu fragen: Welches Wesen möchte inkarnieren? Wen möchten wir empfangen? Wer wird in unser Leben treten? Das wollten wir nicht dem Zufall überlassen.

Nie gingen wir so liebevoll miteinander um wie in dieser Phase. Es war ein einiges Umgarnen und Umfangen, ohne dass wir uns berührten. Bis wir eines Morgens aufwachten, und wir wussten: Heute ist der Tag. Wir hatten uns unendlich langsam einander angenähert und dieser schwingende Prozess war nun zu sich selbst gekommen.

Als wir miteinander schliefen, ereignete sich ein Feuerwerk der Empfindungen. Ich sah Funken und Elfen, ich hörte Klänge, die nicht von dieser Welt waren. Ja, das war Liebe, das war bedingungslose Hingabe. Zum ersten Mal in meinem Leben begriff ich das Wesen der Unsterblichkeit. Ich hatte die fehlende Hälfte gefunden, die zu mir gehörte, und nun war ich nach Hause gekommen. Ich wünsche Ihnen von ganzem Herzen, dass auch Ihre Suche ein Ende hat und dass Sie zu Hause ankommen. In diesem Buch haben Sie viele Hinweise bekommen, wie Sie Ihre persönliche Transformation verwirklichen können. Es liegt an Ihnen, was Sie damit anfangen.

Doch ich weiß: Seit Sie sich mit diesen Gedanken beschäftigen, hat dieser Prozess eingesetzt. Möge er zur Vollkommenheit reifen.

Ich könnte geben und nehmen, ich konnte erschaffen, was im Kosmos angelegt war: unend- liche Liebe, neues Leben, tiefes Glück.

Nehmen Sie das Geschenk des Glücks an

Dieses Kapitel ist die Essenz eines Buches, das Ihnen sieben Schlüssel des Glückscodes offenbart hat. Sie haben darin erfahren, dass Korrespondenz und Verschmelzung mit dem Partner Ihre Bestimmung ist, so, wie auch die Korrespondenz und die Verschmelzung mit dem Kosmos.

Vertrauen Sie auf diese Erkenntnis, die uns als uralte Weisheit und als wissenschaftlich erhärtete Tatsache begegnet. Lassen Sie sich nicht durch konventionelle Vorstellungen der Abgrenzungen irritieren. Halten Sie den energetischen Kontakt zu Ihrem Partner und entwickeln Sie Rituale, in denen Ihre Seelen sich aufs innigste synchronisieren und verbinden.

Nichts kann Ihnen geschehen, wenn Sie den Schutz der gegenseitigen meditativen Versenkung aufsuchen. Sie werden sich nicht auflösen, stattdessen werden Sie wachsen, und damit Ihr Glück. Auf diese Weise werden Sie schließlich auch die Sexualität zu einem magischen Refugium Ihrer Liebe machen können, zu einem Ort universaler Glückseligkeit.

Doch Sie haben auch erkennen können, dass das Glück ein Geschenk ist, das unserer größten Aufmerksamkeit bedarf. Es fällt uns nicht in den Schoß. Es ist die Frucht eines spirituellen Erkenntnisprozesses, der unsere gesamte Existenz transformiert. Deshalb sind Sie aufgefordert, gemeinsam mit Ihrem Partner die inneren Paradiese zu gestalten, jeden Tag aufs Neue.

Nehmen Sie das Glück an. Es ist in Ihnen, so wie Ihr Partner – selbst dann, wenn Sie noch nicht vor ihm stehen. Sie haben alle Begabungen, Ihr Glück auszuleben.

Nachwort

Während ich diese letzten Zeilen schreibe, bin ich erfüllt von Glück. Denn ich weiß mich eins mit Ihnen, die Sie dieses Buch in den Händen halten. Ich spüre, dass ich mit Ihnen in Verbindung stehe, über Zeit und Raum hinweg.

Dies ist kein Abschied. Sie und ich, wir befinden uns von nun an im Austausch. Das gibt mir Kraft. Und ich bin davon überzeugt, dass sich diese Kraft auf Sie überträgt – im Transferraum jener kosmischen Energien, die Ihnen beim Lesen zugänglich wurden und die uns unwiderruflich vereinen.

Am Anfang habe ich Ihnen eine spannende und aufschlussreiche Reise versprochen, die Reise in Ihre Seele. Auch für mich war es eine abenteuerliche Entdeckerreise. Während ich Ihnen meine innersten Gedanken und Gefühle schilderte, ist mir vieles bewusst geworden, was nur als intuitives Wissen in meiner Seele schlummerte. Deshalb war der »Glückcode« auch für mich persönlich ein weiterer Schritt zur Selbsterkenntnis.

Ich erfuhr: Schreiben bedeutet, sich zu entgrenzen. Das ist mir nie so eindringlich bewusst geworden wie bei der Arbeit an diesem Buch. Ich musste mich bekennen und die kleinlichen Ängste überwinden, die mir nur zu oft die Lippen versiegeln. Ich musste mich öffnen wie in einer Liebesbeziehung. Um es ganz deutlich auszusprechen: Ich musste erst zum Liebenden werden, um mich Ihnen offenbaren zu können.

Ja, als ich mich in den einzelnen Kapiteln den verschiedenen Aspekten des Glücks näherte, wuchs in mir die Einsicht: Schreiben heißt lieben und Liebe erfahren. Schreiben heißt, mit meinen Lesern zu verschmelzen und ihre Seele zu erforschen. Das hat mich glücklich gemacht.

Oft war es, als ob Andere meine Hand führten. Die verblüffenden Wirkprinzipien der energetischen Resonanz habe ich mehr als einmal erfahren, wenn ich um Formulierungen rang oder nach treffenden Beispielen suchte. Der Verstand kann lediglich ordnen und bewerten. Erschaffen jedoch kann nur die frei schwingende Seele, die empfänglich ist für die großen Gedanken und Ideen, für die unermesslichen Empfindungen und Sehnsüchte, die unser Erdenrund unsichtbar umkreisen.

Meine Seele ist reich, weil ich mich im Einklang mit Ihnen weiß und mit all den Anderen, die sich auf den Weg der Selbsterkenntnis begeben. Wir sind untrennbar miteinander verbunden.

Ich hätte den *Glückscode* nicht schreiben können, ohne die vielen Menschen, die sich mir geöffnet haben, ohne die vielen Gespräche, die ich führen durfte, und ohne die wunderbare seelische Unterstützung, die ich dabei erfuhr.

Deshalb möchte ich mich bedanken. Vor allem bei dem großartigen Team des Scorpio-Verlags, das mir mehr als einmal den Rücken stärkte, allen voran mein Verleger Christian Strasser, der unerschütterlich an mich glaubt und dem ich viele Anregungen verdanke. Er hat mir die Freiheit gegeben, das Wesen des Glücks in seiner ganzen Tiefe zu ermessen.

Eines möchte ich Ihnen zum Schluss ans Herz legen: Der Weg der Erkenntnis und des Wachstums ist niemals abgeschlossen. Gehen Sie diesen Weg weiter mit mir. Blättern Sie auch nach der Lektüre immer wieder im Glückscode. Sie werden feststellen, dass Sie manches in neuem Licht betrachten, wenn Sie sich spirituell weiterentwickeln. Das Abenteuer ist noch nicht zu Ende, es hat gerade erst angefangen!

Ganz gleich, ob Sie den Partner schon gefunden haben, der Ihnen vorherbestimmt ist, oder ob Sie noch auf der Suche sind: Sie werden das Glück einer gelingenden Beziehung entdecken, wenn Sie Ihre Seele pflegen wie einen kostbaren Schatz. Unsere Seelen sehnen sich nach spiritueller Nahrung. Meditieren Sie, sprechen Sie die Mantras aus, verinnerlichen Sie das Licht, die Freude, den Einklang.

Ich wünsche Ihnen, dass die Suche nach dem Glück eine lebendige Gewissheit in Ihnen verankert, sich eins mit den kosmischen Kräften zu fühlen. Machen Sie den erschaffenden Gedanken zu Ihrer Liebes- und Lebenskunst, und vergessen Sie nie: Der Kosmos meint es gut mit Ihnen. Er will, dass Sie den idealen Partner finden und mit ihm vereint bleiben. Das ist Ihre Bestimmung. Sie werden glücklich sein, für immer.